Sebastian Krutter · Frank Schröder (Hrsg.)

Durch die Schichten der Zeit! Neue Erkenntnisse zwischen Mesozoikum und Gegenwart
Festschrift für Erich Urbanek zum 75. Geburtstag

AF141684

Sebastian Krutter · Frank Schröder (Hrsg.)

Durch die Schichten der Zeit! Neue Erkenntnisse zwischen Mesozoikum und Gegenwart

Festschrift für Erich Urbanek zum 75. Geburtstag

Forschungen des Museum Burg Golling
Band 1 · 2015

Diese Publikation entstand mit freundlicher finanzieller Unterstützung der Marktgemeinde Golling an der Salzach, dem Rotary-Club Golling-Tennengau und HSC Schattauer.

HEIZUNG ▸ SANITÄR ▸ LÜFTUNG
DACHDECKER ▸ SPENGLER
ABDICHTUNG ▸ GLAS

5440 Golling 31 ▸ Tel. 06244/4369-0 ▸ e-mail: office@hsg-schattauer.at

Diese Publikation ist unter http://museumburggolling.com als Open Access verfügbar.

Für den Inhalt und die Einholung von Abbildungsrechten sind alle Autoren eigenverantwortlich!

ISBN:	978-3-9503994-0-0
Herausgeber:	Sebastian Krutter, Frank Schröder
Autoren:	Gerhard Wolf, Gero Moosleitner, Thomas Hornung, Norbert Vávra, Christine Frischauf, Sebastian Krutter, Gernot Rabeder, Anna Holzner, Bruno Reiterer, Frank Schröder, Raimund Kastler, Markus Gschwind, Anke Oertel, Josef Ries, Wolfgang Strasser, Franz Mandl, Michael Neureiter
Schriftleitung:	Carina Heis
Redaktion:	Sebastian Krutter, Frank Schröder
Layout und Satz:	Sebastian Krutter
Coverabbildung:	Fischfossil von *Colobodus ornatus*, Foto: Gero Moosleitner
Herstellung und Vertrieb:	tredition GmbH · Hamburg
Copyright:	2015 · Museum Burg Golling
	Markt 1, A-5440 Golling an der Salzach
	info@museumburggolling.com
	http://museumburggolling.com

Inhaltsverzeichnis

RR Erich Urbanek vor dem Heraion von
Paestum in Kampanien im Jahr 2013

Vorwort der Herausgeber

Sebastian Krutter · Frank Schröder

„Durch die Schichten der Zeit!". Diese Worte stehen wohl wie keine anderen synonym für die chronologisch weitgespannten Interessens- und Forschungsgebiete von Herrn RR Erich Urbanek, welche beginnend in der Gegenwart sinnbildlich durch die Schichten der Zeit bis ins Mesozoikum reichen. Diese breit gefächerten Interessen wurden in Erich Urbanek, welcher am 24. Mai 1940 in Oberalm bei Hallein als einziges Kind von Paula und Erich Urbanek das Licht der Welt erblickte, bereits in früher Kindheit geweckt und sollten sein weiteres Leben maßgeblich prägen.

Die Schulbildung von Erich Urbanek begann in den Jahren 1946-1950 mit der Volksschule, danach folgte 1950-1954 das Realgymnasium in Salzburg und schließlich besuchte er von 1954-1958 die Handelsakademie in Salzburg, welche er mit der Matura abschloss. Noch während seiner Schulzeit begann in Erich Urbanek – ermutigt durch Wissenschaftler jener Zeit und erste eigene Funde – ein zunehmender Entdeckungsdrang und eine bis heute ungebrochene Sammelleidenschaft aufzukeimen, wobei die Paläontologie, Geologie und Archäologie im Fokus standen. Besonders gefördert wurde in dieser Zeit sein großes Interesse an der Archäologie, zumal der junge Erich Urbanek in den 1950er Jahren jeden ersten Mittwochnachmittag im Monat das Privileg privater Vorlesungen zur Urgeschichte Salzburgs durch den ersten Salzburger Landesarchäologen Martin Hell genießen durfte.

Seinen beruflichen Werdegang begann Erich Urbanek im Jahr 1958 zunächst am Giroschalter der Salzburger Sparkasse. Gefolgt von der Ableistung des Präsenzdienstes und einer Ausbildung zum Reserveoffizier war er in den Jahren 1963-1965 als Assistent der Einkaufsleitung der Halleiner Papierfabrik tätig. 1963 heiratete er Heidrun Wallpach und bald darauf wurden die vier Kinder Arno, Erich, Irmgard und Wilfried geboren. Im Jahr 1966 übersiedelte die junge Familie nach Golling, wo Erich Urbanek die Stelle des Einkaufsleiters und Assistenten der Geschäftsführung in der Metallwarenfabrik seines Schwiegervaters Arno Wallpach antrat. Im Zuge dieser Übersiedlung hat auch eine überaus intensive Sammel- und Forschungstätigkeit für ein neues Museum ihren Anfang genommen und bald darauf konnte der Jubilar 1969 das Museum Burg Golling – damals noch als Heimatmuseum Golling bezeichnet – gründen und 1971 in seiner ersten Ausbaustufe eröffnen. 1980 wechselte er an das Salzburger Museum Carolino Augusteum, in welchem er als Verwaltungsdirektor und Dienststellenleiter tätig war. Nach seiner Pensionierung im Jahr 2000 konnte er sich schließlich voll und ganz auf „sein" Museum fokussieren und die Erweiterung der Sammlungsbestände sowie die Realisierung von Sonderausstellungen vorantreiben.

Heute – rund 45 Jahre nach der Gründung – hat sich das Museum Burg Golling dank des unermüdlichen Engagements des Jubilars von einem kleinen Heimatmuseum zu einem weithin bekannten und renommierten Regionalmuseum mit einer Dauerausstellung und jährlich wechselnden Sonderausstellungen entwickelt, was sich nicht zuletzt in mehreren Auszeichnungen und Anerkennungspreisen für das Museum widerspiegelt. Das Museum Burg Golling ist demnach als Lebenswerk von Erich Urbanek anzusehen und wird auch zukünftig untrennbar mit dem Namen seines Gründers verbunden bleiben.

Neben der musealen Tätigkeit liegt ein weiterer Verdienst des Jubilars in seiner oftmals geleisteten Pionierarbeit im Sinne der Entdeckung, Dokumentation und Bewahrung von wissenschaftlich wertvollem Quellenmaterial. So war Erich Urbanek unter anderem an der Entdeckung des triassischen Fischsaurierfossils von Omphalosaurus wolfi beteiligt und konnte in zwei Höhlen des Hagen- und Tennengebirges die fossilen Überreste von pleistozänen Höhlenbären und Höhlenlöwen bergen. Im Rahmen mehrjähriger archäologischer Forschungsgrabungen konnte die prähistorische Höhensiedlung auf dem Nikolausberg bei Golling erforscht werden, wobei dem Jubilar 1982 die Auffindung eines bislang einzigartigen latènezeitlichen Schmiedewerkzeugensembles gelang. Last but not least konnte Erich Urbanek – gemeinsam mit einigen Kollegen – über viele Jahrzehnte hinweg zahlreiche mittelalterliche und neuzeitliche

Felszeichnungen im Salzachtal dokumentieren, woraus letztendlich der umfangreiche und heute am Museum Burg Golling verwahrte Felsbildkataster hervorging.

Dieser Pionierarbeit ist es zu verdanken, dass das Museum Burg Golling heute auf einen überaus umfangreichen und wissenschaftlich bedeutsamen natur- und kulturwissenschaftlichen Sammlungsbestand – darunter prominente Objekte von internationalem Rang – zurückgreifen kann. Dieser Sammlungsbestand konnte bislang jedoch nur in geringem Ausmaß einer wissenschaftlichen Auswertung unterzogen werden, womit eine fundierte und umfassende Erforschung der Sammlungsbestände als zentrale Zielsetzung der kommenden Jahre zu gelten hat.

In diesem Kontext schien es den Herausgebern naheliegend, dem Jubilar zu seinem 75. Geburtstag eine Festschrift zu widmen, worin zahlreiche neue wissenschaftliche Erkenntnisse zu „seinen" Sammlungsbeständen sowie Interessen veröffentlicht werden und wodurch die jahrzehntelange Forschungs- und Museumstätigkeit des Jubilars eine angemessene Würdigung erfahren soll.

Die vorliegende Festschrift stellt zudem auch den ersten Band der neu etablierten wissenschaftlichen Publikationsreihe „Forschungen des Museum Burg Golling" dar, in welcher zukünftig neue Forschungsergebnisse aus den Sammlungsbeständen des Museums und dessen wissenschaftlichem Umfeld veröffentlicht werden sollen. Um eine optimale Verbreitung und eine freie Zugänglichkeit der darin veröffentlichten wissenschaftlichen Erkenntnisse zu ermöglichen, werden alle Bände dieser Publikationsreihe – neben der gedruckten Version – im Sinne der „*Berliner Erklärung über den offenen Zugang zu wissenschaftlichem Wissen*" auch als Open Access auf der Homepage des Museum Burg Golling zugänglich sein. Entsprechend der Definition des International Council of Museums, wonach ein Museum materielle und immaterielle Zeugnisse von Menschen und ihrer Umwelt bewahrt, *erforscht* und ausstellt, soll mit der Herausgabe dieser neuen wissenschaftlichen Publikationsreihe folglich auch der Stellenwert der aktiven Forschungsarbeit am Museum Burg Golling unterstrichen und zukünftig – in Kooperation mit nationalen und internationalen wissenschaftlichen Institutionen – als zentraler Aufgabenbereich des Museums nachhaltig etabliert werden.

Abschließend sei dem Jubilar – Herrn RR Erich Urbanek – im Namen der Herausgeber, der beteiligten AutorInnen, des gesamten Museumsteams sowie der Sponsoren sehr herzlich zu seinem 75. Geburtstag gratuliert!

Grußwort der Marktgemeinde Golling

Anton Kaufmann

Mit Dankbarkeit, Freude und Stolz darf Golling auf sein Museum Burg Golling blicken, das im Jahr 1969 von RR Erich Urbanek gegründet wurde. Als passionierter Sammler und unermüdlicher Forscher hat er in den vergangenen Jahrzehnten mit viel Engagement an der kontinuierlichen Erweiterung und Modernisierung des Museums gearbeitet.

Natürlich ist der Omphalosaurus wolfi, der dank RR Erich Urbaneks Engagement fachgerecht präpariert werden konnte, das Herz- und Glanzstück des Museum Burg Golling. Die Bedeutung der einzigartigen paläontologischen sowie ur- und frühgeschichtlichen Sammlung reicht weit über den regionalen Raum hinaus.

Aber RR Erich Urbaneks historisches Interesse ist breit gefächert. Daher punktet das unter seiner Leitung mehrfach prämierte Museum auch mit vielen natur- und kulturhistorischen Exponaten, einer umfassenden Uhrenausstellung und wechselnden Sonderausstellungen.

Mehr als 40 Jahre lang war das Museum Burg Golling untrennbar mit seinem Gründer verbunden. Darüber hinaus gilt RR Erich Urbanek als bedeutender Impulsgeber für die Museen im Tennengau, exzellenter Netzwerker und begeisterter Repräsentant „seines" Museums. Für seine Verdienste wurde er bereits mit zahlreichen Auszeichnungen gewürdigt, beispielsweise mit dem Goldenen Verdienstzeichen der Republik Österreich.

Wie sehr RR Erich Urbanek auch in Fachkreisen geschätzt wird, lässt sich nicht zuletzt daran messen, dass ihm anlässlich seines 75. Geburtstages nun eine eigene Festschrift gewidmet wird – mit wissenschaftlichen Beiträgen langjähriger Freunde und Wegbegleiter.

Auf einen Bürger dieses Formats darf die Gemeinde zu Recht stolz sein!

Die norischen Fischmergel des Wiestales bei Hallein

Gerhard Wolf · Gero Moosleitner · Thomas Hornung

Im oberen Abschnitt des obertriadischen Hauptdolomits sind im Wiestal – so wie auch in Seefeld in Tirol – bituminöse, lagunäre Dolomit- und Kalkmergel eingelagert, die in einzelnen Lagen Fische aus dem Nor enthalten können. Fische aus diesem Zeitalter gibt es auch beispielsweise von der Typlokalität Seefeld und von einigen wenigen anderen Orten, ein Fischreichtum wie im Wiestal ist jedoch einzigartig.

Das bituminöse Gestein der Seefelder Schichten wurde an beiden Orten bergmännisch abgebaut und diente zuletzt in Seefeld zur Erzeugung von Ichthyol, im Hirtensteiner Bruch im Wiestal wegen der dunklen Farbe des polierten Steines hingegen als Mosaikstein für Terrazzoböden. Schon die Römer kannten diese Eigenschaft des Steines und bauten ihn bereits im 1. Jh., besonders aber im 2. Jh. n. Chr. als Bestandteil für die farbliche Gestaltung ihrer Mosaike ab. In diesen wurden lediglich drei, jedoch sehr unterschiedlich gefärbte Gesteine der Umgebung verwendet: Der rote Adneter „Marmor", der weiße Untersberger „Marmor" und der schwarze Dolomitmergel des Wiestales. Der Abbau in Seefeld wurde 1964 eingestellt, der im Wiestal ebenfalls schon vor mehr als 40 Jahren. Die beim Abbau gefundenen Fische waren damals – im Unterschied zu den neueren Grabungen – nur eine interessante Ergänzung, aber nicht der Zweck des Abbaus.

Entstehung der Fischmergel

Der Hauptdolomit als fazieller, lagunärer Pendant zum Dachsteinkalk wurde nördlich ausgedehnter Riffareale in einem sehr flachen Meer abgelagert und ist im Allgemeinen sehr fossilarm. Die eingelagerten norischen Fischmergel bilden eine der wenigen Ausnahmen. Da als Lagunensedimente mit einer gewissen Landnähe, konnten vereinzelt Pflanzenreste vom Festland eingeschwemmt werden.

Die ausgedehnten Lagunenareale bildeten jedoch keinen ebenen Untergrund, sondern wiesen – tektonisch bedingt – mehrere sehr seichte, schüsselartige und voneinander isolierte Vertiefungen auf, in denen schwefelstoffhaltiges Wasser in Bodennähe einerseits zu einer kompletten Aufzehrung des Sauerstoffgehaltes sorgte, andererseits aber auch zu einem gänzlichen Aussterben der bodenlebenden Fauna. In der Wassersäule darüber herrschten normale Bedingungen. Sofern Fischschwärme und/oder Einzelindividuen in der Nähe dieses sauerstofffreien Wassers kamen, erstickten diese und wurden – oft verursacht durch Wellengang und Gezeitenströmungen – eingeregelt. Aufgrund der weitgehend fehlenden zersetzenden Bakterien konnten sich Hartteile – und teilweise auch Weichteile – der Fische in so wunderbarer Art erhalten, insbesondere nach relativ rasch erfolgter Abdeckung mit sehr feinem Faulschlamm. Diese Interpretationen leiten sich daraus ab, dass die Fische stets komplett erhalten sind und – je nach Größe – eine ganz bestimmte Einregelung im Sediment zeigen. Zudem wurden neben kompletten Fischschwärmen in vier Hauptniveaus auch einzelne, komplett isolierte Fische in mehreren weiteren ansonsten nahezu fossilfreien Horizonten gefunden. Der Ablagerungsmechanismus muss sich also im Laufe von Zehntausenden von Jahren mehrmals wiederholt haben. Das Alter der Funde beträgt etwa 220 Millionen Jahre.

Chronologie der Erforschung der Fischmergel

1905: K. Gorjanovic-Kramberger publiziert die erste und bis heute einzige umfassende wissenschaftliche Arbeit über das Vorkommen im Hirtensteiner Bruch. Ihm verdanken wir immer noch die meisten Erkenntnisse über diese Fauna. Das Material wurde ihm von H. Hoefer (k. u. k. Montanunion Leoben) eigentlich nur zur Bestimmung übergeben. K. Gorjanovic-Kramberger erkannte aber rasch, dass unter den Fischen neue Arten waren und dass es mit einer Bestimmung allein nicht abgetan war. Er machte sich also an die wissenschaftliche Bearbeitung der Funde, die dann 1905 erschien. Er benannte auch eine der neuen Spezies, nämlich *Mesodon hoeferi*, nach dem Auftraggeber. Interessant ist, dass er auch vom Salzburger Museum Carolino Augusteum einige Funde bekam, er schreibt dazu:

Abb. 1: Die Fundstelle neben dem Raucheck-Forstweg nach Abschluss der Grabungsarbeiten, wieder auf Wegniveau aufgefüllt (Foto: G. Moosleitner)

„Knapp vor Drucklegung dieser Monographie erhielt ich von Herrn Prof. Eberhard Fugger, Leiter des Museums „Carolino-Augusteum" in Salzburg, noch eine kleine Kollekte von Fischresten, die von derselben Fundstelle herrühren, wie diejenigen in vorliegender Arbeit beschrieben und welche 4 Exemplare von *Ophiopsis attenuata* Wagner, einen kleinen *Colobodus ornatus* Ag. und einen recht gut erhaltenen Heterolepidotus dorsalis (Kner) enthaltet. Ferner die verkleinerten Photobilder von 3 Exemplaren des *Colobodus ornatus* Ag., wovon eines 44 cm lang ist und jene charakteristisch gekörnten Schuppen besitzt, wie man solche bei erwachsenen Stücken dieser Art beobachtet. Die übrigen Exemplare dieser Art sind laut Angabe des Herrn Fugger 20 und 19 cm lang."[1]

K. Gorjanovic-Kramberger[2] gibt uns, nach damaligen Stand des Wissens, hier ergänzt mit den neuen wissenschaftlichen Namen, in seiner Arbeit folgende systematische Übersicht der von ihm bestimmten Fische des Hirtensteiner Bruches:

Familie Semionotidae
Gattung Semionotus
    Semionotus kapffi Fraas.
Gattung Colobodus
    Colobodus ornatus Agassiz
    Colobodus (Lepidotes) *decoratus* Wagner
    Colobodus elongatus
Gattung Heterolepidotus
    Heterolepidotus (heute Paralepidotus) *dorsalis* Kner
    Heterolepidotus parvulus n. t.
Gattung Dapedius
    Dapedius sp. aff. costae Bassani
    heute: *Dapedium aff. costai* Bassani

Gattung *Spaniolepis*
    Spaniolepis ovalis n. f.
    heute: *Dandya ovalis*

Familie Macrosemiidae
Gattung *Ophiopsis*
    Ophiopsis attenuata Wagner
    heute: *Legnotus krambergeri* Bartram
Gattung Mesodon
    Mesodon hoeferi n. f.
    heute: *Eomesodon hoeferi*
Familie Pholidophoridae
Gattung *Pholidophorus*
    Pholidophorus latiusculus Agassiz
    Pholidophorus sp. n. (?)

K. Gorjanovic-Kramberger vergleicht auch die im Hirtensteiner Bruch gefundenen Fischarten mit den gleichaltrigen Funden von Seefeld in Tirol und Giffoni nahe Salerno in Süditalien. Alle drei Fundorte teilen einige Gattungen, jede Lokalität hat aber auch eigene, die offenbar an den anderen Fundstellen nicht vorkommen bzw. entdeckt wurden.

So gibt es im Wiestal – nach damaligem Stand der Forschung – acht Fischgattungen, von denen nur drei mit Giffoni und vier mit Seefeld gemeinsam sind. K. Gorjanovic-Kramberger lässt einige Schuppen von *Colobodus* durch S. Bosnjakovic, Vorstand des k. Chemisch-analytischen Landesinstitutes in Agram (Zagreb) auf ihre chemische Zusammensetzung untersuchen. Das Ergebnis sieht, nach der damaligen Nomenklatur, folgendermaßen aus: „In der bei 100 °C getrockneten Substanz wurde gefunden: Organisches 4,29 %, Kieselsäure (SiO_2) 0,35 %, Tonerde (Al_2O_3) 46,62 %, Kalk (CaO) 25,27%, Magnesia (MgO) 1,52 %, Kohlensäure (CO_2) 8,84 %, Schwefelsäure (SO_3) 1,47 %, Phosphorsäure (P_2O_5) 11,51 %, außerdem konnten noch Spuren von

[1] Gorjanovic-Kramberger 1905, 194.
[2] Gorjanovic-Kramberger 1905, 196.

Abb. 3: Maul von *Saurichthys deperditus*, 13 cm (Foto: G. Moosleitner)

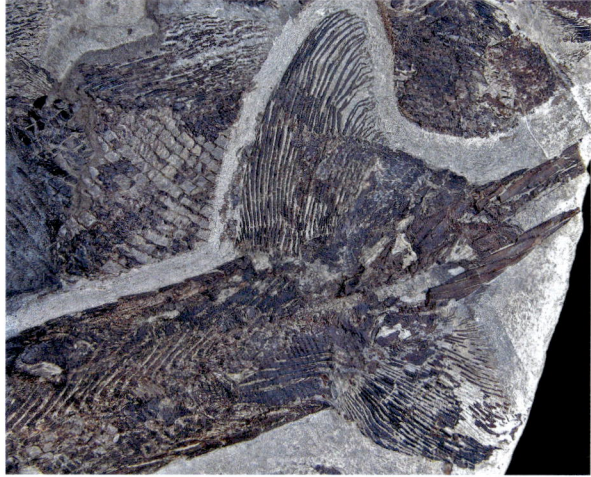

Abb. 4: Rücken- und Afterflosse von *Saurichthys deperditus*, 14 cm (Foto: G. Moosleitner)

Abb. 5: Magenbereich von *Saurichthys deperditus* mit erhaltener ledriger Haut und Kugelzähnen, Beute?, 5 cm (Foto: G. Moosleitner)

Abb. 2 (links): *Saurichthys deperditus*, 75 cm (Foto: M. Strauss)

Abb. 6: Neue und wissenschaftlich noch nicht bearbeitete Spezies, 22 cm (Foto: G. Moosleitner)

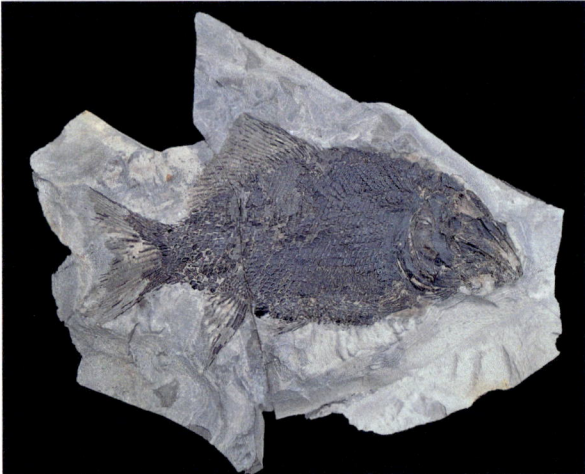

Abb. 7: *Colobodus ornatus*, 12 cm (Foto: G. Moosleitner)

Abb. 8: *Colobodus elongatus*, 26 cm (Foto: G. Moosleitner)

Abb. 9: *Paralepidotus dorsalis*, 10 cm und *Legnotus krambergeri*, 7 cm (Foto: G. Moosleitner)

Natron und Chlor nachgewiesen werden."[3]

1906: E. Fugger erwähnt in seinem Bericht über die Gaisberggruppe auch den Hirtensteiner Bruch und die von K. Gorjanovic-Kramberger beschriebenen Fischarten. Zur Geologie[4] schreibt er Folgendes: „… liegt an der Straße der sogenannte Hirtensteiner Bruch. In demselben lagert oben etwa 2 m dickbankiger fester Zellendolomit, darunter folgt 8 bis 9 m hoch ein dunkelgrauer, stellenweise schwarzer Mergelkalk in Platten von 10 bis 15, meist aber 30 cm Mächtigkeit. Die Schichtflächen sind häufig von einem schwarzen Bitumen überzogen, in dem oft sehr gut erhaltene Fische eingebettet sind; im Liegenden treten wieder die Rissoendolomitkalke auf. Die Mergel finden in der Oberalmer Marmor- und Mosaikwarenfabrik unter dem Namen „schwarzer Wiestaler Marmor" Verwendung."

1936: Der Vater des Jubilars, E. Urbanek sen., findet ein Exemplar von *Colobodus ornatus* Agassiz (Lesefund). Dieses Exemplar befindet sich heute im Museum Burg Golling.

1969: J. Ronacher entdeckt diverse Schmelzschupper beim Abriss des alten Backofens des Schönbauerhofes. Die Funde wurden von R. Vogeltanz[5] bearbeitet und befinden sich im Haus der Natur in Salzburg.

1984: F. Böhm findet am Forstweg zum Raucheck eine Platte mit einem Schmelzschupper (Lesefund).

1985: G. und M. Wolf legen einen Schurf im Hirtensteiner Bruch an und entdecken dabei Pflanzenfossilien.

1986: P. Pointner entdeckt einen Schmelzschupper auf der Böschung des Raucheck-Forstweges (Lesefund).

1987: G. Tichy[6] (damals Universität Salzburg) erwähnt die Ergebnisse der Arbeit von K. Gorjanovic-Kramberger in seinem Bericht über die Geschichte der paläontologischen Erforschung des Bundeslandes Salzburg.

1988: H. Schaffer, Besitzer eines Privatmuseums in Wels, erhält die Erlaubnis, im Hirtensteiner Bruch nach Fossilien zu graben. Er findet Fische und Schildkröten-Fragmente. Genaueres über seine Ausbeute ist jedoch nicht bekannt.

1988: H. Seidl findet zwei große Exemplare von *Colobodus ornatus* Agassiz im Hirtensteiner Bruch (Lesefund).

1989: G. Wolf macht einen Lesefund von *Paralepidotus dorsalis* (Kner) am Raucheck-Forstweg.

1990: G. Wolf findet ein Palmenblatt im Hirtensteiner Bruch

1992: E. Vogler macht einen Lesefund von *Paralepidotus dorsalis* (Kner) an dem Raucheck-Forstweg.

1992: H. Wolf macht einen Lesefund von *Paralepidotus dorsalis* (Kner) an dem Raucheck-Forstweg.

1992: H. und G. Wolf entdecken die Fossilschicht auf dem Waldgrundstück des Schönbauern.

1993: Ein Grabungsteam unter der Leitung von G. Wolf

[3] Gorjanovic-Kramberger 1905, 224.
[4] Fugger 1906, 249.
[5] Vogeltanz 1969.
[6] Tichy 1987.

Abb. 10: *Colobodus ornatus* und *Legnotus krambergeri*, 12 cm (Foto: G. Moosleitner)

Abb. 12: Schwarm von *Legnotus krambergeri* und *Paralepidotus dorsalis*, 40 cm (Foto: G. Moosleitner)

Abb. 11: *Colobodus ornatus*, 32 cm (Foto: G. Moosleitner)

Abb. 13: *Legnotus krambergeri* mit Pflanzenresten, 15 cm (Foto: G. Moosleitner)

und der Teilnahme des Jubilars erhält die Genehmigung zum Abbau der fossilführenden Schichten auf dem Grund des Schönbauern. Bei dieser Grabung wird erstmals eine Fischplatte die unter anderen Fischen ein etwa 30 cm großes Exemplar des Raubfisches ?*Saurichthys* enthält geborgen. Die Platte befindet sich in der Dauerausstellung im Museum Burg Golling.

2004: K. Forcher[7] beschreibt eine dem Haus der Natur in Salzburg von G. Wolf geschenkte Fischplatte aus der Grabung 1993.

2008: Auf dem etwas tiefer gelegenen Grundstück „Stürkentoni" wird von einem Grabungsteam bestehend aus M. Auer, E. Obernhuber und diversen französischen Sammlern die dort weiterlaufende Fundschicht abgebaut.

2012: G. Wolf erhält vom Schönbauern die Genehmigung, auf seinem Waldgrundstück die Grabung fortzusetzen. Dabei wird ein großes Exemplar von ?*Saurichthys* entdeckt. Mit diversen Teams und – an den freien Wochenenden und den Schulferien – auch seinem Sohn Mario wird diese Grabung 2013 fortgesetzt. Im

Herbst 2013 stößt T. Hornung, der Nachfolger von G. Tichy an der Universität Salzburg, zum Grabungsteam, das die Arbeiten am April 2014 abschließt. G. Moosleitner[8] begleitet diese Grabungen mit Publikationen auf der Internet-Plattform „Leitfossil".

2013: O. Schultz[9] veröffentlicht die älteren Funde aus dem Wiestal in seinem Band von Catalogus Fossilium Austriae.

Zusammensetzung der Fischfauna

Die im Lagunenbereich vorkommenden Fische lebten meist in Schwärmen, die sich von im und am Boden lebenden Schnecken, Muscheln und Kleingetier ernährten. Ihre Kugelzähne waren zum Zermalmen dieser Nahrung hervorragend geeignet. Echte Raubfische waren äußerst selten. Es wurden bisher nur die Überreste von vier Exemplaren von ?*Saurichthys* entdeckt.

Bei den Fischen handelt es sich, mit sehr wenigen Ausnahmen, durchwegs um Schmelzschupper (Ganoid-

---

[7] Forcher 2004.

[8] Moosleitner 2012a. – Moosleitner 2012b. – Moosleitner 2013.
[9] Schultz 2013.

Abb. 14: *Dandya ovalis*, 4 cm (Foto: G. Moosleitner)

Abb. 16: Flossenstrahlen von *Colobodus decoratus* mit Schmelzperlen, 5 cm (Foto: G. Moosleitner)

Abb. 15: Mehrere verschieden ausgeformte Schmelzschuppen (Foto: G. Moosleitner)

Abb. 17: *Eomesodon hoeferi*, 3 cm (Foto: G. Moosleitner)

fische), die noch kein vollständig verknöchertes Innenskelett besaßen, sondern vielmehr eine Art Panzer aus Ganoidschuppen, der den Rumpf schützte und stützte. Diese Schuppen aus Chitin zersetzten sich auch während der Fossilisation nicht, während hingegen sich die organischen Substanzen bei der Gesteinsdiagenese weitgehend verflüchtigten. So blieb das Schuppenkleid mit dem knöchernen Schädel und den Flossen aus Knochenspangen hervorragend erhalten. Die Strahlenflossen der Fische sorgten einerseits für Festigkeit, andrerseits für eine beachtliche Beweglichkeit der Flossen. Bei einigen Fischen (z.B. *Colobodus decoratus*) waren die einzelnen Glieder der Flossenstrahlen mit Schmelzperlen verziert. Bei einzelnen Arten reduzierten sich die Ganoidschuppen auf wenige Reihen, der Rest des Körpers war von einer lederigen Haut bedeckt. Außer den Schmelzschuppern wurden nur einige Exemplare des wenige Zentimeter großen *Eomesodon hoeferi*[10] sowie eine Schwanzflosse eines Quastenflosser gefunden.

Andere Fossilien

Neben den Fischen fanden sich vor allem Pflanzenreste. Viele davon wurden zu feinen Häckseln zermahlen und sind nicht klassifizierbar. Sie liegen als maximal 10 mm große Fragmente entweder zwischen den Fischen verstreut auf den Gesteinsplatten und/oder bilden reine Pflanzen-Horizonte. Es gibt aber daneben auch durchaus dickere, verkohlte (gagatisierte) Holzstücke, die durch die Umwandlung der Holz-Struktur ebenfalls bisher keiner bestimmten Pflanzenfamilie zuordenbar sind. Denkbar wären Stämme von Baumfarnen, Palmen oder auch Koniferen. Ein großes Palmblatt sowie ein Araukarien-Zapfen wurden bei früheren Grabungen entdeckt. Faunal wurde außer den Fischen – neben den von H. Schaffer geborgenen Schildkröten-Bruchstücken – lediglich der Abdruck einer Garnele geborgen, bis im April 2014 per Zufall eine kleine Hummerart entdeckt wurde. Der Spezialist M. Hyzny (NHM Wien) bestimmte sie – vor einer genaueren Untersuchung, die er zu machen plant – als einen polycheliden Hummer, vermutlich zu *Tetrachela* gehörig.

[10] Gorjanovic-Kramberger 1905.

Abb. 18: Schwanzflosse eines Quastenflossers, 3,2 cm (Foto: G. Moosleitner)

Abb. 19: Polychelider Hummer, 4 cm (Foto: G. Moosleitner)

Verlauf der beiden Grabungen durch Gerhard Wolf

1993: Die erste Grabung außerhalb des Hirtensteiner Bruches fand am Rande des Raucheck-Forstweges am Boden des Schönbauern, der diese Grabung großzügig genehmigte, statt. Sie brachte wunderschöne Fischplatten zutage, die heute unter anderem in den verschiedensten Museen zu bewundern sind, so im Naturhistorischen Museum in Wien, im Paläontologischen Museum Nierstein in Mainz, im Stuttgarter Museum und natürlich in den heimischen Museen Haus der Natur in Salzburg, Museum Burg Golling und Museum Wolfburg (Museum an der Römerbrücke) in Bad Vigaun. Eine Besonderheit unter den Funden dieser Grabung bildet der erste – wie oben erwähnt – hier entdeckte Raubfisch, sehr wahrscheinlich ein *Saurichthys* von etwa 30 cm Länge. Wissenschaftlich wurde er bis 2014 noch nicht untersucht.

2012-2014: In diesen drei Jahren wurde – nach fast 20 Jahren – eine zweite Grabung am Grundstück des Schönbauerhofes, entlang des Raucheck-Forstweges, durchgeführt. Der Besitzer erlaubte diese erneute Grabung wieder in großzügiger Weise. Sie erbrachte viele schöne, ja sensationelle Funde.

Im ersten Grabungsjahr (2012) konnte unter anderem ein 75 cm langer Raubfisch – aller Wahrscheinlichkeit nach eines *Saurichthys* – geborgen werden. Leider fehlt die Schwanzflosse. Dieser in seiner Form Hechten oder auch Barrakudas ähnelnde Fisch lauerte auf seine Beute, um sie dann blitzschnell zu überfallen. Der schlanke Körper und die große Schwanzflosse waren für eine entsprechende Beschleunigung hervorragend geeignet. Das langgestreckte Maul war mit großen, kegelförmigen Zähnen bestückt. Die Schmelzschuppen dieses Fisches waren auf einige wenige Reihen reduziert, die Körperhaut ist bei diesem Fund noch stellenweise erhalten. Die wissenschaftliche Bearbeitung durch I. Kogan, einem Spezialisten für saurichthyde Fische, erfolgte vom 1.-6. Juli 2014 im Museum Wolfburg. Dabei wurde unsere Vermutung, dass es sich um einen *Saurichthys* handle, rasch zur Gewissheit. Die genaue Untersuchung zeigte jedoch, dass es sich um keine neue Spezies dieser Gattung, sondern um *Saurichthys deperditus* Costa handelt. Die Erstbeschreibungen dieses Raubfisches stammen von Exemplaren, die in Giffoni bei Salerno gefunden wurden. Die Typenserie wird in der Universität von Neapel aufbewahrt. Auch der kleine *Saurichthys* im Museum Burg Golling gehört dieser Spezies an. I. Kogan untersuchte den Fisch im Museum Wolfburg Millimeter für Millimeter, fertigte hunderte von Fotos an und erstellte daraus am Computer detailgetreue Zeichnungen, die er dann zu einer einzigen zusammenbaute. So genau wurde ein Fund wohl kaum jemals untersucht. Die wissenschaftliche Beschreibung steht noch aus und es wird auch noch einige Zeit dauern, bis der Fund publiziert wird. Auch eine zweite, vermutlich neue Fischspezies wurde entdeckt. Daneben kam auch ein verkohlter (gagatisierter) Baumstamm zu Tage, der leider nicht zuordenbar war.

2013 wurde die Grabung, aus gegebenem Anlass mit einem anderen Team, unter der Leitung von G. Wolf fortgesetzt. Viele herrliche Platten mit ganzen Fischschwärmen aus vier unterschiedlichen Niveaus waren die Ausbeute. Auch ein weiterer, leider schlechter erhaltener Raubfisch – vermutlich ebenfalls *Saurichthys* – konnte geborgen werden.

Bei der Fortsetzung der Grabungsarbeiten im Frühjahr 2014 wurde die basale Dickbank der Fischmergel erreicht, in der auch die Platten mit den leider nicht bestimmbaren Pflanzenresten lagen. Da keine weiteren Funde zu erwarten waren, wurde die Grabung Anfang April eingestellt. Kurz vor Abschluss der Grabungsarbeiten 2014 wurde der oben bereits erwähnte, hummerartige Krebs durch Zufall entdeckt. Ein kräftiger Regenguss spülte den ansonst reichlichen Schlamm von einer

Abb. 20: Die beiden Autoren G. Wolf (rechts) und G. Moosleitner an der Grabungsstelle (Foto: G. Moosleitner)

Abb. 21: Die beiden Autoren G. Wolf (rechts) und T. Hornung im Lehm der Grabungsstelle (Foto: A. Hornung)

Steinplatte, die schon beim Abraum lag, und legte das Fossil frei. T. Hornung zeigte seiner Tochter Anna und deren Freundin Eva Rossmann die Grabungsstelle. Dieses Mädchen entdeckte das Fossil und zeigte es T. Hornung, der nach einer ersten Sichtung auf einen Krebs tippte. Erst in der Vergrößerung bei flachem Lichteinfall wurden Kneifzangen an den Beinpaaren erkennbar, die auf einen hummerartigen Krebs schließen ließen. Man darf auf die noch ausstehende wissenschaftliche Untersuchung gespannt sein.

Abb. 22: I. Kogan (links) und G. Wolf vor der Platte mit dem kleinen *Saurichthys deperditus* im Museum Burg Golling (Foto: G. Moosleitner)

Nach Ende der Grabung wurde der Abraum, in dem sich der Krebs befand, genauestens untersucht, in der Hoffnung, die Gegenplatte zu entdecken. Beim Zerkleinern der Steine zum Auffüllen der Grabungsstelle auf Wegniveau kam noch ein sensationeller Fund zu Tage, nämlich die Schwanzflosse eines Quastenflossers. O. Schultz (NHM Wien) konnte dies an Hand des Fotos nicht mit letzter Sicherheit bestätigen. Er gab das Bild an den Spezialisten für Triasfische, A. Tintori (Universität Mailand) weiter, der die Flosse eindeutig als die eines Quastenflossers identifizierte. Allerdings räumte er ein, dass er eine solch sonderbare Form noch nie gesehen habe. Auch hier kann man auf eine wissenschaftliche Untersuchung gespannt sein.

Die Grabungsarbeiten gestalteten sich äußerst schwierig, gefährlich und anstrengend, da die mächtigen, scharfkantigen Steinplatten von Hand aus abgetragen werden mussten, und das auch noch mit großer Sorgfalt, um möglichst wenige der fischhaltigen Platten zu zerstören. Kleinere Verletzungen wie Schnitte, Abschürfungen, Quetschungen oder Prellungen und blaue Flecken waren dabei unvermeidlich, die Arbeit musste durch diese kleinen Unfälle mehrmals einige Tage unterbrochen werden. Auch der Abtransport auf dem steilen, holprigen und rutschigen Weg war äußerst mühsam und gefährlich. Die Höhe der abzutragenden Felsschicht betrug am Schluss der Grabung bergseitig 6 m.

Dank

Wir danken Herrn Dr. Andreas Kroh (NHW Wien) für die Hilfe bei der Weiterleitung unserer Anfragen an die Spezialisten Herrn Prof. Andrea Tintori (Universität Mailand), Herrn Dr. Ortwin Schultz (NHM Wien) und Herrn Dr. Matus Hyzny (NHM Wien) sowie diesen für ihre raschen und unbürokratischen Antworten.

Literaturverzeichnis

Forcher 2004

K. Forcher, Paläontologische Arbeits-gemeinschaft. Mitteilungen aus dem Haus der Natur – Folge 16, 2004, 39.

Fugger 1906

E. Fugger, Die Gaisberggruppe. Jahrbuch der Kaiserlich-Königlichen Geologischen Reichsanstalt, 66/2, 1906, 213-258.

Gorjanovic-Kramberger 1905

K. Gorjanovic-Kramberger, Die ober-triadische Fischfauna von Hallein bei Salzburg. In: Beiträge zur Paläontologie und Geologie Österreich-Ungarns und des Orients. Mitteilungen des Geologischen und Paläontologischen Institutes der Universität Wien 18, 1905, 193-224, Taf. 17-21.

Moosleitner 2012a

G. Moosleitner, Neue Grabungen in den norischen Fischmergeln bei Hallein/Salzburg. Leitfossil 2012 (URL: www.leitfossil.de).

Moosleitner 2012b

G. Moosleitner, Sensationelle Neufunde aus den norischen Fischmergeln des Wiestales/Salzburg. Leitfossil 2012 (URL: www.leitfossil.de).

Moosleitner 2013

G. Moosleitner, Neue Grabung in den norischen Fischmergeln des Wiestales. Leitfossil 2013 (URL: www.leitfossil.de).

Schultz 2013

O. Schultz, Catalogus Fossilium Austriae – Pisces. Ein systematisches Verzeichnis aller auf österreichischem Gebiet festgestellten Fossilien. Catalogus Fossilium Austriae 3 (Wien 2013).

Tichy 1987

G. Tichy, Zur Geschichte der paläontologischen Erforschung des Bundeslandes Salzburg. Jahrbuch Haus der Natur 10, 1987, 174-195.

Vogeltanz 1969

R. Vogeltanz, Fischfunde aus der Salzburger Obertrias. Der Aufschluß, 20/4, 1969, 96-99.

Autorenverzeichnis

Gerhard Wolf
Unterlangenberg 51
A-5424 Bad Vigaun
wolf.fossilien@aon.at

Gero Moosleitner
Hellbrunner Allee 57
A-5020 Salzburg
gero.moosleitner@aon.at

Thomas Hornung
Königsseer Straße 35 1/3
D-83471 Berchtesgaden
thomas.hornung@sbg.ac.at

Fossiles Harz aus der Unterkreide von Golling – der bisher bedeutendste Bernsteinfund aus Österreich

Norbert Vávra

Erste Hinweise auf das Vorkommen fossiler Harze im Bundesland Salzburg finden sich bereits bei Fugger[1], allerdings ohne jegliche Angaben zu einem Vorkommen im Raum von Golling. In diesem Gebiet – im Bereich der Weitenau, etwa 10 km östlich von Golling nahe der Putzenkapelle bei Lienbach – erfolgten die ersten Bernsteinfunde im Jahre 1962.[2]

Im Jahre 1979 wurde für den Bau einer Forststraße in der Weitenau ein kleiner Steinbruch angelegt, der die Roßfeldschichten aufschloss, deren kohlehaltiger Sandstein teilweise massenhaft Bernstein lieferte. Vor seiner Verfüllung war dieser Aufschluss einige Monate hindurch von Salzburger Mineraliensammlern gepachtet und Bernstein im großen Maßstab gesammelt worden. Nähere Angaben dazu finden sich beispielsweise bei G. Fischer[3], F. J. Krüger[4] sowie bei W. Winkler.[5] Wie F. J. Krüger bereits betont, beschränkt sich dieses Vorkommen jedoch keineswegs auf diesen einen Aufschluss: als Fundorte werden daher – außer der Weitenau – zum Beispiel auch Grubach, Kuchl, Moosegg und der Bereich der Putzenangerkapelle genannt.

In den Jahren 1979-1982 dürften nach einer Angabe bei D. Schlee[6] insgesamt etwa 500-800 kg fossiles Harz gesammelt worden sein (Abb. 2). Der Aufschluss wurde danach verfüllt und rekultiviert. Der Verfasser erhielt zwar durch F. Hausmann – einen Privatsammler aus Wien – bereits sehr früh Belegmaterial mit der Fundortangabe „Putzenanger, Putzenkapelle im Lienbachtal, Moosegg, 26.9.1968", von dem erwähnten Aufschluss mit den mengenmäßig bedeutenden Funden erhielt er jedoch erst etwa im Jahr 1984 Nachricht, zu einem Zeitpunkt, als es den Aufschluss schon nicht mehr gab.

Geologie und Altersstellung

Eine der Besonderheiten der Harzfunde aus Golling ist zweifellos ihr hohes Alter. Größenordnungsmäßig ist dieser Bernstein etwa drei Mal so alt wie der wohl bekannteste Bernstein überhaupt – der Succinit des Baltikums. Ursprünglich war der Gollinger Bernstein sogar versehentlich als Juraharz beschrieben worden.[7] Detaillierte geologische Studien dieser Gegend wurden vor allem von B. Plöchinger[8] sowie von P. Faupl und A. Tollmann[9] durchgeführt. Bereits B. Plöchinger hatte das Vorkommen fossiler Harze erwähnt – fossile Harze, die zu den Roßfeldschichten gehören. Die Gesamtmächtigkeit dieser Schichten wird mit über 800 m angegeben, ihr Verbreitungsgebiet ist einerseits ihr Typusgebiet – die neokome Roßfeldmulde westlich der Salzach – andererseits die Weitenaumulde östlich der Salzach.[10] Es lassen sich dabei Untere Roßfeldschichten (Oberes Valendis/Unteres Hauterive) sowie Obere Roßfeldschichten (Hauterive bis Apt) unterscheiden. Auch letztere sind lithologisch unterschiedlich entwickelt: östlich der Salzach umfassen sie kieselige Mergelkalk, die von konglomeratreichen, mürben Sandsteinen überlagert werden. In diesen Lagen finden sich die Harzvorkommen. Die altersmäßigen Einstufungen erfolgten aufgrund von entsprechenden Ammonitenfunden.[11] Das Profil wurde aufgrund von Vergleichen mit rezenten Faziesverteilungen als Tiefseerinnen-Environment interpretiert, wobei die Oberen Roßfeldschichten ein von der Beckenabhangseite her vorgeschobenes, kleinräumiges Fächersystem darstellen.[12] Als radiometrisches Alter wird 120-130 Millionen Jahre angegeben[13], ein Alter, das von A. Borkent[14] für die von ihm beschriebenen Inklusenfunde auf 127-130 Ma eingeschränkt wird.

[1] Fugger 1878.
[2] Strasser 1968.
[3] Fischer 1982.
[4] Krüger 1999.
[5] Winkler 1999.
[6] Schlee 1985.

[7] Strasser 1968.
[8] Plöchinger 1968.
[9] Faupl/Tollmann 1979.
[10] Plöchinger 1983.
[11] Plöchinger 1983. – Winkler 1999.
[12] Faupl/Tollmann 1979.
[13] Winkler 1999.
[14] Borkent 1997.

Abb. 1: Größter bisher bekannter Bernsteinfund aus Golling mit 4,8 kg aus der Privatsammlung von W. Grubelnik (Foto: S. Krutter)

Benennung des Harzes

Für fossile Harze wurden im Laufe der Zeit mehr als 100 – mehr oder minder gut definierte, mehr oder minder gebräuchliche – Mineralnamen verwendet, wovon „Succinit" als Bezeichnung für den „Baltischen Bernstein" (sensu stricto) wohl der bekannteste sein dürfte. Auch das Material aus Golling erhielt unterschiedliche Bezeichnungen: von Anrainern aufgrund des fallweise markanten Geruches als „Ölschwefel" bezeichnet[15], stellte es S. Savkevitch[16] zu den „Retiniten", eine Bezeichnung, die von A. Strasser[17] übernommen wurde. Schließlich ist auch noch die Rede von Copalinknollen.[18] Aufgrund der gegenwärtigen Problemlage[19] ist es vielleicht am vernünftigsten von einem „fossilen Harz aus der Unterkreide" oder einfach ganz allgemein vom „Bernstein aus Golling" zu sprechen.

Physikalische und chemische Eigenschaften

Farbe: Die Farbe des Gollinger Bernsteins wird meist als dunkelbraun, rotbraun, fallweise sogar als grünlich, violett, ja selbst als bernsteingelb (bei vollständiger Durchsichtigkeit) angegeben (Abb. 1). Eine der ausführlichsten Beschreibungen zum Thema Farbe des Gollinger Bernsteins findet sich wohl bei D. Schlee[20], er verweist vor allem auf die Tatsache, dass sich die Farbangabe „schwarz" nur auf das Erscheinungsbild der unbearbeiteten Oberfläche bezieht. Bereits das Aufbrechen der Bernsteinstücke ergibt typischerweise eine braune, klare oder lederartig matte Oberfläche. Dünne Scheiben sind dann oft durchsichtig, manchmal sogar klar und hellgelb. Seltene glasklare Funde wiesen sogar manchmal orangerote Farbtöne auf. Als besonders informativ gelten Querschliffe durch einzelne Bernsteinknollen, die erkennen lassen, dass der Bernstein oft Druck und einer erheblichen Hitzeeinwirkung ausgesetzt gewesen sein muss. Auch die gelegentlich beobachteten bläulich-violetten Farbvarianten sieht D. Schlee im Zusammenhang mit Aufschmelzprozessen. Eine Reihe weiterer Beobachtungen einzelner Besonderheiten werden von diesem Autor eingehend beschrieben, als Hitzeeffekte gedeutete Erscheinungen sind auch abgebildet.[21] UV-Licht: Der Gollinger Bernstein zeigt eine auffallende, oft jedoch sehr unterschiedliche Fluoreszenz im UV-Licht. Ein besonders eindrucksvolles Bild dazu findet sich bei D. Schlee[22], dieser Autor verweist jedoch auch ausdrücklich auf deutliche Unterschiede im Erscheinungsbild der UV-Fluoreszenz je nach dem diagenetischen „Schicksal" der einzelnen Bernsteinknollen. Die Härte beträgt nach Mohs etwa 2, die Dichte beträgt 1,12-1,16 nach A. Strasser[23].

Chemische Untersuchungen

Es gibt eine beträchtliche Anzahl unterschiedlicher physikochemischer Methoden, die zwecks Charakterisierung des fossilen Harzes aus Golling bisher angewandt wurden. Ein Überblick dazu findet sich bei N. Vávra[24], dabei überwiegen jene Methoden, die eine Charakterisierung des gesamten Harzes zum Ziel hatten. Infrarotspektroskopie, Ramanspektroskopie, Massenspektrometrie, Pyrolysegaschromatographie sowie schließlich auch die Aufnahme von Dämpfungsspektren

---

[15] Strasser 1989. – Winkler 1999, 55.

[16] Savkevitch 1981.

[17] Strasser 1989.

[18] Exel 1993.

[19] Beispielsweise: Vávra 2011.

[20] Schlee 1984, 30, Taf. 6-9.

[21] Schlee 1984, Taf. 8, 9.

[22] Schlee 1984, Taf. 9.

[23] Strasser 1968.

[24] Vávra 2005, 259, Tab. 1.

Abb. 2: Grabungen an der Fundstelle des Bernsteins (Foto: G. Fischer)

sowie von Torsionsmodulkurven[25] seien hier genannt. Die wohl am weitesten verbreitete Methode zur Charakterisierung fossiler Harze ist wohl die Infrarotspektroskopie. Durch die Verwendung von Kaliumbromid-Presslingen lässt sich das Problem der Unlöslichkeit der Hauptmenge vieler Bernsteinarten leicht umgehen, der Materialbedarf ist extrem gering, der Aussagewert der Absorptionsspektren im infraroten Bereich relativ hoch. Bestimmte Absorptionsbanden können zwar bei fast allen fossilen Harzen beobachtet werden, der so genannte „Fingerprint-Bereich" bietet jedoch fast immer ausreichende Vergleichsmöglichkeiten. Liegen deutlich unterscheidbare Spektren vor, so handelt es sich zweifellos um unterschiedliche Harzminerale, bei identischen Spektren kann man jedoch nicht unmittelbar auf eine Identität der vorliegenden organischen Minerale schließen. Weitere Untersuchungen und Vergleiche sind hier meist erforderlich. Es handelt sich in fast allen Fällen um Gemische aus hochmolekularen Substanzen mit niedrigmolekularen Inhaltsstoffen. Als wohl bekanntestes Merkmal des Infrarotspektrums des Succinits (*sensu stricto*) sei hier die „Baltische Schulter" erwähnt. Sie besteht aus einer Absorption bei einer Wellenzahl von 1160 cm^{-1} und der eigentlichen „Schulter" zwischen 1160 und 1260 cm^{-1}. Sie gestattet mit hoher Sicherheit eine Identifizierung des Succinits.[26] Der Bernstein aus Golling zeigt niemals diese Schulter (Abb. 4), eines der vielen Merkmale, welche ihn vom „klassischen" Succinit des Baltikums unterscheiden.

Die Ramanspektroskopie stellt in gewissem Sinne ein Gegenstück zur Infrarotspektroskopie dar. Infrarotes Licht bestimmter Wellenlänge wird absorbiert, sobald ein durch eine Molekülschwingung sich änderndes Dipolmoment mit dem entsprechenden Vektor der Lichtquelle in Wechselwirkung tritt, bei der Ramanspektroskopie erfolgt eine entsprechende Wechselwirkung jedoch zwischen Licht und Polarisierbarkeit des Moleküls. Dies bedingt unterschiedliche Auswahlregeln: meist sind jene Schwingungen, die IR-aktiv sind im Ramanspektrum inaktiv und umgekehrt. So ist die Ramanspektroskopie einerseits zur Erkennung bestimmter funktioneller Gruppen, aber auch oft zur Charakterisierung von Gemischen recht nützlich.[27] Bezüglich der Charakterisierung des Gollinger Bernsteins durch diese Methode sei hier auf die Arbeiten von W. Winkler verwiesen.[28]

Im Rahmen der Massenspektrometrie organischer Substanzen muss betont werden, dass die üblichen, routinemäßig verfügbaren Geräte gewöhnlich nur über die Möglichkeit einer Eelktronenstoßionisation verfügen, die so erzielten Massenspektren („Schuttspektren") bieten jedoch nur einen sehr beschränkten Aussagewert.[29] Einen weitaus höheren Wert haben Massenspektren, welche beispielsweise mittels Feldionisation erzielt werden – sie liefern gut auswertbare Peaks von entsprechenden Molekülionen und nur einen geringen Anteil von „Molekülschutt".[30] Derlei Aufnahmen wurden bisher leider nur für eine sehr beschränkte Anzahl fossiler Harze beschrieben.

Eine weitere Methode zur Charakterisierung der gesamten vorliegenden Harzprobe stellt die Pyrolysegaschromatographie dar. Sie wurde bereits relativ bald auch für fossile Harze verwendet.[31] Für das Material aus Golling wurde eine entsprechende Untersuchung von G. Heck[32] publiziert. Die bereits erwähnten Dämpfungsmessungen, die von M. Weller und C. Wert durchgeführt wurden, ergaben interessante Vergleiche für die von

[25] Weller/Wert 1984.
[26] Mit der dort zitierten Literatur: Vávra 1993.

[27] Siehe beispielsweise: Williams/Fleming 1985.
[28] Winkler 1999. – Winkler 2003. – Winkler 2004.
[29] Bandel/Vávra 1981.
[30] Mischer u.a. 1970.
[31] Mischer u.a. 1970. – Streibl u.a. 1976. – Sorg/Krebs 1986.
[32] Heck 1999. – Aufnahme Nr. 22 (Golling) und Nr. 26 (Grubach, versehentlich mit der Angabe: Kuhl, Tirol).

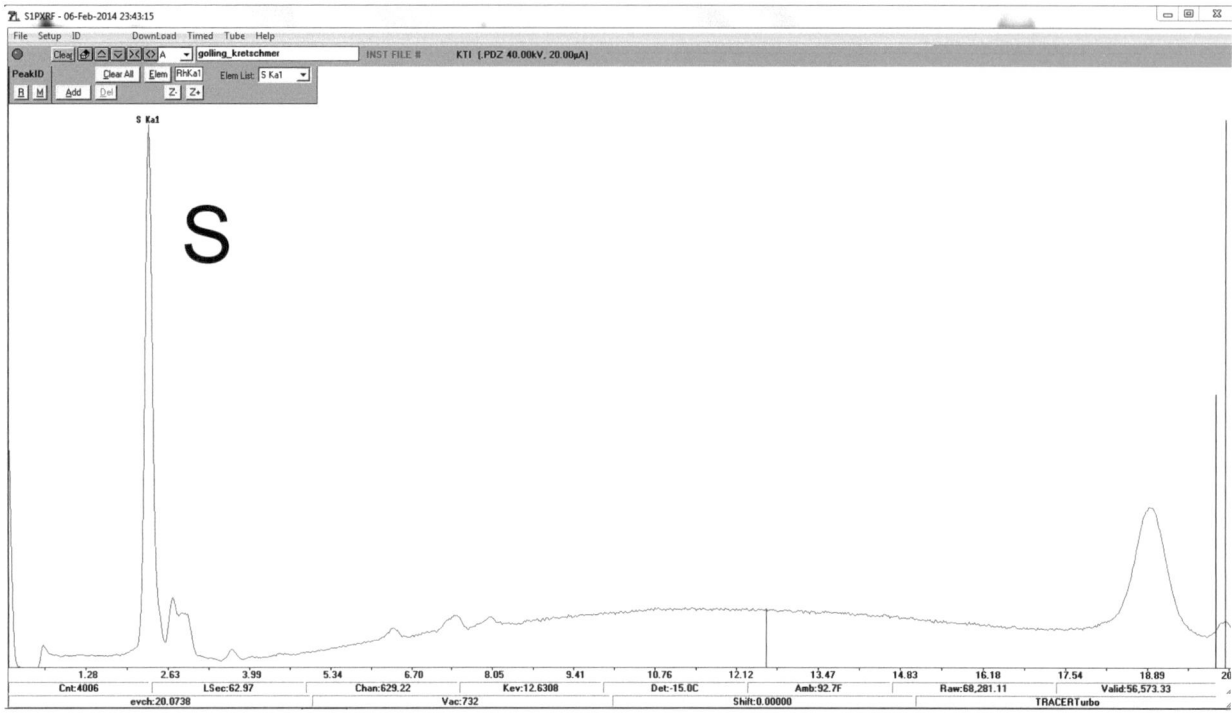

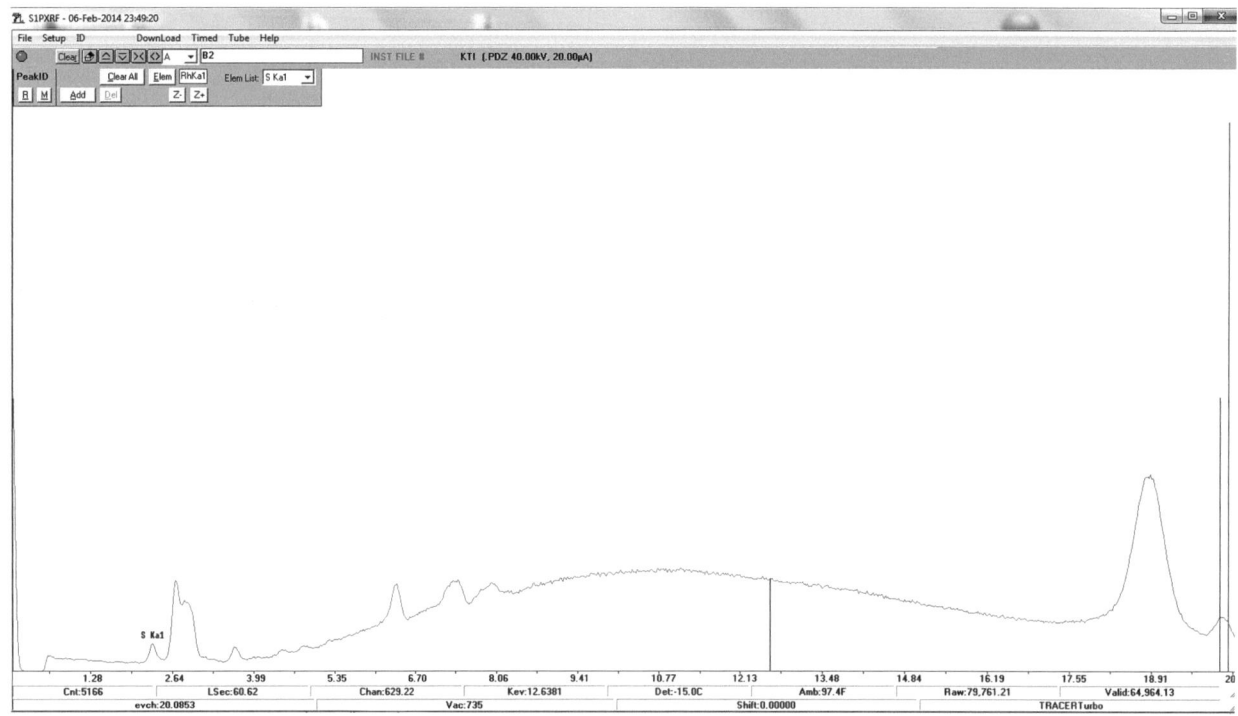

Abb. 3: Röntgenfluoreszenzspektrum des Bernsteins aus Golling (oben), sowie als Vergleich dazu eines Baltischen Bernsteins; man beachte den deutlichen Unterschied der beiden Schwefel-Peaks. Gerät: RFA-Handspektrometer, Bruker Tracer IV SD mit 10 mm² X-Flash Silizium Detektor (Aufnahme: G. Giester)

ihnen untersuchten Bernsteinarten. Die relativ niedrigen Maxima wurden von diesen Autoren als Folge eines geringen amorphen Anteils an verknäulten bzw. leicht drehbaren Molekülgruppen gedeutet. Dies wurde als Hinweis auf einen hohen Vernetzungsgrad der Makromoleküle sowie mit dem hohen geologischen Alter des Materials in Zusammenhang gebracht.

Einzelne lösliche Inhaltsstoffe wurden sowohl durch Dünnschichtchromatographie[33] als vor allem auch mittels Gaschromatographie/Massenspektrometrie (Abb. 5-6) verglichen bzw. identifiziert.[34] Es ist hier leider – alleine schon aus Platzgründen – nicht möglich, die vielen Einzelergebnisse und Probleme eingehend dar-

[33] Rottländer/Mischer 1970. – Bandel/Vávra 1981. – Vávra 1999.
[34] Streibl u.a. 1976. – Vávra 1999.

Abb. 4: Infrarotspektrum des Bernsteins aus Golling. Abszisse: Wellenzahl in cm^{-1}, Gerät: Bruker Tensor 27, 50 scans, DTGS Detektor, KBr Beam Splitter (Aufnahme: G. Giester)

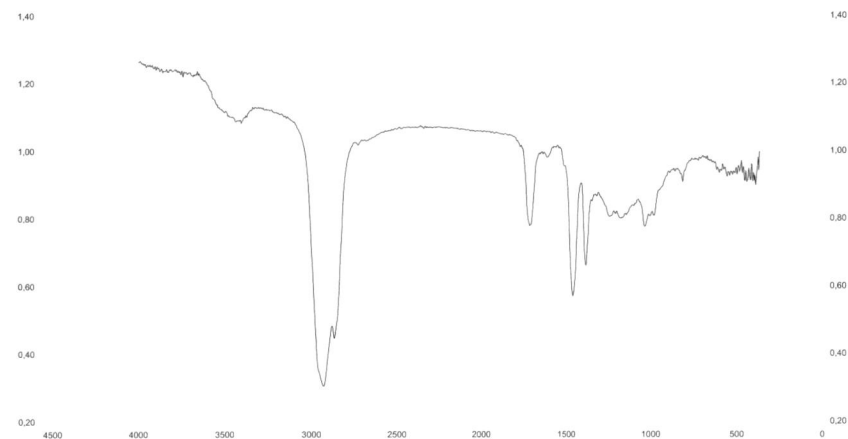

zustellen, hier muss ein Hinweis auf die einschlägigen Einzelpublikationen genügen. Es sollen daher nur einige wesentliche Gesichtspunkte herausgestrichen werden.

Eine Elementaranalyse des Gollinger Bernsteins ist nach Kenntnisstand des Verfassers bisher noch nicht publiziert worden, eine C/H-Analyse von Material aus dem Lienbachtal liegt allerdings vor: 78,63 % C, 10,45 % H[35]. Es finden sich aber des Öfteren Hinweise auf einen auffallend hohen Schwefelgehalt der Proben. Um dies hier wenigstens „halbquantitativ" zu dokumentieren, sei auf die zugehörige Abbildung verwiesen (Abb. 3): der extrem hohe-Schwefel-Peak – im Vergleich mit dem Material aus dem Baltikum – wirkt wohl sehr überzeugend. Dieser Befund wurde fallweise auch durch einen deutlichen Schwefelgeruch frischen Probenmaterials bekräftigt und war auch Anlass zur lokalen, volkstümlichen Bezeichnung dieses Harzes als „Ölschwefel".[36] Diese Tatsache sollte eigentlich für Geochemiker ein Anlass sein, die Rolle des Schwefels in fossilen Harzen grundsätzlich zu diskutieren. Angesichts der heute akzeptierten Vorstellungen über den Aufbau des makromolekularen Anteils des Succinits[37] könnte man zum Beispiel an die Ausbildung von Schwefelbrücken zwischen fadenförmigen Teilen von Makromolekülen denken, die dann nach Art einer „Vulkanisation" einen wesentlichen Beitrag zu den makroskopischen Eigenschaften fossiler Harze liefern würden. Dies würde durchaus der Vernetzung von Polyisoprenketten beim Kautschuk durch Schwefelatome entsprechen, dabei entfällt auf etwa 100 Isoprengruppen jeweils ein Schwefelatom. Auch Brückenbildung durch jeweils mehrere Schwefelatome (S$_x$) kann fallweise auftreten. Die Suche nach niedermolekularen organischen Schwefelverbindungen durch den Verfasser verlief jedenfalls bei allen untersuchten Bernsteinproben stets negativ – wohl ein weiterer Hinweis darauf, dass der Schwefel im makromolekularen Anteil eingebaut ist.

Zwei wesentliche Zielsetzungen chemischer Untersuchungen an fossilen Harzen sollen hier noch besonders hervorgehoben werden. Einerseits der Vergleich von Bernsteinproben unterschiedlicher Herkunft mit dem Ziel, irgendwie doch eine Art „natürlicher" Systematik fossiler Harze zu erarbeiten, andererseits jedoch die Suche nach Chemofossilien bzw. typischen Strukturen, die eine chemotaxonomische Auswertung ermöglichen – das heißt eine Aussage bezüglich der Harz liefernden Pflanzen gestatten. Als dritte mögliche Zielsetzung kommt noch der Versuch dazu, aus den chemischen Strukturen eine Art relativer Datierung unterschiedlicher fossiler Harze zu erreichen – in Anbetracht des hohen geologischen Alters ist gerade in dieser Hinsicht der Bernstein aus Golling von besonderem Interesse. Im Zusammenhang mit den diagenetischen Veränderungen fossiler Harze wurden unter anderem auch die Ramanspektren verschiedener organischer Mineralien – auch unter Einbeziehung von Material aus Golling – verglichen.[38]

Nun aber zu einem wesentlichen Gesichtspunkt bezüglich der Bestimmung der botanischen Herkunft. Hier soll jedoch vor allem darauf verwiesen werden, dass bereits vor 15 Jahren in Material aus Golling niedermolekulare organische Verbindungen mit typischer 2,3-Dihydroindenstruktur vorgeschlagen wurden[39], die genaue Struktur der einzelnen Alkylreste blieb dabei allerdings offen. Das Vorkommen von Dihydroinden-Strukturen (Abb. 7) im Material aus Golling wurde mittlerweile bestätigt.[40] Was diesen Befund im Zusammenhang mit der Diskussion möglicher Erzeugerpflanzen allerdings besonders wertvoll macht, ist die Tatsache, dass erst kürzlich das Vorkommen von Pentamethyldihydroinden als einer der typischen Bestandteile von *Araucaria* im Zusammenhang mit Fragen einer Palaeochemotaxonomie dieser Pflanzenfamilie diskutiert wurde.[41] In diesem Zusammenhang sei auch auf das Vorkommen von substituiertem Dihydroinden in einem erst kürzlich aus der

[35] Analysen-Nr. PE/37593; Dr. Zak, Mikroanalytisches Laboratorium am Institut für Physikalische Chemie der Universität Wien, 31.3.1980.
[36] Strasser 1989. – Winkler 1999, 55.
[37] Beispielsweise: Anderson u.a. 1992.

[38] Winkler u.a. 2001, Abb. 1.
[39] Vávra 1999, 225-228, Abb. 5-7.
[40] Lühr 2004.
[41] Lu u.a. 2013.

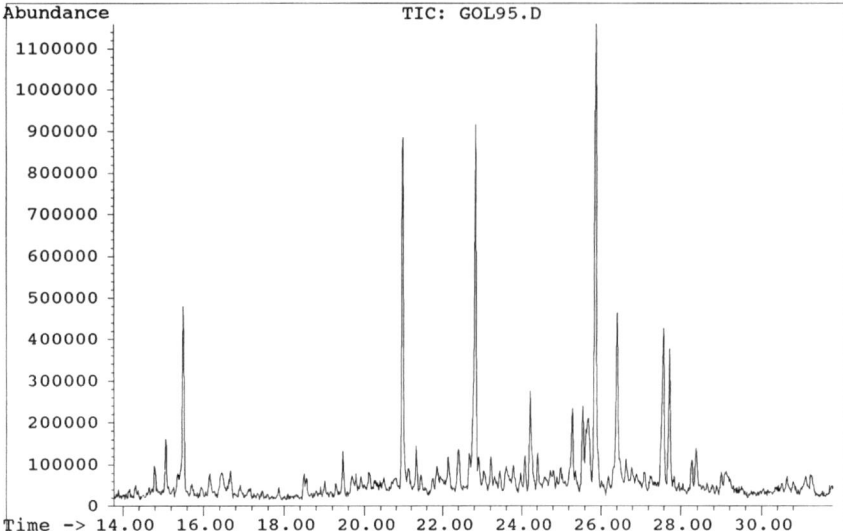

Abb. 5: Ausschnitt eines Gaschromatogramms (genauer: Gesamtionenchromatogramms) einer in Ethanol löslichen Fraktion des Bernsteins aus Golling. Abszisse: Retentionszeit in Minuten. Ordinate: Ionenhäufigkeit (Aufnahme: N. Vávra).

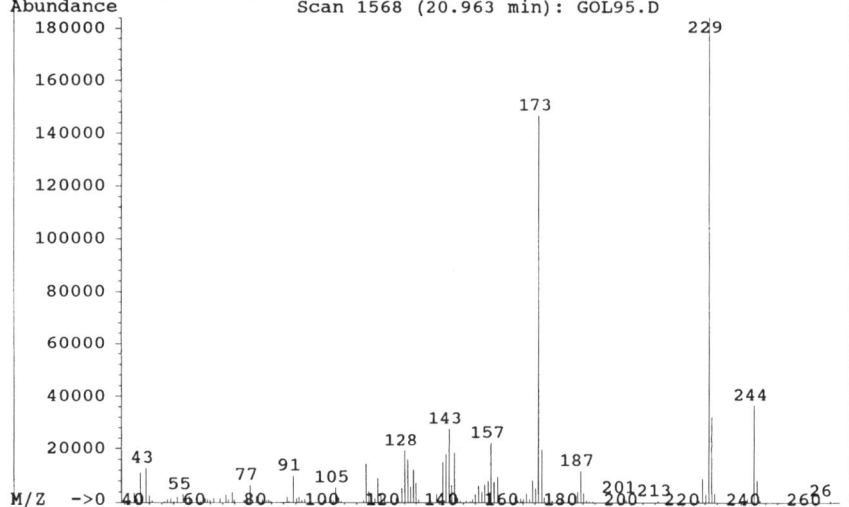

Abb. 6: Beispiel für ein Massenspektrum eines in Ethanol löslichen Inhaltsstoffes, substituiertes Dihydroinden, Molekülmasse: 244; 12 Flächen%. Ordinate: Ionenhäufigkeit. Abszisse: Massenzahl (Aufnahme: N. Vávra).

Kreide von Äthiopien beschriebenen fossilen Harz verwiesen.[42] Dem Verfasser liegen mittlerweile auch derlei Ergebnisse bezüglich einiger anderer fossiler Harze vor. Alles in allem scheinen diese Befunde das Material aus Golling in einen durchaus akzeptablen und größeren Zusammenhang zu stellen. Araukarien – im weitesten Sinne – bleiben also durchaus weiter im Bereich des Möglichen.

„Großobjekte"

Sieht man hier von einem Fund im Miozän von Sarawak in Malaysia ab, für den ein Gewicht von 68 kg angegeben wird[43], so stellen Funde fossiler Harze, die eines bis mehrere Kilogramm wiegen, meist die „Spitzengruppe" dar. Ohne hier einer möglichen „Ranking List" der weltweit größten Bernsteinstücke vorzugreifen, muss doch erwähnt werden, dass das Material

aus Golling auch in dieser Hinsicht einiges zu bieten hat. Das nach Kenntnisstand des Verfassers derzeit größte bekannte Stück mit 4,8 kg (Abb. 1) befindet sich in der Privatsammlung von W. Grubelnik[44] in Salzburg. Damit ist der Gollinger Bernstein zweifellos im internationalen Vergleich im Spitzenfeld, beispielsweise erwähnt D. Schlee[45] von dem bekannten Bernsteinmaterial aus der Dominikanischen Republik ein Stück von 48 cm Länge und einer Masse von gleichfalls 4,8 kg. B. Kosmowska-Ceranowicz erwähnt aus Golling nicht nur ein Einzelstück von 4,6 kg, sondern berichtet auch von insgesamt 30-50 Exemplaren von jeweils etwa 0,5 kg.[46]
Vergleicht man zum Beispiel mit dem Kreidebernstein aus Äthiopien, so liegt auch aus diesem Material ein bemerkenswert großes Stück vor (etwa 1,15 kg). Es ist aber damit nicht nur wesentlich kleiner, sondern auch deutlich jünger als das Gollinger Material, sein Alter wird mit Oberem Cenoman (etwa 93-95 Ma) angegeben,

---

[42] Schmidt u.a. 2010. – siehe weiterführend die entsprechende Publikation im Internet.
[43] Langenheim 2003, 178, Abb. 4-10.

[44] Dieses Stück wird derzeit als Dauerleihgabe im Museum Burg Golling verwahrt.
[45] Schlee 1990, 22, Abb. 18.
[46] Kosmowska-Ceranowicz 2012, 238-240.

also Mittelkreide.[47] Der „klassische" Baltische Bernstein – der „Succinit" sensu stricto – tritt hinsichtlich des Gewichtes der Funde des Materials aus Golling jedoch deutlich zurück. So wiegt beispielsweise ein Großobjekt, dass bereits 1708 als Geschenk des Preußenkönigs Friedrich I. an den Württembergischen Hof kam und sich jetzt im „Bernstein-Kabinett" des Museums am Löwentor in Stuttgart befindet „nur" 1,5 kg.[48] Als größter „Klumpen" des Baltischen Bernsteins wurde ein Stück von einer Maximallänge von 23 cm bezeichnet, welches das Wappen der Familie Blamgemberg aus Koszalin (Köslin) eingeschnitzt zeigt und in den Sammlungen des Museums der Erde in Warschau unter der Inventarnummer 7549 verwahrt wird (Gewicht: 1.785 g).[49] Eine reichhaltige Auswahl von Großobjekten aus den Sammlungen des „Museums der Erde" in Warschau wurde von B. Kosmowska-Ceranowicz und A. Pielińska[50] abgebildet und beschrieben: Exemplare zu 1.360 bzw. 1.160 g, sowie zahlreiche andere, jedoch deutlich kleinere Exemplare. Eine größere Anzahl von Bernsteinstücken (Succinit) aus quartären Sedimenten von jeweils mehr als 2.000 g wurde von M. Maisch und G. Schweigert[51] zusammengestellt.

Botanische Herkunft

Eines der „klassischen" Probleme der Bernsteinforschung stellt wohl die Suche nach dem „Bernsteinbaum", das heißt die Ermittlung des Harzlieferanten dar. Selbst für den Baltischen Bernstein, den „Succinit" im herkömmlichen Sinne ist wohl lange noch nicht das letzte Wort gesprochen. Bis in jüngste Zeit findet eine durchaus kontroverse Diskussion statt. Auch die umfangreichen kritischen Revisionen der im Succinit erhaltenen Pflanzenreste, wie sie vor allem mit dem Namen der polnischen Bernsteinforscherin H. Czeczott (1888-1982) verbunden sind, brachten zwar eine drastische Reduktion der pflanzlichen Gattungen und Arten aus dem „Bernsteinwald" von ursprünglich fast 750 auf nur mehr 216 Taxa[52], konnten jedoch bezüglich des Bernsteinproduzenten nur die Möglichkeiten aufzeigen bzw. einschränken.
Eine zusammenfassende Darstellung zu diesem Themenkreis findet sich bei U. Spahr.[53] Im Zusammenhang mit der Suche nach dem Harzlieferanten wurden auch Methoden einer Chemotaxonomie wiederholt angewandt; einen Einblick in diese Problematik bietet zum Beispiel die Diskussion bei G. Krumbiegel und B. Krumbiegel[54], zusammenfassende Darstellungen der verschiedentlich erörterten botanischen Zusammenhänge wurden mehr-

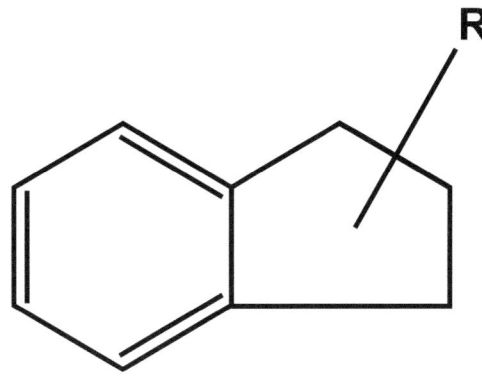

Abb. 7: Schematisiertes Formelbild eines Dihydroindens, drei Verbindungen dieses Typs konnten in löslichen Fraktionen des Gollinger Bernsteins identifiziert werden. Sie unterscheiden sich durch Art und Anzahl der Substituenten („R"), ihre Molekülmassen betragen: 188, 244 und 258 (Grafik: M. Vávra).

fach publiziert.[55] Es gibt jedoch auch fossile Harze, für die eine recht befriedigende Lösung dieses Problems vorliegt. Als Beispiel sei hier auf die fossilen Harze aus der Dominikanischen Republik verwiesen, für die ein Vertreter der Gattung *Hymenaea* – ein baumförmiger Vertreter der *Leguminosae* – als Harzproduzent beschrieben wurde.[56] Selbst harzkonservierte Blätter dieses Baumes wurden mehrfach abgebildet und beschrieben.[57]
Wie sieht nunmehr die Situation bezüglich der Harzfunde aus Golling aus? Hier waren es chemische Untersuchungen, die bereits sehr früh Anhaltspunkte in Richtung Araukarien als mögliche Harzproduzenten gebracht haben.[58] Durch die Untersuchungen von N. Vávra[59] kam als weiteres Argument der Nachweis von drei verschiedenen löslichen Inhaltsstoffen mit einwandfreier Dihydroinden-Struktur dazu: drei Substanzen mit den Molekülmassen 188 (6 Flächen%), 244 (12 Flächen%) und 258 (ca. 14 Flächen%) konnten als substituierte Dihydroindene identifiziert werden. Interpretiert wurden diese Inhaltsstoffe als Abbauprodukte von ß-Sitosterol, einem pflanzlichen Steroid, das bereits vor längerer Zeit im Baltischen Bernstein nachgewiesen wurde.[60] Mag auch die genaue Beschaffenheit der Alkylsubstituenten offen geblieben sein, so wurde das Vorkommen der Dihydroinden-Struktur mittlerweile von C. Lühr[61] bestätigt. Dihydroinden-Derivate wurden mittlerweile auch in einem Kreideharz aus Äthiopien[62] sowie auch in (künstlich gealterten) rezenten Araukarienharzen nachgewiesen.[63] Dieser letztere Befund bekräftigt gleichfalls eine Beziehung zu Araukarien. Ein Vergleich

[47] Schmidt u.a. 2010.
[48] Schlee 1990, 2-3, Abb. 1.
[49] Krumbiegel/Krumbiegel 2001, 25.
[50] Kosmowska-Ceranowicz-Pielińska 2003.
[51] Maisch/Schweigert 2014.
[52] Beispielsweise: Czeczott 1961.
[53] Spahr 1993.
[54] Krumbiegel/Krumbiegel 2001.

[55] Beispielsweise: Poinar 1992, 26-27, Tab. 3.
[56] Hymenaea protera, siehe: Poinar 1992.
[57] Beispielsweise: Langenheim 2003, Plt. 25-26.
[58] Rottländer/Mischer 1970. – Bandel/Vávra 1981.
[59] Vávra 1999.
[60] Szykula u.a. 1990.
[61] Lühr 2004.
[62] Schmidt u.a. 2010.
[63] Lu u.a. 2013.

eines Infrarotspektrums aus jüngster Zeit[64] ergab jedoch angeblich Hinweise in Richtung Glessit bzw. Walchowit, ein Befund welcher allerdings aufgrund der bisher identifizierten Inhaltsstoffe nicht aufrechterhalten werden kann. Die Anwendung einer einzelnen Methode kann in diesem Fall wohl nicht als ausreichendes Argument verwendet werden. Damit dürften wohl die stärksten chemischen Argumente nach wie vor in Richtung Araukarien weisen.

Inklusenfunde

Abgesehen von einzelnen Hinweisen aus Sammlerkreisen berichtete zunächst D. Schlee[65] von Insektenresten aus dem Harzmaterial aus Golling: ein Männchen einer Gnitzenmücke (*Ceratopogonidae*), ein fragmentärer Rest einer Gallmücke (*Cecidomyidae*) sowie ein etwas problematischer Fund eines Hautflüglers (*Hymenoptera*) wird von ihm angegeben. In den späten 1990er Jahren wurde sogar ein neues Taxon der *Ceratopogonidae* aus dem Gollinger Harz beschrieben: *Minyohelea casca*.[66] In dieser Arbeit werden auch ein dürftig erhaltener Vertreter der Gallmücken (*Porricondylinae, Cecidomyiidae*) sowie eine männliche Zuckmücke (*Chironomidae*) angegeben. Diese Funde – ergänzt durch die Abbildung eines Holzfragmentes – werden bei W. Winkler[67] sowie bei N. Vávra[68] zusammengefasst. Die von W. Winkler angegebenen zahlreichen Mikroeinschlüsse – hier als Pilzhyphen und Sporangien bezeichnet – wurden allerdings mittlerweile als Pseudofossilien erkannt, andererseits liegen aber aus dem Gollinger Harz auch echte Mikrofossilien vor, die nach Kenntnisstand des Verfassers aber bisher nicht publiziert wurden.[69] In Anbetracht des hohen Alters dieser Funde kommt ihnen jedoch wohl einige Bedeutung zu. Möglicherweise liegt auch noch so manches, bisher unbeschriebene Material in der Verborgenheit verschiedener (Privat)Sammlungen.

Anorganische Einschlüsse

Eine der Besonderheiten des Bernsteins von Golling ist das gelegentliche Vorkommen von Mineraleinschlüssen. Es finden sich fallweise Hohlräume und Risse, die von Chalcedon oder Achat ausgefüllt werden.[70] Pyrit oder auch Calcit, die gleichfalls im Gollinger Harz angetroffen wurden, sind auch aus dem Succinit des Baltikums bekannt, Achat sowie Chalcedon sind jedoch echte Seltenheiten. Ein wirklich eindrucksvolles Stück mit einer etwa 1 cm großen Achatknolle wurde von D. Schlee abgebildet.[71]

Besonderheiten

Abschließend seien hier noch einmal jene Besonderheiten hervorgehoben, die den Bernstein aus Golling so einzigartig machen und ihm seine besondere Wichtigkeit verleihen. Zunächst muss hier nochmals sein hohes geologisches Alter hervorgehoben werden, derart reiches Harzmaterial aus der Unterkreide ist sehr selten. Dazu kommt noch das relativ häufige Vorkommen von besonders großen Stücken. 4,8 kg für eines der Spitzenstücke (Abb. 1) stellt selbst in internationalen Vergleich eine Besonderheit dar, dazu kommt noch die geförderte Gesamtmenge von mehr als 0,5 Tonnen Material – für Österreich mit Abstand der mengenmäßig größte Bernsteinfund – aber auch im internationalen Maßstab durchaus beachtlich.

Die Funde einzelner Insekteninklusen sind – wiederum vor allem aufgrund ihres hohen geologischen Alters – für die Entomologie von großer Wichtigkeit. Es ist zu hoffen, dass die Sichtung weiteren Materials durch Spezialisten weitere Inklusen zustande bringen wird. Als letztes wären noch die zum Teil einzigartigen anorganischen Einschlüsse zu erwähnen, die das Gesamtbild dieses bedeutenden Harzfundes noch entsprechend abrunden.

Danksagung

Großen Dank schuldet der Verfasser Herrn Univ.-Prof. .i.R. Dr. A. Beran, Univ.-Prof. Mag. Dr. G. Giester sowie Mag. D. Talla (alle Institut für Mineralogie und Kristallographie der Universität Wien) für die Aufnahme zahlreicher Spektren. Herzlichen Dank auch allen Sammlern und Kollegen, die meine Arbeiten im Laufe der Jahre durch das Überlassen von Probenmaterial aus dem Bereich von Golling unterstützt haben: Dr. O. Cichocki (Vienna Institute for Archaeological Science), Ing. F. Dinterer (Leoben/Wien), Herr G. Fischer (Salzburg), Dr. E. Herndler (ÖMV), Herr Kretschmer, Univ.-Prof. Mag. Dr. E. Libowitzky (Institut für Mineralogie und Kristallographie der Universität Wien), Herr K. Zach, Univ.-Prof. Mag. Dr. R. Zetter (Institut für Paläontologie der Universität Wien) und Herr L. Zima (Salzburg). Für das Foto der Grabungsarbeiten bin ich Herrn G. Fischer (Salzburg), für das Foto des Bernsteinstückes aus der Sammlung von W. Grubelnik bin ich Herrn S. Krutter (Museum Burg Golling) und für die grafische Gestaltung der Abbildungen meinem Sohn Martin Vávra (Wien) zu Dank verpflichtet.

---

[64] Kosmowska-Ceranowicz 2012.
[65] Schlee 1984.
[66] Borkent 1997, 2-4, Abb. 1/A-E.
[67] Winkler 2003.
[68] Vávra 2005.
[69] Persönliche Mitteilung von A. Schmidt (Göttingen).
[70] Schlee 1984. – Winkler 2003.
[71] Schlee 1990, 88.

Literaturverzeichnis

Anderson u. a. 1992

K. B. Anderson/R. E. Winans/R. E. Botto, The nature and fate of natural resins in the geosphere II. Identification, classification and nomenclature of resinites. Organic Geochemistry 18, 1992, 829-841.

Bandel/Vávra 1981

K. Bandel/N. Vávra, Ein fossiles Harz aus der Unterkreide Jordaniens. Neues Jahrbuch für Geologie und Paläontologie – Monatshefte 1, 1981, 19-33.

Borkent 1997

A. Borkent, Upper and Lower Cretaceous Biting Midges (Ceratopogonidae: Diptera) from Hungarian and Austrian Amber and the Koonwarra Fossil Bed of Australia. Stuttgarter Beiträge zur Naturkunde B 249, 1997, 1-10.

Czeczott 1961

H. Czeczott, The flora of the amber and its age. Prace Muzeum Ziemi 4, 1961, 139-145.

Exel 1993

R. Exel, Die Mineralien und Erzlagerstätten Österreichs (Wien 1993).

Faupl/Tollmann 1979

P. Faupl/A. Tollmann, Die Roßfeldschichten: Ein Beispiel für Sedimentation im Bereich einer tektonisch aktiven Tiefseerinne aus der kalkalpinen Unterkreide. Geologische Rundschau 68, 1979, 93-120.

Fischer 1982

G. Fischer, Harzfunde aus der Unterkreide von Golling, Salzburg. Pyrit 2, 1982, 14-16.

Fugger 1878

E. Fugger, Die Mineralien des Herzogthumes Salzburg. XI. Jahres-Bericht der k. k. Ober-Realschule in Salzburg (Salzburg 1878).

Heck 1999

G. Heck, Py-GC-Analysen zur Unterscheidung von Bernstein. Berliner Beiträge zur Archäometrie 16, 1999, 211-240.

Kosmowska-Ceranowicz 2012

B. Kosmowska-Ceranowicz, Bursztyn w Polsce I na świecie. Amber in Poland and the World (Warschau 2012).

Kosmowska-Ceranowicz/Pielińska 2003

B. Kosmowska-Ceranowicz/A. Pielińska, Bryły bursztynu – fenomen przyrody. Amber Nodules – a phenomenon of nature (Warschau 2003).

Krüger 1999

F. J. Krüger, Bernstein aus den Alpen. Fossilien 5/99, 1999, 270-275.

Krumbiegel/Krumbiegel 2001

G. Krumbiegel/B. Krumbiegel, Faszination Bernstein (Korb 2001).

Langenheim 2003

J. H. Langenheim, Plant Resins. Chemistry, Evolution, Ecology, and Ethnobotany (Portland, Cambridge 2003).

Lu u. a. 2013

Y. Lu/Y. Hautevelle/R. Michels, Determination of the molecular signature of fossil conifers by experimental palaeochemotaxonomy. Part 1: The Araucariaceae family. Biogeosciences 10, 2013, 1943-1962.

Lühr 2004

C. Lühr, Charakterisierung und Klassifikation von fossilen Harzen (unveröff. Dissertation, Universität Duisburg-Essen 2004).

Maisch/Schweigert 2014

M. Maisch/G. Schweigert, Bernstein. Fossile Harze aus aller Welt. Fossilien – Sonderheft 2014 (Wiebelsheim 2014).

Mischer u. a. 1970

G. Mischer/H.-J. Eichoff/T.-E. Haevernick, Herkunftsuntersuchungen an Bernstein mit physikalischen Analysenmethoden. Jahrbuch des Römisch-Germanischen Zentralmuseums in Mainz 17, 1970, 111-122.

Plöchinger 1968

B. Plöchinger, Die Hallstätter Deckscholle östlich von Kuchl/Salzburg und ihre in das Aptien reichende Roßfeldschichten-Unterlage. Verhandlungen der Geologischen Bundesanstalt 1968, 1968, 80-86.

Plöchinger 1983

B. Plöchinger, Salzburger Kalkalpen. In: M. P. Gwinner (Hrsg.), Sammlung Geologischer Führer 73 (Berlin, Stuttgart 1983).

Poinar 1992

G. O. Poinar, Life in Amber (Stanford 1992).

Rottländer/Mischer 1970

R. Rottländer/G. Mischer, Fossil-Lagerstätten, Nr. 11: Chemische Untersuchungen an libanesischem Unterkreide-Bernstein. Neues Jahrbuch für Geologie und Paläontologie – Monatshefte 11, 1970, 668-673.

Savkevitch 1981

S. S. Savkevitch, Physical Methods Used to Determine the Geological Origin of Amber and Other Fossil Resins. Some Critical Remarks. Physics and Chemistry of Minerals 7, 1981, 1-4.

Schlee 1984

D. Schlee, Notizen über einige Bernsteine und Kopale aus aller Welt. In: D. Schlee (Hrsg.), Bernstein-Neuigkeiten. Stuttgarter Beiträge zur Naturkunde C18, 1984, 29-37.

Schlee 1985

D. Schlee, Der österreichische Bernstein von Golling. Goldschmiede Zeitung 8/85, 1985, 70-73.

Schlee 1990

D. Schlee, Das Bernstein-Kabinett. Begleitheft zur Bernsteinausstellung im Museum am Löwentor, Stuttgart. Stuttgarter Beiträge zur Naturkunde C28 (Stuttgart 1990).

Schmidt u. a. 2010

A. R. Schmidt/V. Perrichot/M. Svojtka/K. B. Anderson/K. H. Belete/R. Bussert/H. Dörfelt/S. Jancke/B. Mohr/E. Mohrmann/P. C. Nascimbene/A. Nel/P. Nel/E. Ragazzi/G. Roghi/E. E. Saupe/K. Schmidt/H. Schneider/P. A. Seiden/N. Vávra, Cretaceous African life captured in amber. Proceedings of the National Academy of Sciences 107/16, 2010, 7329-7334.

Sorg/Krebs 1986

M. Sorg/B. Krebs, Zur Anwendung der Pyrolyse-Gaschromatographie auf vergleichend chemische Untersuchungen fossiler Harze. Zeitschrift für angewandte Geologie 32/3, 1986, 76-77.

Spahr 1993

U. Spahr, Systematischer Katalog und Bibliographie der Bernstein – und Kopalflora. Stuttgarter Beiträge zur Naturkunde B195, 1993, 1-99.

Strasser 1968

A. Strasser, Über den Neufund eines fossilen Harzes in der Weitenau bei Golling/Salzburg. Aufschluss 19/1, 1968, 17.

Strasser 1989

A. Strasser, Die Minerale Salzburgs (Salzburg 1989).

Streibl u. a. 1976

M. Streibl/S. Vašičková/V. Herout/V. Bouška, Chemical composition of Cenomanian fossil resins from Moravia. Collection of Czechoslovakian Chemical Communications 41, 1976, 3138-3145.

Szykula u. a. 1990

J. Szykula/C. Hebda/J. Orpiszewski/R. Auchholz/A. Szynkiewicz, Studies on

Neutral Fraction of Baltic Amber. Prace Muzeum Ziemi 41, 1990, 15-20.

Vávra 1993

N. Vávra, Chemical Characterization of Fossil Resins ("Amber") – A Critical Review of Methods, problems and Possibilities: Determination of Mineral Species, Botanical Sources and Geographical Attribution. Abhandlungen der Geologischen Bundesanstalt 49, 1993, 147-157.

Vávra 1999

N. Vávra, Fossil resins from Austria: biomarkers detected in Rosthornite (Eocene, Carinthia), Köflachite (Miocene, Styria) and a resin from the Lower Cretaceous of Salzburg. In: B. Kosmowska-Ceranowicz/H. Paner (Hrsg.), Investigations into Amber. Proceedings of the International Interdisciplinary Symposium: Baltic amber and other Fossil Resins. 997 Urbs Gyddanyze -1997 Gdańsk, 2-6 September 1997 (Gdańsk 1999), 219-230.

Vávra 2005

N. Vávra, Bernstein und verwandte organische Minerale aus Österreich. Beiträge zur Paläontologie 29, 2005, 255-280.

Vávra 2011

N. Vávra, Systematik und Nomenklatur fossiler Harze. In: B. Kosmowska-Ceranowicz/N. Vávra (Hrsg.), Eigenschaften des Bernsteins und anderer fossiler Harze aus aller Welt. In: B. Dybaś (Hrsg.), Editorial Series of the Scientific Centre of the Polish Academy of Sciences. Conference Proceedings and Monographs 10, 2011, 39-54.

Weller/Wert 1984

M. Weller/C. Wert, Neue physikalische Untersuchungen zur Struktur der Moleküle im Bernstein. In: D. Schlee (Hrsg.), Bernstein-Neuigkeiten. Stuttgarter Beiträge zur Naturkunde C18, 1984, 85-100.

Williams/Fleming 1985

D. H. Williams/I. Fleming, Strukturaufklärung in der organischen Chemie. Eine Einführung in die spektroskopischen Methoden (Stuttgart, New York 1985).

Winkler 1999

W. Winkler, Fossil resins (amber) and their sedimentological environment. New investigation methods and their application in mineralogy, gemology, archaeometry, and industry (unveröff. Dissertation, Universität Salzburg 1999).

Winkler 2003

W. Winkler, Eine Mineralogische Besonderheit aus dem Lammertal, Salzburg/Österreich. Fossile Harze aus der Unterkreide. A mineralogical speciality from Lammer valley, Salzburg/Austria. Fossil resin from the Lower Cretaceous. In: J. T. Weidinger/H. Lobitzer/I. Spitzbart (Hrsg.), Beiträge zur Geologie des Salzkammerguts. Contributions to the Geology of the Salzkammergut Region, Austria. Gmundner Geo-Studien 2, 2003, 337-342.

Winkler 2004

W. Winkler, Advantages of FT-Raman spectroscopy in amber research. Prace Muzeum Ziemi 47, 2004, 29-35.

Winkler u. a. 2000

W. Winkler/E. C. Kircher/M. Musso/A. Asenbaum, Maturation processes of natural resins – a possible way of illustration. In: D. Rammlmair/J. Mederer/T. Oberthür/R. B. Heimann/H. Pentinghaus (Hrsg.), Applied mineralogy – in Research, Economy, Technology, Ecology and Culture. Proceedings of the 6th International Congress ICAM 2000, 13.-21.July 2000 in Göttingen (Rotterdam 2000), 939-942.

Winkler u. a. 2001

W. Winkler/E. C. Kirchner/A. Asenbaum/M. Musso, A Raman spectroscopic approach to the maturation process of fossil resins. Journal of Raman Spectroscopy 32, 2001, 59-63.

Autorenverzeichnis

Norbert Vávra

Institut für Paläontologie

Universität Wien

Althanstraße 14

A-1090 Wien

norbert.vavra@univie.ac.at

Die fossile Höhlenfauna der Bärenfalle im Tennengebirge

Christine Frischauf · Sebastian Krutter · Gernot Rabeder

Zusammenfassung

Die im Museum Burg Golling und dem Haus der Natur Salzburg aufbewahrten Fossilien wurden metrisch und morphologisch aufgenommen und ausgewertet. Die morphologischen Vergleiche mit anderen Bärenfaunen sowie eine DNA-Analyse machen es sehr wahrscheinlich, dass die Höhlenbären der Bärenfalle dem Taxon Ursus spelaeus eremus zuzuordnen sind. Dem Höhlenlöwen konnten zahlreiche Extremitätenknochen zugewiesen werden, welche alle von einem Individuum stammen dürften. Viele Höhlenbärenknochen zeigen typische Bissspuren von Wölfen. Ein AMS-Datum deutet darauf hin, dass das Hochplateau des Tennengebirges in der Mittelwürm-Warmzeit von Höhlenbären bewohnt wurde.

Abstract

The fossils of the „Bärenfalle" cave which are stored at the museums of Golling and Salzburg were metrically and morphologically recorded and furthermore interpreted. The morphological comparisons to other cave bear faunas as well as the DNA analyses strongly suggest that the bear fauna of the „Bärenfalle" is assigned to the taxon Ursus spelaeus eremus. Numerous limb bones can be assigned to the cave lion and most probably originate from one individual. A large amount of cave bear bones show typical bite marks that are caused by wolves. One AMS date indicates that the mountain range of Tennengebirge was inhabited by cave bears in the Middle Wurmian warm period.

Hochalpine Bärenhöhlen gibt es nur wenige. Als hochalpin wird hier die Lage des Höhleneinganges oberhalb der natürlichen Waldgrenze bezeichnet. Die heutige Umgebung einer hochalpinen Höhle ist vegetationskundlich der „alpinen" oder auch „nivalen" Stufe zuzuordnen und kann einem großen Pflanzenfresser, wie dem Höhlenbären, nicht die notwendige Nahrung bieten. Hochalpine Bärenhöhlen sind somit wichtige Klimazeugen für jene Zeit, als Höhlenbären hier gelebt haben, was nur unter einem Klima möglich war, das viel wärmer war als das heutige. Die als Bärenfalle bezeichnete Höhle im Tennengebirge gibt uns einen weiteren Hinweis über eine Warmzeit vor rund 50.000 BP, welche daher auch als „Höhlenbärenzeit" bezeichnet wird. Das Leben im Hochgebirge hat auch in einer Warmzeit zu evolutionären Anpassungen geführt wie beispielsweise hinsichtlich der Beweglichkeit im Steilgelände oder der verkürzten Fressphasen in den Bergsommern.[1] Den metrischen und morphologischen Eigenheiten der hochalpinen Höhlenbären ist daher eine besondere Aufmerksamkeit zu widmen. Die Bärenfalle[2] – HöhlenkatasterNr. 1511/169

– ist eine im triassischen Dachsteinkalk situierte und schwer zugängliche Kleinhöhle in der Nordostwand des Windischkopfes (Abb. 1) auf rund 2.100 m Seehöhe oberhalb des Leopold-Happisch-Hauses am westlichen Plateau des Tennengebirges und gilt als wichtige hochalpine Fossilfundstelle verschiedener pleistozäner Faunen. Der Zustieg erfolgt ausgehend vom Leopold-Happisch-Haus über den markierten Weg in westliche Richtung zur Eisenriesenwelt, danach zweigt man in südliche Richtung vom markierten Weg ab und quert über mehrere Gras- und Schotterflächen an den Fuß der Nordostwand des Windischkopfes. Am Beginn einer großflächigen Schotterriese befindet sich der Einstieg in ein ausgesetztes rund 4 m langes Felsband, welches zum Höhleneingang hinauf führt.

Höhlenmorphologie

Ausgehend von einem 4 x 3 m messenden Höhlenportal zieht ein leicht ansteigender Gang über grobes Blockwerk rund 24 m in südwestliche Richtung. Daran schließt ein annähernd nord-süd-orientierter rund 8 m abfallender Gang mit grobem Blockwerk und einer abschließenden glatten Wandstufe mit Bärenschliffen an, an dessen Fuß

---

[1] Rabeder u. a. 2008.
[2] Klappacher/Haseke-Knapczyk 1985, 360.

Abb. 1: Höhleneingang der Bärenfalle in der Nordostwand des Windisch-kopfes auf 2.100 m Seehöhe (Foto: S. Krutter)

Abb. 2: E. Urbanek bei der Bergung von Fossilmaterial im Knochenlager der Bärenfalle im Jahr 1968. Rechts im Bild der heute im Museum Burg Golling verwahrte Schädel von *Ursus s. eremus*, siehe Taf. 1/1 (Foto: R. Kohlreiter)

sich der tiefste Höhlenraum – nachfolgend als Knochen-lager bezeichnet – befindet und worin das pleistozäne Fossilmaterial eingelagert ist.

Erforschungsgeschichte

Die Erstbefahrung der Bärenfalle erfolgte im Jahr 1965 durch mehrere Mitglieder des Landesvereins für Höhlenkunde Salzburg: T. Rullmann, W. Klappacher, H. Schwarz, A. Morocutti sen., A. Morocutti jun. und G. Stuchlik. Bereits bei dieser ersten Befahrung wurden zahlreiche Fossilreste von Höhlenbären entdeckt, die im lehmbedeckten und mit Bruchmaterial erfüllten tiefsten Höhlenbereich – dem Knochenlager – oberflächlich ohne Sedimentabdeckung in dislozierter Lage angetrof-fen wurden und wovon einige Proben für die Samm-lungsbestände im Haus der Natur geborgen worden sind. Im Jahr 1967 konnte durch R. Kohlreiter ein Höh-lenbärenschädel geborgen werden, welcher ebenfalls in die Sammlungsbestände im Haus der Natur in Salz-burg gelangte. In den Jahren 1968-1970 wurden durch R. Kohlreiter und E. Urbanek mehrere Fossilbergungen (Abb. 2) vorgenommen. Das hierbei geborgene Fossil-material – darunter die im Jahr 1969 entdeckten Fossil-reste des Höhlenlöwen – wurde dem Museum Burg Gol-ling übergeben.[3] Im Jahr 1985 erfolgte durch G. Tichy[4]

erstmals eine wissenschaftliche Begutachtung des im Museum Burg Golling aufbewahrten Fossilmaterials aus der Bärenfalle, wobei jedoch nur das Fossilmaterial des Höhlenlöwen in einer Publikation vorgelegt wurde. Seither haben nachweislich zahlreiche Raubgrabungen von unbekannten Personen mit einer immer weiter voranschreitenden Ausplünderung des Knochenlagers stattgefunden, wie unter anderem anhand einer kleinen im Leopold-Happisch-Haus verwahrten Sammlung von Fossilmaterial aus der Bärenfalle ersichtlich ist.

Im Jahr 2013 konnte unter der Leitung von G. Rabeder und C. Frischauf in Kooperation mit dem Museum Burg Golling letztendlich das quartärpaläontologische Forschungsprojekt „Bärenfalle" initiiert werden, in wel-chem die pleistozänen Faunenreste – Höhlenbär und Höhlenlöwe – einer Auswertung unterzogen werden.

Methoden

Alle im Museum Burg Golling und im Haus der Natur aufbewahrten Fossilien wurden vermessen sowie mor-phologisch aufgenommen. Da die Anzahl der Elemente pro Kategorie für statistische Aussagen zu klein ist, wur-den die Längen- und Breitenwerte der Molare und Meta-podien standardisiert. Als Standard dienen die Werte des *Ursus ingressus* aus der Gamssulzenhöhle.[5] Die Mittel-werte der standardisierten Werte wurden für die Erstel-lung des „run-chew"-Diagramms (Abb. 3) verwendet,

---

[3] Klappacher/Haseke-Knapczyk 1985, 360. – Katasterunterlagen des Landesvereins für Höhlenkunde Salzburg und freundliche Hinweise von W. Klappacher (Salzburg) und E. Urbanek (Golling).
[4] Tichy 1985.

[5] Rabeder 1995. – Rabeder 1999. – Withalm 2001.

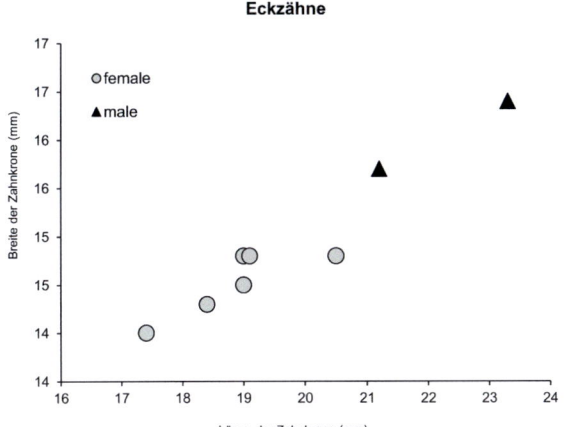

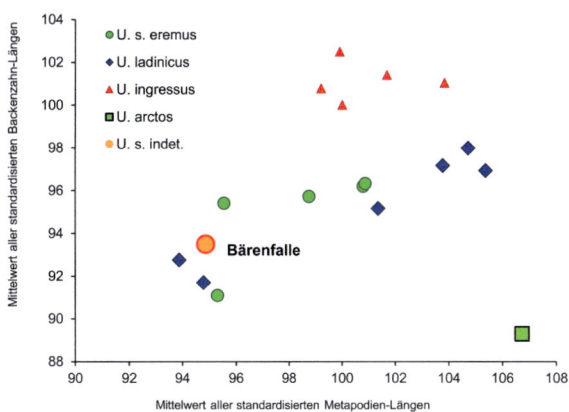

Abb. 2: Länge und Breite der Eckzähne von *Ursus* aus der Bärenfalle (Grafik: G. Rabeder)

Abb. 3: Run-Chew-Diagramm der Längen von Metapodien und Backenzähnen von alpinen und außeralpinen Höhlenbärenfaunen (Grafik: G. Rabeder)

welches die Beziehung der metrischen Verhältnisse von Extremitäten („run") und Gebiss („chew") ausdrückt.

Die fossilen Faunenreste

Das hier behandelte Fossilmaterial stammt von verschiedenen Aufsammlungen aus den Jahren 1965 bis 1970 und wird vorwiegend im Sammlungsbestand des Museum Burg Golling verwahrt. Geringe Mengen an Fossilmaterial sind im Haus der Natur in Salzburg untergebracht, darunter eine Fibula, 16 Fibula-Fragmente, ein Schädel, ein Maxillafragment sowie drei isolierte Molare.

Höhlenbär (*Ursus spelaeus eremus* Rabeder & al. 2004)

Das bisher geborgene Fossilmaterial, welches den Höhlenbären zuzuweisen ist, zeigt, dass die Knochen und Zähne von einem kleinwüchsigen Höhlenbären stammen, wie er auch von anderen hochalpinen Fundstellen bekannt ist. Reste vom Braunbären konnten nicht gefunden werden. Die Anzahl der bisher vorliegenden Elemente, besonders der Zähne und der Metapodien, ist für eine statistische Auswertung zu gering. Für eine Abschätzung der durchschnittlichen Dimensionen – hauptsächlich Längen und Breiten – wurden alle Werte standardisiert. Als Standard dienen die Mittelwerte der Bären aus der Gamssulzenhöhle[6], der Typuslokalität von *Ursus ingressus*.

Geschlechtsverhältnis

Das Zahlenverhältnis von weiblichen und männlichen Bären in einer fossilen Fauna lässt sich am besten an den Eckzähnen beurteilen[7], da hierbei die deutlichsten

[6] Rabeder 1995.
[7] Rabeder 2001.

Größenunterschiede bestehen: weibliche Eckzähne sind im Durchschnitt 30-40% kleiner als die männlichen Eckzähne. Die Anzahl der überlieferten Eckzähne ist für die Bärenfalle noch sehr gering, nach dem Längen-Breiten-Diagramm (Abb. 2) ist zu vermuten, dass die weiblichen Tierreste überwiegen. Der sogenannte „Sex-Index" (SI = prozentualer Anteil der weiblichen Zähne an der Gesamtzahl) beträgt: SI = 66,7.

Metrik

Die Länge der Extremitäten und der Zähne sowie deren Relation zueinander lassen sich im vorab erwähnten „run-chew"-Diagramm gut erkennen. Als Maß für die Länge werden die Mittelwerte aller standardisierten Metapodien- und aller standardisierten Backenzahn-Längen in Beziehung gesetzt. Durch die Standardisierung der genannten Elemente liegen uns für die Berechnung der mittleren Länge für die Metapodien 20 und für die Backenzähne 47 Werte vor. Die Höhlenbären der Bärenfalle zeigen enge Beziehungen zu anderen hochalpinen Bärenfaunen wie der Conturineshöhle (2.800 m) in den Dolomiten und Schreiberwandhöhle (2.250 m) im Dachsteingebiet. Der Status der Brettsteinhöhle (1.650 m) im Toten Gebirge ist derzeit noch unsicher, da hierbei anhand der DNA-Analyse sowohl *Ursus s. eremus* als auch *U. ladinicus* festgestellt worden sind. Nur diese beiden Taxa kommen für die Bärenfalle in Frage, während *U. ingressus* auszuschließen ist.

Evolutionsniveau

Alle drei in den Alpen vorkommenden Höhlenbärenarten haben sich erstaunlich rasch an das Leben im Hochgebirge angepasst. Das Evolutionsniveau der Backenzähne ist umso höher je höher die Bärenhöhle liegt. Eine Deutung dieses Phänomens vermutet, dass die kürzeren Bergsommer in höheren Lagen eine Ver-

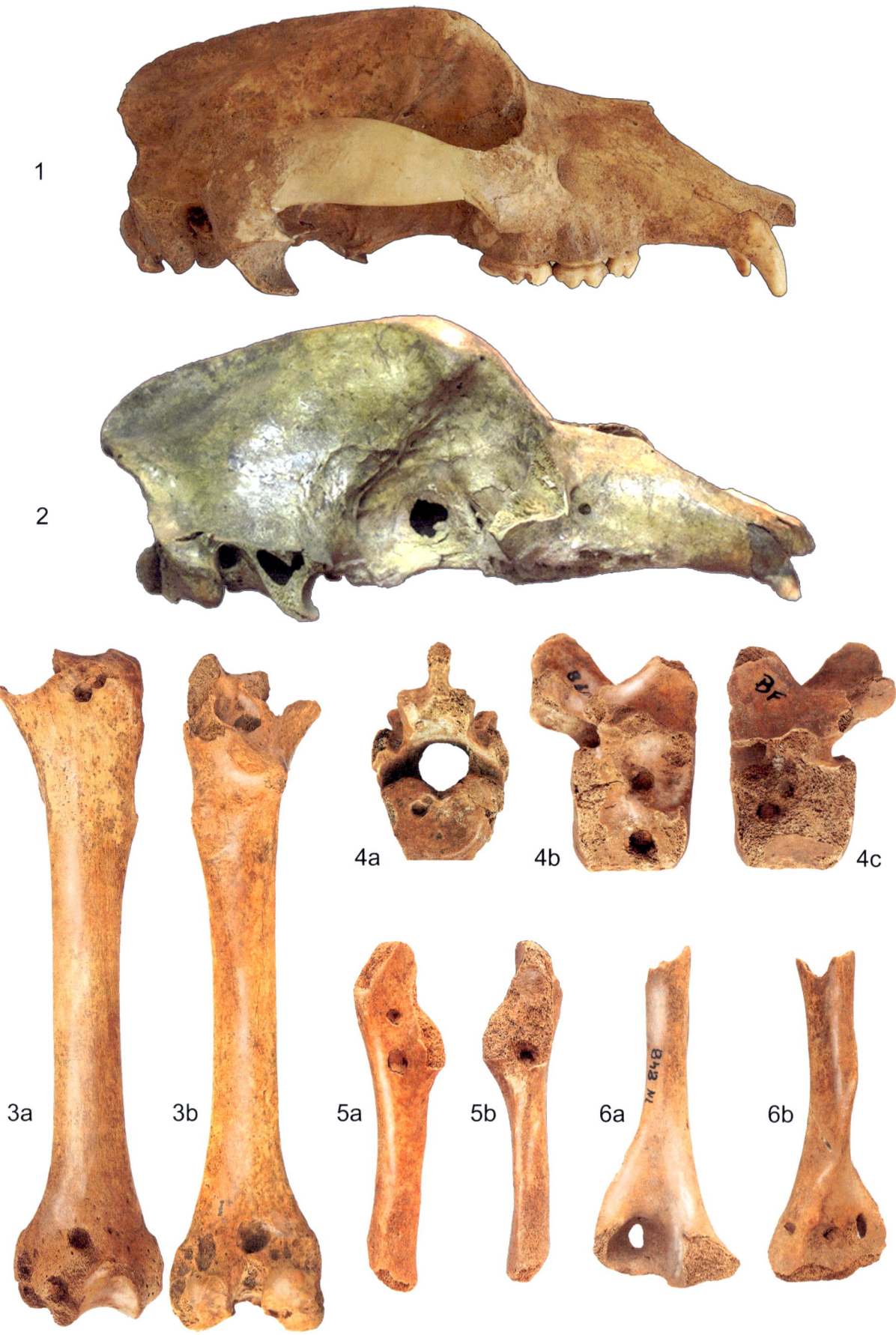

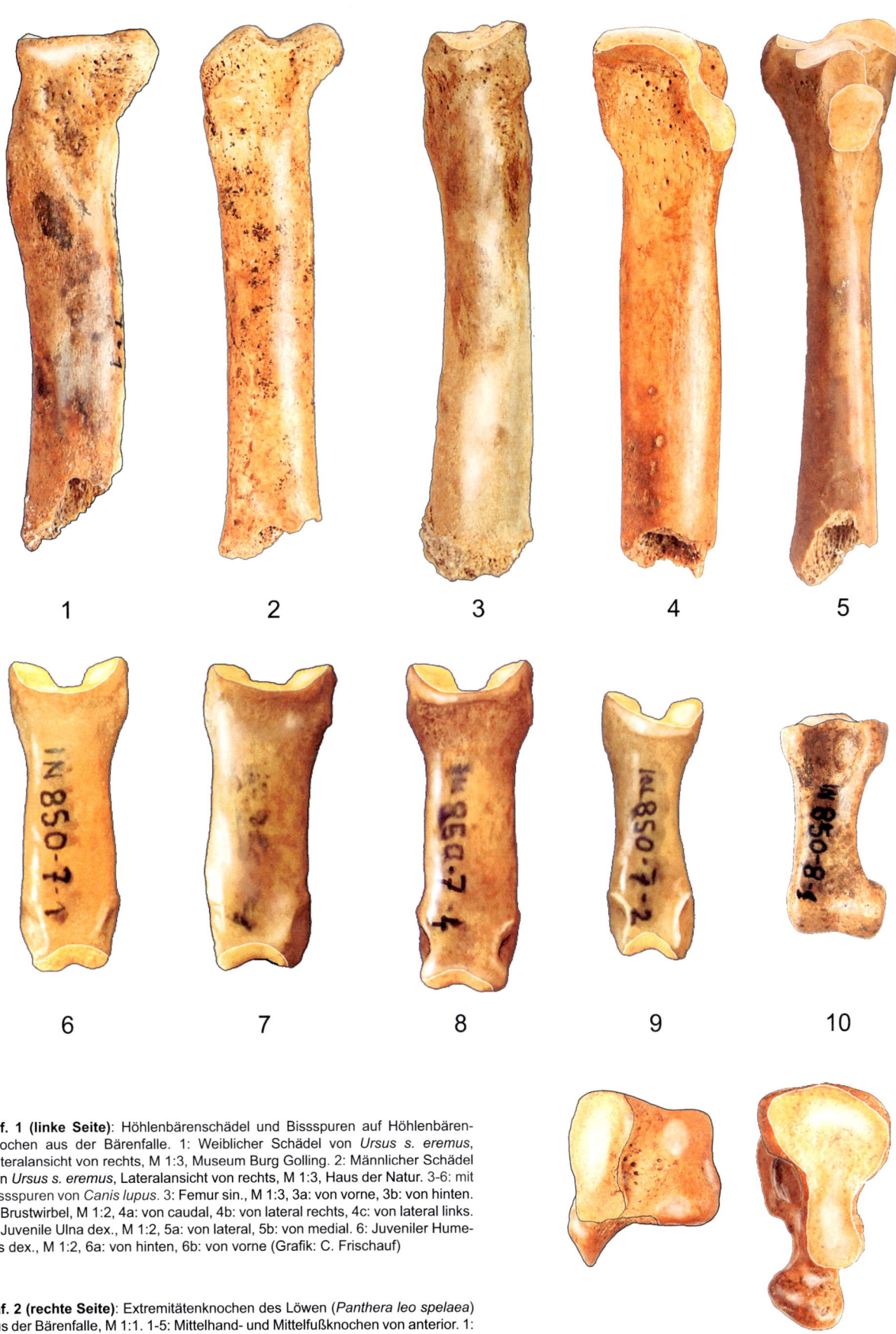

Taf. 1 (linke Seite): Höhlenbärenschädel und Bissspuren auf Höhlenbären-knochen aus der Bärenfalle. 1: Weiblicher Schädel von *Ursus s. eremus*, Lateralansicht von rechts, M 1:3, Museum Burg Golling. 2: Männlicher Schädel von *Ursus s. eremus*, Lateralansicht von rechts, M 1:3, Haus der Natur. 3-6: mit Bissspuren von *Canis lupus*. 3: Femur sin., M 1:3, 3a: von vorne, 3b: von hinten. 4: Brustwirbel, M 1:2, 4a: von caudal, 4b: von lateral rechts, 4c: von lateral links. 5: Juvenile Ulna dex., M 1:2, 5a: von lateral, 5b: von medial. 6: Juveniler Hume-rus dex., M 1:2, 6a: von hinten, 6b: von vorne (Grafik: C. Frischauf)

Taf. 2 (rechte Seite): Extremitätenknochen des Löwen (*Panthera leo spelaea*) aus der Bärenfalle, M 1:1. 1-5: Mittelhand- und Mittelfußknochen von anterior. 1: Metacarpale 2 sin. 2: Metacarpale 3 sin. 3: Metatarsale 3 sin. 4: Metatarsale 4 dex. 5: Metatarsale 5 dex. 6-10: Phalangen von anterior. 6-9: basale Phalangen. 10: Mittelphalanx. 11-12: Hand- und Fußwurzelknochen. 11: Os hamatum dex. von medial. 12: Tarsale 3 dex. von distal (Grafik: C. Frischauf)

Abb. 4: Geographische Lage der hochalpinen Bärenhöhlen in den Alpen. 1 Ramesch-Knochenhöhle, 1.960 m; 2 Brieglersberghöhle, 1.960 m; 3 Salzofenhöhle, 2.005 m, 4 Schottloch, 1.980 m; 5 Schreiberwandhöhle, 2.250 m; 6 Äußere Hennenkopfhöhle, 2.070 m; 7 Schneiberhöhle, 2.300 m; 8 Conturineshöhle, 2.775 m; 9 Drachenloch bei Vättis, 2.475 m; 10 Sulzfluh-Apollohöhle 2.300 m; 11 Sulzfluh-Gauerblickhöhle, 2.306 m, 12 Bärenfalle, 2.100 m. 1, 3-7, 9, 12: *Ursus s. eremus*, 2, 8, 10-11: *Ursus ladinicus* (Grafik: G. Rabeder)

besserung des Gebisses voraussetzten, da hochalpine Bären die annähernd gleiche Menge von pflanzlicher Nehrung aufnehmen und zerkauen müssen wie Bären aus den Tieflandhöhlen.[8] Leider ist die Stückzahl der verwertbaren Backenzähne – nur vier P4 inf., drei P4 sup., 14 M2 inf. und vier M2 sup. – noch sehr gering, sodass den errechneten Indices nur wenig Bedeutung zukommt. Erst ab je 20 Exemplaren ist mit seriösen Werten zu rechnen.

Systematische Stellung

Die Alpen wurden im Mittelwürm (65.000-30.000 BP) von drei Höhlenbärenarten bzw. -unterarten bewohnt[9], welche sich nicht nur anhand der fossilen DNA sondern auch metrisch und morphologisch unterscheiden. Nach den Längenwerten der Zähne und Metapodien liegt die Fauna der Bärenfalle sowohl im Cluster von *Ursus s. eremus* als auch im Cluster des *U. ladinicus*. Der große und plumpe *U. ingressus* ist auszuschließen. Die Frage, ob die Bären der Bärenfalle zum *Ursus spelaeus eremus* oder zu *Ursus ladinicus* zu stellen ist, kann nach dem vorhandenen Material morphologisch nicht sicher beurteilt werden.

DNA-Analyse

Im Rahmen eines Forschungsaufenthaltes bei M. Hofreiter an der University of York im Jahr 2013 konnte an Knochenproben aus der Bärenfalle die Technik der „ancient DNA analysis" angewandt werden. Die Sequenzierungen der Proben aus der Bärenfalle konnten im Jahr 2014 fertiggestellt werden. Mit hoher Wahrscheinlichkeit gehören die Bären der Bärenfalle dem Taxon *Ursus spelaeus eremus* an[10], das bereits aus anderen hochalpinen Fundstellen – unter anderem aus der Schreiberwandhöhle, der Ramesch-Knochenhöhle und der Salzofenhöhle – bekannt ist.

Höhlenlöwe (*Panthera leo spelaea*)

Drei Höhlenlöwenreste – ein Unterkiefer und zwei Humerus-Fragmente – wurden durch G. Tichy[11] schon im Jahr 1986 beschrieben. Eine Durchsicht des gesamten Materials im Museum Burg Golling hat ergeben, dass noch zahlreiche andere Elemente dem Löwen zuzurechnen sind (Tab. 5, Taf. 2). Noch nicht erklärbar ist die Eigentümlichkeit, dass alle fünf überlieferten Metapodien distal zerbrochen sind, d. h. an keinem Stück ist das Gelenk mit den Finger- bzw. Zehengliedern erhalten. Je ein Knochen der Handwurzel (Hamatum) und der Fußwurzel (Tarsale 3) sowie fünf Phalangen sind vollständig erhalten. Alle angeführten Knochen gehören einem einzigen Individuum an.
Hochalpine Löwenfunde sind relativ selten, wobei folgende hochalpine Bärenhöhlen als Löwenfundstellen gelten: die Ramesch-Knochenhöhle (1.960 m) und die Salzofenhöhle (2.005 m) im Toten Gebirge, das Drachenloch bei Vättis (2.475 m) in den Glarner Alpen in der Schweiz und die Conturineshöhle (2.800 m) in den

---

[8] Rabeder u. a. 2008.
[9] Rabeder/Hofreiter 2004.

[10] Freundliche Mitteilung von M. Hofreiter.
[11] Tichy 1985.

LabNr.	ProbBez.	Strat.	Material	¹⁴C-Alter	¹³C-Gehalt	cal 1 sigma	cal 2 sigma	C:N	%C	%coll.
MAMS-18215	484-12	-	Mand.frag.	48740 ± 800	-22,2	> 50.000 calBP	< 50.000 calBP	3,2	36,3	5,3

Tab. 9: Chronologische Daten der Höhlenbären aus der Bärenfalle

Dolomiten in Südtirol. Der Höhlenlöwe wird heute nur als Unterart des heute noch lebenden Löwen angesehen und wird zoologisch daher als *Panthera leo spelaea* (Goldfuss 1810) bezeichnet. Löwen sind gemeinsam mit Leoparden wahrscheinlich um 60.000 BP in die Alpen eingewandert. Nicht gesichert ist die stammesgeschichtliche Herkunft des Höhlenlöwen: stammt er vom deutlich größeren mittelpleistozänen *Panthera leo fossilis* ab oder entstammt er einer neuerlichen Einwanderungswelle aus Afrika?

Spuren des Wolfes (*Canis lupus*)

Fossile Reste von Wölfen wurden – gemeinsam mit Resten des viel häufiger auftretenden Höhlenbären – in beinahe allen Bärenhöhlen gefunden. Auch in hochalpinen Bärenhöhlen ist der Wolf durch Knochen und Zähne nachgewiesen: Schreiberwandhöhle (2.250 m) und im Schottloch (1.980 m) (Dachsteingebirge), Ramesch-Knochenhöhle (1.960 m), Brieglersberghöhle (1.960 m), Salzofenhöhle (2.005 m) (alle drei Höhlen liegen im Toten Gebirge) und Gauerblickhöhle[12] (2.100 m) im Rätikon. Aus der Bärenfalle liegen bisher keine Knochen oder Zähne vor, welche auf den Wolf zu beziehen wären. Zahlreiche Höhlenbärenknochen, vor allem von juvenilen Bären, zeigen deutliche Bissspuren eines Raubtieres, wie sie nur für den Wolf typisch sind (Taf. 1). An allen angeführten Knochen sind beidseitige Vertiefungen zu erkennen, welche durch die Einwirkung des Oberkiefer- und des Unterkiefereckzahnens zustande gekommen sind. Diese Spuren sind durch die für Hunde typischen Bisse in teilverweste Knochen entstanden und deuten darauf hin, dass die Bärenfalle von Wölfen aufgesucht wurde, wenn die Höhlenbären „nicht zu Hause waren".

Steinbock (*Capra ibex* L.)

Von Pflanzenfressern gibt es im ganzen Fossilmaterial der Bärenfalle nur einen einzigen Beleg. Ein Humerus-Fragment ist nach Größe und Morphologie einem Steinbock zuzuordnen. Dieses Knochenfragment muss aber nicht aus den eindeutig fossilen Schichten mit Höhlenbären und Höhlenlöwen stammen, sondern kann auch wesentlich jünger sein. Die Farbe des Knochens ist ausgebleicht, was damit zu erklären ist, dass es lange an der Sedimentoberfläche gelegen ist.

Chronologie

Für die Ermittlung des absoluten Alters der Bärenfallen-Fauna wurde ein Unterkieferfragment eines Höhlenbären an das Curt-Engelhorn-Zentrum für Archäometrie in Mannheim geschickt (Tab. 9). Die Probe wurde aufbereitet und der ¹⁴C-Gehalt mit einem MICADAS-Beschleuniger des Klaus-Tschira-Labors für physikalische Altersbestimmung gemessen. Aus den Knochen wurde Collagen extrahiert und mittels Ultrafiltration die Fraktion >30kD abgetrennt. Diese Fraktion wurde gefriergetrocknet und verbrannt. Das CO_2 wurde katalytisch zu Graphit reduziert. Die Kalibration erfolgte mit INTCAL13 und SwissCal 1.0 (L. Wacker, ETH-Zürich). Wegen des relativ hohen Kollagen-Gehalts (%coll.) und des normalen Verhältnisses von Kohlenstoff zu Stickstoff (C:N) ist das Datum gut abgesichert.

Das Alter von etwas über 50.000 BP stimmt mit den Daten anderer hochalpiner Bärenhöhlen überein.[13] Auch die Bärenfalle wurde im sogenannten Mittelwürm – auch als „Höhlenbärenzeit" bezeichnet – von Höhlenbären genutzt. Ein überaus warmes Klima in der Zeit zwischen 65.000-35.000 BP hat es ihnen ermöglicht, die Hochgebirgslagen der Kalkalpen zu bewohnen.

Klimatologische Konsequenzen

Der allgemein bekannte enge Zusammenhang zwischen dem Vorkommen von bestimmten Pflanzen- sowie Tierarten und dem Klima ist die beste Grundlage für eine Erklärung des einstigen Klimas. Höhlenbären waren reine Pflanzenfresser, deren Nahrung vorwiegend aus Kräutern bestanden hat, welche heute in den Alpen nur mehr unterhalb der Baumgrenze (unter der 2.000 m Seehöhe) gedeihen; dies ist anhand der stabilen Isotopen des Kohlenstoffs und der geringen Abkauungsraten der Backenzähne ablesbar.[14]

Bärenhöhlen in einer heute vegetationsarmen oder vegetationslosen Umgebung im Hochgebirge können nur bei einem Klima bewohnt gewesen sein, welches deutlich wärmer war als heute.[15] Mit der Bärenfalle ist nun auch für das Tennengebirge ein Klimazeuge gefunden worden, welcher belegt, dass das Klima zur so genannten „Höhlenbärenzeit" in den Alpen sehr warm war. Der Extremfall der Conturineshöhle lässt vermuten, dass das Jahresmittel der Temperatur vor etwa 50.000 BP um 5-6 °C höher lag als heute.

---

[12] Büchel u. a. 2014.

[13] Döppes u. a. 2011.
[14] Holland/Rabeder 2012.
[15] Döppes u. a. 2011. – Büchel u. a. 2014.

Dank

Für die Finanzierung des Forschungsprojektes zu den Fossilien aus der Bärenfalle ist Mag. Dr. Friedrich Steinkellner (Amt der Salzburger Landesregierung), Mag. Monika Jung (Förderverein des Museum Burg Golling) sowie privaten Sponsoren vielmals zu danken. Für die DNA-Analyse eines Höhlenbärenknochens ist Prof. Dr. Michael Hofreiter (Universität Potsdam/University of York) und für die Durchführung einer ^{14}C-Datierung ist Dr. Bernd Kromer, Susanne Lindauer MSc (Klaus-Tschira-Labor am Curt-Engelhorn-Zentrum für Archä-ometrie in Mannheim) sowie Dr. Wilfried Rosendahl und Dr. Doris Döppes (Reiss-Engelhorn-Museum in Mannheim) zu danken. Ebenfalls zu danken ist Dr. Anke Oertel, Wolfang Strasser, Gerhard Zehentner, Mag. Peter Pointner, Walter Klappacher (alle Landesverein für Höhlenkunde Salzburg), Josef Ries MA (Universität Salzburg), RR Erich Urbanek (Museum Burg Golling), Mag. Monika Jung (Förderverein des Museumm Burg Golling), Dr. Robert Lindner und Dr. Anna Bieniok (Haus der Natur Salzburg), Dr. Raimund Kastler (Landesarchäologie Salzburg) sowie Sepp Fuchs (Leopold-Happisch-Haus).

Literaturverzeichnis

Büchel u. a. 2014

E. Büchel/L. Laughlan/G. Rabeder, Höhlenbären in Vorarlberg. Jahrbuch Vorarlberger Landesmuseumsverein 2014, 108-137.

Döppes u. a. 2011

D. Döppes/G. Rabeder/M. Stiller, Was the Middle Würmian in the High Alps warmer than today? Quaternary International 245, 2011, 193-200.

Holland/Rabeder 2012

L. Holland/G. Rabeder, Correlation between wear stages of teeth and plant nutrition of cave bears (Ursidae, Mammalia) from Alpine caves. 18th International Cave Bear Symposium (ICBS), Baile Herculane, Romania 20.-22. September 2012, poster abstract, 53.

Klappacher/Haseke-Knapczyk 1985

W. Klappacher/H. Haseke-Knapczyk (Red.), Salzburger Höhlenbuch 4 (Salzburg 1985).

Rabeder 1995

G. Rabeder (Hrsg.), Die Gamssulzenhöhle im Toten Gebirge. Mitteilungen der Kommission für Quartärforschung der Österreichischen Akademie der Wissenschaften 9 (Wien 1995).

Rabeder 1999

G. Rabeder, Die Evolution des Höhlenbärengebisses. Mitteilungen der Kommission für Quartärforschung der Österreichischen Akademie der Wissenschaften 11 (Wien 1999).

Rabeder 2011

G. Rabeder, Geschlechtsdimorphismus und Körpergröße bei hochalpinen Höhlenbärenfaunen. Beiträge zur Paläontologie 26, 2011, 117-132.

Rabeder/Hofreiter 2004

G. Rabeder/M. Hofreiter, Der neue Stammbaum der Höhlenbären. Die Höhle 55/1-4, 2004, 58-77.

Rabeder u. a. 2008

G. Rabeder/I. Debeljak/M. Hofreiter/G. Withalm, Morphological response of cave bears (Ursus spelaeus group) to high-alpine habitats. Die Höhle 59/1-4, 2008, 59-70.

Tichy 1985

G. Tichy, Über den Fund eines Höhlenlöwen (Panthera felis spelaea (Goldfuss)) aus dem Tennengebirge bei Salzburg. Mitteilungen der Gesellschaft für Salzburger Landeskunde 125, 1985, 845-864.

Withalm 2001

G. Withalm, Die Evolution der Metapodien in der Höhlenbären-Gruppe (Ursidae, Mammalia). Beiträge zur Paläontologie 26, 2001, 169-249.

Autorenverzeichnis

Christine Frischauf
Institut für Paläontologie
Universität Wien
Althanstraße 14
A-1090 Wien
christine.frischauf@univie.ac.at

Sebastian Krutter
Museum Burg Golling
Quartärpaläontologische und
Archäologische Sammlung
Markt 1
A-5440 Golling an der Salzach
s.krutter@museumburggolling.com

Gernot Rabeder
Institut für Paläontologie
Universität Wien
Althanstraße 14
A-1090 Wien
gernot.rabeder@univie.ac.at

Schädel, Vorderzähne	Cranium	Maxillare	Mandibel	I1,2 sup.	I3 sup.	i1 inf.	i2 inf.	i3 inf.	Canini
Anzahl/vollst.	1	-	-	6	-	-	4	4	6
Anzahl/fragm.	22	5	21	-	-	-	-	-	3

Backenzähne/Milchzähne	P4 sup.	p4 inf.	M1 sup.	M2 sup.	m1 inf.	m2 inf.	m3 inf.	Cd	Id	D4
Anzahl/vollst.	2	5	9	6	12	14	7	4	1	-
Anzahl/fragm.	-	-	-	-	-	-	-	-	-	-

Extr.-Gürtel, Langknochen	Scapula	Pelvis	Humerus	Femur	Radius	Ulna	Tibia	Fibula	Patella
Anzahl/vollst.	-	-	-	-	-	-	-	-	-
Anzahl/fragm.	4	6	8	3	-	12	5	2	-

Carpalia	ScL	Triq.	Pisif.	c1	c2	Cap.	Ham.
Anzahl/vollst.	4	-	4	-	1	2	3
Anzahl/fragm.	-	-	-	-	-	-	-

Tarsalia	Astr.	Calc.	Nav.	t1	t2	t3	Cub
Anzahl/vollst.	3	1	1	-	-	-	-
Anzahl/fragm.	-	-	-	-	-	-	-

Metapodien	Mc1	Mc2	Mc3	Mc4	Mc5	mt1	mt2	mt3	mt4	mt5
Anzahl/vollst.	1	3	3	2	1	2	4	4	6	5
Anzahl/fragm.	-	-	-	1	1	-	-	-	-	-

Wirbel	Atlas	Epistr.	cerv.	thorac.	lumb.	sacr.	caud.	indet.	costae
Anzahl/vollst.	1	-	-	1	-	-	3	-	-
Anzahl/fragm.	7	4	3	6	3	-	-	5	32

Tab. 1: Materialübersicht der Bärenreste aus der Bärenfalle

Sammlung	MBG		HdN	
InvNr.	IN848-1		ohne InvNr.	
Körperseite	sin.	dex.	sin.	dex.
Totallänge	364,7	-	-	-
Condylobasal-Länge	346,1	-	374,0	-
Basilarlänge	326,7	-	331,0	-
Zahnreihenlänge C-M2	141,1	138,1	-	-
Zahnreihenlänge P4-M2	76,8	76,0	-	-
Zahnreihenlänge M1-M2	61,9	61,0	-	-
P3-Alveole	-	-	-	-
Infraorbitalbreite	73,4	-	98,1	-
Interorbitalbreite	78,2	-	-	-
Supraorbitalbreite	101,4	-	128,4	-
Postorbitalbreite	71,8	-	-	-
Rostralbreite an den P4	78,5	-	-	-
Rostralbreite an den Csup.	83,1	-	-	-
Jugalbreite	218,2	-	-	-
Mastoid-Breite	160,3	-	-	-
Condylusbreite	75,9	-	-	-
größte Schädelhöhe	-	-	160	-
Morphotyp P4	A/D	A/D	-	-
C sup.-Länge	18,0	18,0	24,0	-
C sup.-Breite	13,9	13,8	16,0	-
Gaumenlänge	201,7	-	-	-
Geschlecht	female		male	

Tab. 2: Maße der Schädel von Ursus aus der Bärenfalle, MBG = Museum Burg Golling, HdN = Haus der Natur

Sammlung	InvNr.	SubNr.	Element	Seite	Länge	Breite	MT
MBG	IN848	1	p4 inf.	sin.	13,4	10,5	D2
MBG	IN848	2	p4 inf.	sin.	14,8	10,3	B2/C3
MBG	IN848	3	p4 inf.	dex.	13,4	9,3	C1
MBG	IN848	md 3	p4 inf.	dex.	14,2	9,2	C1/2
MBG	IN848	md 4	p4 inf.	dex.	14	9,3	C1
MBG	IN848	1	P4 sup.	dex.	18,4	12,9	A/B
MBG	IN848	2	P4 sup.	sin.	19,9	13,7	C
MBG	IN848	1	m1 inf.	sin.	31,1	16	B/C
MBG	IN848	2	m1 inf.	dex.	27,9	13,3	B
MBG	IN848	3	m1 inf.	sin.	30,2	15,1	B
MBG	IN848	4	m1 inf.	sin.	31,2	14,7	B
MBG	IN848	5	m1 inf.	sin.	30,8	14,9	B
MBG	IN848	6	m1 inf.	sin.	28,7	13,7	A/B
MBG	IN848	7	m1 inf.	dex.	28,3	13,7	us
MBG	IN848	8	m1 inf.	sin.	28	12,7	B
MBG	IN848	9	m1 inf.	sin.	25,3	11,7	A
MBG	IN848	md 3	m1 inf.	dex.	27,5	12,2	B
MBG	IN848	md 4	m1 inf.	dex.	27	12,8	us
MBG	IN848	md 5	m1 inf.	sin.	24,8	15,5	us
MBG	IN848	1	m2 inf.	dex.	29	18,2	B/C
MBG	IN848	2	m2 inf.	dex.	32	19,2	B
MBG	IN848	3	m2 inf.	dex.	26,1	16,5	B
MBG	IN848	4	m2 inf.	sin.	27,5	17,1	B/C
MBG	IN848	5	m2 inf.	sin.	28	17	C
MBG	IN848	6	m2 inf.	sin.	26,6	16	usiert
MBG	IN848	7	m2 inf.	dex.	30,7	17,8	C
MBG	IN848	md 1	m2 inf.	dex.	27,7	16,5	B/C
MBG	IN848	md 2	m2 inf.	dex.	29,5	17,2	D
MBG	IN848	md 3	m2 inf.	dex.	25,6	16	us
MBG	IN848	md 4	m2 inf.	dex.	24,9	15,7	us
MBG	IN848	md 5	m2 inf.	sin.	27,1	16,4	us
MBG	IN848	md 6	m2 inf.	dex.	30,6	19,5	C
MBG	IN848	md 9	m2 inf.	sin.	29,7	17	C
MBG	IN848	1	m3 inf.	sin.	27	19	-
MBG	IN848	md 1	m3 inf.	dex.	26,7	19,5	-
MBG	IN848	md 2	m3 inf.	dex.	24,3	17,4	-
MBG	IN848	md 3	m3 inf.	dex.	24,2	16,9	-
MBG	IN848	md 4	m3 inf.	dex.	21,3	ca.15,3	-
MBG	IN848	md 6	m3 inf.	dex.	26,3	19,2	-
MBG	IN848	md 8	m3 inf.	dex.	25,2	16,7	-
MBG	IN848	1	M1 sup.	sin.	27	18,2	-
MBG	IN848	2	M1 sup.	sin.	usiert, fr.	usiert	-
MBG	IN848	3	M1 sup.	sin.	29,6	20,1	-
MBG	IN848	4	M1 sup.	dex.	26,3	18,4	-
MBG	IN848	5	M1 sup.	dex.	29,3	20	-
MBG	IN848	6	M1 sup.	sin.	27,5	18,8	-
MBG	IN848	cr 1	M1 sup.	sin.	25,4	17,8	-
MBG	IN848	cr 1	M1 sup.	dex.	24,6	17,4	-
MBG	IN848	mx 1	M1 sup.	sin.	28,6	19	-
MBG	IN848	1	M2 sup.	sin.	40	21,1	A
MBG	IN848	3	M2 sup.	dex.	41,4	21,8	A
HdN	-	-	M2 sup.	sin.	-	-	-
MBG	IN848	cr 1	M2 sup.	sin.	35,7	20,5	usiert
MBG	IN848	cr 1	M2 sup.	dex.	35,9	20,3	usiert
MBG	IN848	mx 1	M2 sup.	sin.	42,3	21,6	A
MBG	IN848	mx 4	M2 sup.	sin.	41,5	20,1	A

Tab. 3: Maße der Backenzähne von *Ursus* aus der Bärenfalle. MBG: Museum Burg Golling, HdN: Haus der Natur, MT: Morphotyp, bei den m1 und m2 inf. ist das Enthypoconid und bei M2 sup. der Metaloph gemeint, siehe: Rabeder 1999.

Tab. 4: Maße der Schneide- und der Eckzähne von *Ursus* aus der Bärenfalle. MBG: Museum Burg Golling, MT: Morphotyp, siehe: Rabeder 1999.

Sammlung	InvNr.	SubNr.	Element	Seite	Länge	Breite	MT/sex
MBG	IN848	1	I1,2 sup.	sin.	9,1	10,2	p2
MBG	IN848	2	I1,2 sup.	sin.	9,2	10,5	p2
MBG	IN848	3	I1,2 sup.	dex.	9,5	11,2	p1
MBG	IN848	4	I1,2 sup.	dex.	10,1	12	p1
MBG	IN848	5	I1,2 sup.	sin.	8,6	9,6	p0
MBG	IN848	6	I1,2 sup.	sin.	9,5	10	r0
MBG	IN848	1	i2 inf.	sin.	9	9,9	C
MBG	IN848	2	i2 inf.	sin.	10,8	12	C/D
MBG	IN848	3	i2 inf.	sin.	9,8	11	CID
MBG	IN848	1	i3 inf.	sin.	11,8	10,4	usiert
MBG	IN848	2	i3 inf.	dex.	12,3	10	C
MBG	IN848	3	i3 inf.	dex.	11,4	11,1	usiert
MBG	IN848	4	i3 inf.	sin.	10,4	9,7	C
MBG	IN848	cr 1	C sup.	sin.	19	14,8	fem.
MBG	IN848	cr 1	C sup.	dex.	19,1	14,8	fem.
MBG	IN848	md 1	C inf.	dex.	23,3	16,4	male
MBG	IN848	md 2	C inf.	dex.	20,5	14,8	fem.
MBG	IN848	md 3	C inf.	dex.	21,2	15,7	male
MBG	IN848	md 4	C inf.	dex.	17,4	14	fem.
MBG	IN848	md 7	C inf.	dex.	18,4	14,3	fem.
MBG	IN848	md 14	C inf.	dex.	19	14,5	fem.

Sammlung	InvNr.	SubNr.	Element	Seite	Länge	dist. Epiphysenbreite	klst. Diaphysenbreite	klst. Diaphysentiefe
MBG	IN848	1	Mc2	dex.	68,8	22,2	16,1	11,1
MBG	IN848	2	Mc2	sin.	68,8	22,2	16,5	11,5
MBG	IN848	3	Mc2	sin.	68,5	23,6	16	11,7
MBG	IN848	1	Mc3	dex.	70,8	22,3	14,6	13
MBG	IN848	2	Mc3	sin.	81,7	25	17	12,9
MBG	IN848	3	Mc3	dex.	71,6	23,7	15,6	11,3
MBG	IN848	1	Mc4	dex.	71,5	23	15	11,4
MBG	IN848	2	Mc4	dex.	76,1	24,6	17	11,7
MBG	IN848	1	Mc5	sin.	75,9	26,2	17,4	12,8
MBG	IN848	1	mt1	sin.	57,5	18,1	12,9	10,4
MBG	IN848	1	mt2	dex.	75	22,8	16,2	10,8
MBG	IN848	2	mt2	dex.	70,2	21,6	14,6	11,5
MBG	IN848	3	mt2	dex.	62,1	19,2	12,5	10,5
MBG	IN848	1	mt3	sin.	71,2	20,3	13,8	10,3
MBG	IN848	2	mt3	dex.	69	19	12,7	10
MBG	IN848	3	mt3	sin.	68,7	18,5	12,7	9,8
MBG	IN848	1	mt4	dex.	76,9	21,8	14,3	12,7
MBG	IN848	2	mt4	dex.	79,1	21,5	15	11,4
MBG	IN848	3	mt4	sin.	91,1	25,6	16,5	14,9
MBG	IN848	4	mt4	dex.	82,5	21,7	13,7	12
MBG	IN848	5	mt4	sin.	78,6	20,5	14	10,8
MBG	IN848	6	mt4	dex.	77	21,7	13,7	12
MBG	IN848	1	mt5	dex.	76,8	21,8	13,2	12,8
MBG	IN848	2	mt5	sin.	84,4	21,8	11,8	11,7
MBG	IN848	3	mt5	sin.	79,2	20,7	12,4	11,6

Tab. 5: Maße der Mittelhand- und Mittelfußknochen von *Ursus* aus der Bärenfalle

Sammlung	InvNr.	Nr.	SubNr.	Element	Seite	Erhaltung
MBG	IN850	1	1	Mandibel	sin.	Condylus zerbrochen mit C, p4, m1
MBG	IN850	2	1	Humerus	dex.	proximales Fragment
MBG	IN850	2	2	Humerus	sin.	Diaphysen-Fragment
MBG	IN850	3	1	Metacarpale 3	sin.	distal zerbrochen
MBG	IN850	4	1	Metacarpale 2	sin.	distal zerbrochen
MBG	IN850	5	1	Metatarsale 2	sin.	distal zerbrochen
MBG	IN850	6	1	Metatarsale 4	dex.	distal zerbrochen
MBG	IN850	7	1	Grundphalanx	-	ganz
MBG	IN850	7	2	Grundphalanx	-	ganz
MBG	IN850	7	3	Grundphalanx	-	ganz
MBG	IN850	7	4	Grundphalanx	-	ganz
MBG	IN850	8	1	Mittelphalanx	-	ganz
MBG	IN850	9	1	Hamatum	dex.	ganz
MBG	IN850	10	1	Metatarsale 5	dex.	distal zerbrochen
MBG	IN850	11	1	Tarsale 3	dex.	ganz

Tab. 6: Materialübersicht der Löwenreste aus der Bärenfalle

Sammlung	InvNr.	SubNr.	Element	Länge	prox. Breite	prox. Tiefe
MBG	IN850	9	Hamatum	28,3	21,1	29,1
MBG	IN850	11	Tarsale 3	19,3	19,4	43,1
MBG	IN850	4	Metacarpale 2	-	22,2	29,7
MBG	IN850	3	Metacarpale 3	-	23,9	24,8
MBG	IN850	5	Metatarsale 2	-	19,4	29,8
MBG	IN850	6	Metatarsale 4	-	23,4	33,7
MBG	IN850	10	Metatarsale 5	-	25,4	17,1
MBG	IN850	7-1	Grundphalanx	54,6	21,3	16,9
MBG	IN850	7-2	Grundphalanx	46,2	18,1	16,8
MBG	IN850	7-3	Grundphalanx	53,5	22,7	18
MBG	IN850	7-4	Grundphalanx	57,3	22	17,3
MBG	IN850	8-1	Mittelphalanx	38,1	18,7	16,7

Tab. 7: Maße der Extremitätenknochen des Höhlenlöwen aus der Bärenfalle

Alter	Wirbel	Humerus	Femur	Ulna	Radius	Tibia	Costae
juvenil	1	4	1	7	-	3	2
adult	3	-	-	-	-	-	-

Tab. 8: Materialübersicht der Bissspuren an Höhlenbärenknochen aus der Bärenfalle

Ein bronzezeitliches plankonvexes Gusskuchenfragment vom Klemmstein bei Golling im Salzachtal, Land Salzburg

Sebastian Krutter

Meinem Kollegen und Freund Herrn RR Erich Urbanek
zu seinem 75. Geburtstag gewidmet!

Wie bereits P. Reinecke[1] richtungsweisend erkannte, nehmen die bronzezeitlichen Kupferbergbaureviere des Saalach-Salzach-Raumes anhand ihrer reichen Kupfererzvorkommen einen bedeutenden ökonomischen Stellenwert innerhalb der bronzezeitlichen Kupferversorgung des mitteleuropäischen Raumes ein. Von besoderer Bedeutung sind hierbei die Bergbaureviere der so genannten Mitterberg-Region[2] im inneralpinen Salzachtal im Umfeld von Bischofshofen und Mühlbach, für welche in der Bronzezeit eine Produktionsmenge von rund 20.000 t Rohkupfer[3] anzunehmen ist.

Das hierbei gewonnene Rohkupfer wurde mehrheitlich in Form von morphologisch standardisierten und transportoptimierten Rohmetallbarren – den sogenannten plankonvexen Gusskuchen – als qualitativ hochwertiger „Exportschlager" entlang von Saalach und Salzach in die bronzezeitliche Metallzirkulation des mitteleuropäischen Raumes eingebracht, wodurch das alpine Kupfer eine weitreichende Verbreitung erfahren hat. Aufgrund der vordefinierten Funktion als Rohmetalllieferant und dem damit einhergehenden „Aufgehen" im metallurgischen Kreislauf sind plankonvexe Gusskuchen im archäologischen Befund in deren ursprünglicher Form naturgemäß nur selten erhalten, womit das heute noch überlieferte plankonvexe Gusskuchenmaterial – entweder durch unbeabsichtigten Verlust oder intentionelle Deponierung dem bronzezeitlichen Metallkreislauf entzogen – als wichtige Quelle zur Rekonstruktion der bronzezeitlichen Kupfermetallurgie und -distribution anzusehen ist.

In diesem Kontext soll nachfolgend ein bislang unpubliziertes bronzezeitliches plankonvexes Gusskuchenfragment aus dem Sammlungsbestand des Museum Burg Golling vorgelegt werden, welches bereits im Rahmen des „Salzburger Gusskuchen-Projektes"[4] einer eingehenden Untersuchung unterzogen werden konnte.

[1] Reincke 1930.
[2] Siehe exemplarisch: Stöllner u. a. 2011a.
[3] Zschocke/Preuschen 1932, 128-135. – Stöllner u. a. 2011b.
[4] Krutter/Kastler 2013. – Krutter in Vorb.

Abb. 1: Übergabevermerk von E. Urbanek vom 15.10.1978 hinsichtlich des Gusskuchenfragmentes von Golling-Klemmstein im Grabungstagebuch der Forschungsgrabungen am Nikolausberg bei Golling: „Herr Josef Koppi, Torren, schenkt dem Museum ein Stk. Kupferkuchen, das er im Abraum von der jetzt abgeschossenen Höhe des Konglomeratsteinbruches Mayr-Melnhof (Klemmstein) gefunden hat, vor etwa 10 Jahren" (Foto: S. Krutter)

Fundsituation

Nördlich an das inneralpine Salzachtal schließt unmittelbar nach dem Pass Lueg das voralpine Salzachtal an, in dessen südlichstem Bereich sich der Talraum von Golling erstreckt. Hier befindet sich im Gemeindegebiet von Golling zwischen dem Ostfuß des Göllmassives und der heutigen Tauernautobahn eine, als Klemmstein bezeichnete, weitläufige und zur Niederung der Salzach hin abgesetzte Geländeterrasse. In geologischer Hinsicht ist diese Geländeterrasse als Bestandteil des Klemmsteindeltas einzustufen, bei welchem es sich um einen großflächigen polymiktischen Konglomeratstock handelt, welcher im frühen Riß-Würm-Interglazial als Seefüllung ansedimentiert, verfestigt und im nachfolgenden Würm-Glazial überformt worden ist.

Das dort anstehende, als Torrener Nagelfluh bezeichnete, polymiktische Konglomeratgestein wird bereits seit den ausgehenden 1890er Jahren abgebaut. Im Zuge dieser Abbautätigkeit konnte in den späten 1960er Jahren im Steinbruchgelände des Klemmsteines (Abb. 1-2) durch den Steinbrucharbeiter J. Koppi beim Abtragen der obersten Humusschicht im Abraum ein einzelnes plankonvexes Gusskuchenfragment aufgefunden werden, welches schließlich im Jahr 1978 durch den Finder an E. Urbanek für den Sammlungsbestand des Museum Burg Golling übergeben wurde. Weiterführende Hinweise zur Befundsituation sowie zu möglichem weiterem Fund-

Abb. 2: Überblick über das Steinbruch-gelände am Klemmstein im Jahr 1966 mit den beiden Abbauarealen und der dahinter liegenden Geländeterrasse, noch vor dem Bau der Tauernautobahn (Foto: S. Steiner)

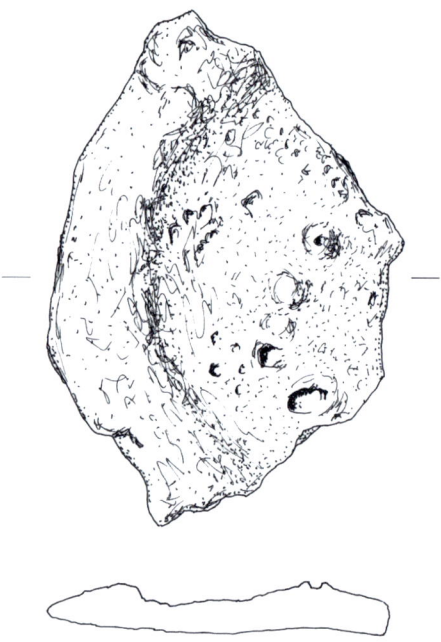

Abb. 3: Umzeichnung des plankonvexen Gusskuchenfragmentes von Golling-Klemmstein, M 1:2 (Grafik: F. Krois)

material sind nicht überliefert und auch die ursprüng-liche Fundstelle dürfte aufgrund der kontinuierlich vorangeschrittenen Erweiterung der Abbaukante heute nicht mehr existent sein.

Fundmaterial

Das Gusskuchenfragment (Abb. 3), welches dem Rand- und beginnenden Kernbereich eines plankonvexen Gusskuchens entstammt, lässt eine schüsselförmige Querschnittsform, eine annähernd rund ausgeprägte Grundform sowie wulstförmige Gusskanten erkennen und kann somit – wenn auch keine „klassisch" plan-konvexe Querschnittsform vorliegt – in die Gruppe der

plankonvexen Gusskuchen gestellt werden. Hinsichtlich der erkennbaren technomorphologischen Merkmale sind neben den primären wulstförmig ausgeprägten Gusskanten drei sekundäre Trennkanten zu nennen, deren kantig-splittrige Bruchmorphologie eine Fraktio-nierung des ursprünglich vollständigen plankonvexen Gusskuchens in bereits erkaltetem Zustand[5] durch einen Trümmerbruch erkennen lassen. Auch die im Quer-schnitt gut sichtbare geringfügige Deformierung im beginnenden Kernbereich des Gusskuchenfragmentes ist auf eine mechanische Einwirkung im Rahmen eines entsprechenden Trümmerbruches zurückzuführen. Die Dorsalseite des Gusskuchenfragmentes zeigt eine dunkelgrüne Patina mit partiell anhaftenden lehmigen Sedimentrückständen und eine blasige Oberflächen-struktur, welche sich durch aufgeplatzte Blasenkörper von unterschiedlichster Dimensionierung und flächiger Ausdehnung charakterisiert. Die Basalseite lässt hin-gegen eine glatte – mitunter leicht wellig und porig erscheinende – Oberflächenstruktur und eine ebenfalls dunkelgrün ausgeprägte Patina erkennen.

Typologie und Datierung

Sofern plankonvexes Gusskuchenmaterial nicht in Ver-gesellschaftung mit datierenden Beifunden überliefert ist, gestaltet sich dessen Datierung aufgrund zumeist ungünstiger Überlieferungs- und fundspezifischer Er-haltungsbedingungen sowie einer bislang konstatierten chronologischen Unempfindlichkeit überaus problem-atisch – ein Umstand, welcher fälschlicherweise zumeist in der allgemein tradierten und traditionsbehafteten spät-bronze- und urnenfelderzeitlichen „Pauschaldatierung" für plankonvexe Gusskuchen mündete.
Für den Saalach-Salzach-Raum konnten auf Basis des vorliegenden plankonvexen Gusskuchenmaterials insge-

[5] Modl 2010, 135.

Abb. 4: Streudiagramm der metrischen Merkmale der Gusskuchentypen des Saalach-Salzach-Raumes mit Datenpunkt des plankonvexen Gusskuchenfragmentes von Golling-Klemmstein unter Anzeige des metrischen Fehlerindikators für den Durchmesser (Grafik: S. Krutter)

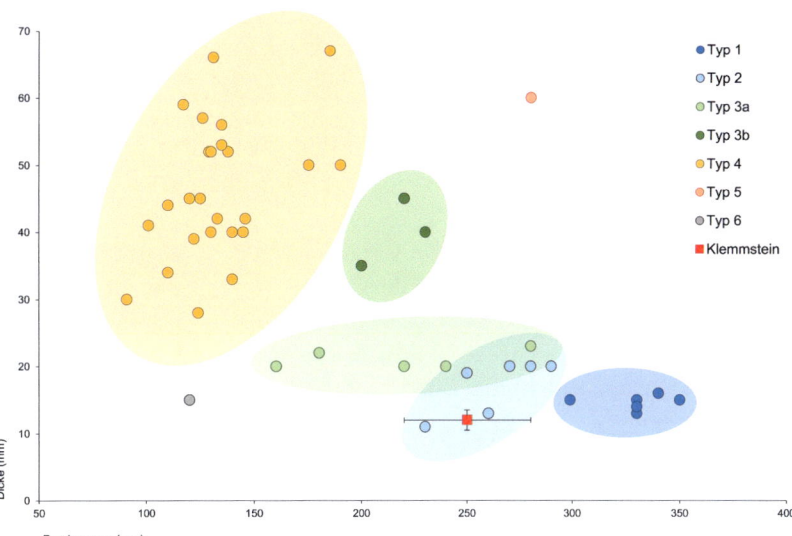

samt sechs Gusskuchentypen[6] selektiert werden, welche sich anhand der diagnostischen morphometrischen Merkmale von Grundform, Querschnittsform, Gusskantenform, Durchmesser und Dicke differenzieren. In Kontext mehrerer relativ- sowie absolutchronologischer Daten können diese Typen mit einer chronologischen Signifikanz verknüpft werden, wodurch erstmals eine von datierenden Beifunden unabhängige typologisch basierte Datierung für plankonvexes Gusskuchenmaterial ermöglicht wird. Während jedoch eine typologische Zuweisung von vollständig erhaltenen plankonvexen Gusskuchen als vergleichsweise unproblematisch anzusehen ist, gestaltet sich eine entsprechende Zuweisung bei fragmentiertem Gusskuchenmaterial wesentlich schwieriger und ist nur dann realisierbar, sofern – wie im vorliegenden Fall – ausreichend erhaltene oder zumindest gesichert rekonstruierbare diagnostische Merkmale fassbar sind.

Das hier zu diskutierende plankonvexe Gusskuchenfragment von Golling-Klemmstein liefert durch die erkennbaren wulstförmig ausgeprägten Gusskanten bereits einen deutlichen Hinweis auf eine typologische Zugehörig zu der morphologisch eng umrissenen Typengruppe von Typ 1 und 2, zumal für diese beiden Typen die Existenz von wulstförmigen Gusskanten als Charakteristikum gelten kann. Die schüsselförmige Querschnittsform sowie die – anhand der Krümmung der primären Gusskanten rekonstruierbare – annähernd runde Grundform geben ebenfalls einen wichtigen Hinweis auf die Typen 1 und 2, wobei in Kontext dieser Merkmalskombination besonders die runde Grundform auf eine typologische Zugehörigkeit zu plankonvexen Gusskuchen von Typ 2 verweist. Die Dicke ist mit 12 mm anzugeben und der Durchmesser kann – unter der Prämisse einer annähernd runden Grundform des ursprünglich vollständigen plankonvexen

Gusskuchens – mit Berücksichtig eines metrischen Fehlerindikators von ± 30 mm auf rund 250 mm rekonstruiert werden, womit das vorliegende Gusskuchenfragment auch hinsichtlich seiner Metrik mit dem metrischen Streufeld von Typ 2 korrelierbar ist (Abb. 4). Somit kann das plankonvexe Gusskuchenfragment von Golling-Klemmstein anhand der fassbaren morphometrischen diagnostischen Merkmale dem bekannten Typ 2 zugerechnet werden.

Plankonvexe Gusskuchen von Typ 2 treten im Saalach-Salzach-Raum unter anderem in den Deponierungsbefunden von Bischofshofen-Laubichlergrube[7], Anger-Reitberg[8] sowie Reichenhall-Schroferberg[9] auf und finden, jedoch in zumeist stark fragmentierter Erhaltung, weitere typologisch anschließbare Gusskuchenfragmente in mehreren Deponierungsbefunden des südbayerischen Raumes. Anhand greifbarer Fundvergesellschaftungen mit datierenden Beifunden, mit Gusskuchenmaterial der Typen 1 und 3a sowie ermittelten absolutchronologischen Daten können plankonvexe Gusskuchen von Typ 2 nach aktuellem Forschungsstand[10] in die Stufen BzA2-BzB datiert werden, womit auch das hier zu diskutierende plankonvexe Gusskuchenfragment von Golling-Klemmstein – trotz fehlender datierender Beifunde – in diesen Zeitabschnitt zu stellen ist.

Metallurgie

Neben den für eine Datierung relevanten morphometrischen Merkmalen sind für plankonvexe Gusskuchen besonders geochemische Merkmale von zentraler Bedeutung, zumal hierdurch wichtige Erkenntnisse

---

[6] Krutter in Vorb.

[7] Kyrle 1918, 4. – Klose 1918, 32, Abb. 42/1-4. – Zschocke/Preuschen 1932, 109.
[8] Krutter in Vorb.
[9] Reinecke 1938, 5. – Menke 1978/1979, 291. – Stein 1979, 151.
[10] Eine ausführliche chronologische Auswertung findet sich in: Krutter in Vorb.

LabNr.	Cu	Fe	Co	Ni	Zn	As	Se	Ag	Sn	Sb	Te	Pb	Bi
MA-115461	98,72	0,20	0,020	0,34	< 0,20	0,61	< 0,01	0,01	0,007	0,036	< 0,005	< 0,01	< 0,01

Tab. 1: Analysedaten des Gusskuchenfragmentes von Golling-Klemmstein mittels energiedispersiver Röntgenfluoreszenzanalyse (EDRFA) am Curt-Engelhorn-Zentrum für Archäometrie in Mannheim. Alle Werte sind in Masse% wiedergegeben, steht vor dem Wert ein „<", handelt es sich um analysebedingte Erfassungsgrenzen, womit die tatsächliche Elementkonzentration kleiner ist als der angegebene Wert.

hinsichtlich der Metallherkunft sowie technologischer Aspekte der zugrundeliegenden metallurgischen Verarbeitungsprozesse erbracht werden können. Auch das hier zu diskutierende plankonvexe Gusskuchenfragment von Golling-Klemmstein wurde einer geochemischen Analyse unterzogen, indem eine minimalinvasiv entnommene Metallprobe zur Bestimmung von Haupt-, Neben- und Spurenelementen mittels energiedispersiver Röntgenfluoreszenzanalyse (Tab. 1) gemessen wurde.

Die geochemische Signatur lässt hinsichtlich der Metallherkunft bereits anhand der vergleichsweise geringen Neben- und Spurenelementgehalte – insbesondere jedoch anhand des unter der analysebedingten Nachweisgrenze liegenden Bi-Gehaltes sowie des niedrigen Ag-Gehaltes – eine für Kupferkieserze der ostalpinen Grauwackenzone typische Signatur erkennen. Besonders die erhöhten Ni- und As-Gehalte sprechen hierbei für eine Herkunft des Kupfererzes aus den Erzgängen der Mitterberg-Region, zumal ein verhältnismäßig höherer Gehalt dieser beiden Elemente als Charakteristikum für Kupferkieserze der Mitterberg-Region gelten kann.[11] Unter Vorbehalt einer hierzu noch ausstehenden Bleiisotopenanalyse kann für das Kupfer des plankonvexen Gusskuchenfragmentes von Golling-Klemmstein – besonders in Kontext der lagerstättennahen Fundstelle entlang der eingangs genannten nordwärts führenden Distributionsroute im Salzachtal – somit eine Metallherkunft aus den Bergbaurevieren der Mitterberg-Region postuliert werden.

Verloren oder deponiert?

Basierend auf der überlieferten Fundsituation kann das vorliegende plankonvexe Gusskuchenfragment von Golling-Klemmstein vorerst nur als isolierter Einzelfund betrachtet werden. Inwieweit das plankonvexe Gusskuchenfragment möglicherweise noch mit weiterem bronzezeitlichem Fundmaterial vergesellschaftet war, welches jedoch im Zuge der Steinbrucharbeiten unerkannt blieb, ist nicht mehr rekonstruierbar. Aus befundtaphonomischer Sicht ist das vorliegende plankonvexe Gusskuchenfragment anhand eines erkennbaren gemeinsamen „Musters" mit weiteren vergleichbaren einstückigen Gusskuchendeponierungen aus dem Saalach-Salzach-Raum weniger als Resultat eines unbemerkten Verlustes als vielmehr einer intentionellen Deponierung eines materiell wertvollen Metallobjektes, möglicherweise im Sinne einer „Gabe an die Götter"[12]

zu interpretieren. In diesem Kontext erscheint besonders die landschaftsbezogene Lage dieser Gusskuchendeponierung von Bedeutung, zumal im Talraum von Golling an der orografisch linken Salzachseite nach aktuellem Forschungsstand mehrere frühbronzezeitliche Fundstellen bekannt sind: Im Süden findet sich am Fuße des Ofenauerberges die nur mit einem einzigen Ringbarren überlieferte vermeintlich mehrstückige Ringbarrendeponierung von Golling-Ofenauertunnel[13], daran anschließend folgt in nördlicher Richtung die hier zu diskutierende Gusskuchendeponierung von Golling-Klemmstein und schließlich folgt die bronzezeitliche Höhensiedlung von Golling-Nikolausberg[14], für welche anhand des keramischen Fundmaterials eine frühbronzezeitliche Besiedlung nachweisbar ist. Somit kann das plankonvexe Gusskuchenfragment von Golling-Klemmstein in Kontext der übrigen genannten Fundstellen durchaus als „wegweisendes" Fundmaterial im Hinblick auf einen (früh)bronzezeitlichen Altweg an der orografisch linken Salzachseite betrachtet werden, dessen Wegverlauf ausgehend vom Pass Lueg, entlang dem Fuß des Ofenauerberges, über die zur Niederung der Salzach hin abgesetzten spätglazialen Schotterterrassen, die Geländeterrasse des Klemmsteins bis hin zur Höhensiedlung am Nikolausberg rekonstruierbar ist.

Dank

Für die Finanzierung des „Salzburger Gusskuchen-Projektes" ist Dr. Raimund Kastler (Landesarchäologie Salzburg) und für die Durchführung der geochemischen Analysen ist Dr. Joachim Lutz (Curt-Engelhorn-Zentrum für Archäometrie in Mannheim) vielmals zu danken. Für die Zurverfügungstellung der Luftaufnahme des Steinbruchgeländes am Klemmstein ist Dr. Hubert Steiner (Golling) zu danken.

Fundkatalog

Randfragment von plankonvexem Gusskuchen, Typ 2, schüsselförmige Querschnittsform, wulstförmige Gusskanten, kantig-splittrige Trennkanten, TB, Ds.: blasig-aufgeplatzte Oberflächenstruktur, Bs.: glattporige Oberflächenstruktur, Pf.: dunkelgrün, L.: 135 mm, B.: 85 mm, D.: 12 mm, Dm/rek.: 250 mm, Gew.: 405 g, FSt.: Golling-Klemmstein, LabNr.: MA-115461, Vbl.: Museum Burg Golling, InvNr.: IN892.

---

[11] Lutz u. a. 2010. – Stöllner u. a. 2011a, 128-129.
[12] Hänsel 1997.

[13] Hell 1952. – Hell/Moosleitner 1980/1981, 16.
[14] Hell/Moosleitner 1980/1981, 10-16.

Literaturverzeichnis

Klose 1918

O. Klose, Die prähistorischen Funde vom Mitterberge bei Bischofshofen im städtischen Museum Carolino-Augusteum zu Salzburg und zwei prähistorische Schmelzöfen auf dem Mitterberge. In: G. Kyrle, Urgeschichte des Kronlandes Salzburg. Österreichische Kunsttopografie 17 (Wien 1918), 1-40.

Krutter/Kastler 2013

S. Krutter/R. Kastler, Gusskuchen sind kein Backwerk! Salzburger Museumsblätter 5/6, 2013, 4-5.

Krutter in Vorb.

S. Krutter, Interdisziplinäre Studien zu bronzezeitlichen plankonvexen Kupfergusskuchen aus dem Saalach-Salzach-Raum (in Vorbereitung).

Kyrle 1918

G. Kyrle, Urgeschichte des Kronlandes Salzburg. Österreichische Kunsttopografie 17 (Wien 1918).

Hell 1952

M. Hell, Zur Verbreitung der altbronzezeitlichen Spangen- und Halsringbarren. Germania 30, 1952, 90-95.

Hänsel 1997

B. Hänsel, Gaben an die Götter. Schätze der Bronzezeit Europas – eine Einführung. In: A. Hänsel/B. Hänsel (Hrsg.), Gaben an die Götter. Schätze der Bronzezeit Europas. Museum für Vor- und Frühgeschichte Berlin – Bestandskataloge 4, 1997, 11-22.

Hell/Moosleitner 1980/1981

M. Hell/F. Moosleitner, Zur urgeschicht-lichen Besiedlung des Talraumes von Golling (Land Salzburg). Mitteilungen der Gesellschaft für Salzburger Landeskunde 120-121, 1980/1981, 1-38.

Reinecke 1930

P. Reinecke, Die Bedeutung der Kupferbergwerke der Ostalpen für die Bronzezeit Mitteleuropas. In: Schumacher Festschrift (Mainz 1930), 107-115.

Reincke 1938

P. Reinecke, Neue frühbronzezeitliche Hortfunde aus Südbayern. Germania 22, 1938, 4-7.

Lutz u. a. 2010

J. Lutz/E. Pernicka/R. Pils, Geochemische Charakterisierung von Kupfererzen aus der Mitterberg-Region und ihre Bedeutung als Rohstoffquelle in prähistorischer Zeit. In: J. Cemper-Kiesslich/F. Lang/K. Schaller/C. Uhlir/M. Unterwurzacher (Hrsg.), Primus Conventus Austriacus Archaeometriae. Tagungsband zum ersten Österreichischen Archäometriekongress von 15.-17. Mai 2009. ArchaeoPLUS – Schriften zur Archäologie und Archäometrie an der Paris-Lodron-Universität Salzburg 1 (Salzburg 2010), 76-81.

Menke 1978/1979

M. Menke, Studien zu den frühbronzezeitlichen Metalldepots Bayerns. Jahresbericht der Bayerischen Bodendenkmalpflege 19/20, 1978/1979, 5-305.

Modl 2010

D. Modl, Zur Herstellung und Zerkleinerung von plankonvexen Gusskuchen in der spät-bronzezeitlichen Steiermark, Österreich. Experimentelle Archäologie in Europa 9, 2010, 127-151.

Stein 1979

F. Stein, Katalog der vorgeschichtlichen Hortfunde in Süddeutschland. Saarbrücker Beiträge zur Altertumskunde 24 (Bonn 1979).

Stöllner u. a. 2011a

T. Stöllner/E. Breitenlechner/C. Eibner/R. Herd/T. Kienlin/J. Lutz/A. Maass/K. Nicolussi/T. Pichler/R. Pils/K. Röttger/B. Song/N. Taube/P. Thomas/A. Thurner, Der Mitterberg – Der Großproduzent für Kupfer im östlichen Alpenraum während der Bronzezeit. In: G. Goldenberg/U. Töchterle/K. Oeggl/A. Krenn-Leeb (Hrsg.), Forschungsprogramm HiMAT. Neues zur Bergbaugeschichte der Ostalpen. Archäologie Österreichs Spezial 4, 2011, 113-144.

Stöllner u. a. 2011b

T. Stöllner/E. Hanning/A. Hornschuch, Ökonometrie des Kupferproduktions-prozesses am Mitterberger Hauptgang. In: K. Oeggl/G. Goldenberg/T. Stöllner/M. Prast (Hrsg.), Die Geschichte des Bergbaus in Tirol und seinen angrenzenden Gebieten. Proceedings zum 5. Milestone-Meeting des SFB-HiMAT vom 7.-10.10.2010 in Mühlbach (Innsbruck 2011), 115-128.

Zschocke/Preuschen 1932

K. Zschocke/E. Preuschen, Das urzeitliche Bergbaugebiet von Mühlbach-Bischofshofen. Materialien zur Urgeschichte Österreichs 6 (Wien 1932).

Autorenverzeichnis

Sebastian Krutter

Museum Burg Golling

Quartärpaläontologische und

Archäologische Sammlung

Markt 1

A-5440 Golling an der Salzach

s.krutter@museumburggolling.com

Das Eislfeld – ein Gräberfeld der eisenzeitlichen „Gründergeneration" am Dürrnberg bei Hallein

Anna Holzner

Ein Ausspruch des Ausgräbers K. W. Zeller (Abb. 1) lautete: „Wenn ich sonst nix find, geh ich zum Eislfeld, dort find ich immer was". Dieser Ausspruch beschreibt treffend die Stellung des Eislfeldes innerhalb der ansonsten wahrlich nicht armen Fundstellen am Dürrnberg. Es ist das größte zusammenhängende und reichste Gräberfeld, welches in den Jahren 1963-2003 freigelegt wurde. Hier liegt, wie K. W. Zeller sich auszudrücken pflegte, die eisenzeitliche „Gründergeneration" die mit dem Salzabbau am Dürrnberg begann.

Kurz vor der Grenze zu Bayern liegt am Nordabhang des Hahnrainkopfes in 820 m Seehöhe das Eislfeld, welches sich als terrassenförmige, etwa rechteckige Wiese mit einer Ost-West-Ausdehnung von rund 180 m und Nord-Süd-Ausdehnung von 25 m charakterisiert. An der Südseite wird das Eislfeld von der Hofgasse begrenzt, die sie von der Nordflanke des Reitwaldes abschneidet. An der Nordseite schließt ein stark abfallender Hang an, die Ostseite wird durch den Zufahrtsweg zum Eisllehen begrenzt und im Westen endet das Eislfeld an einem Waldstück.

Forschungsgeschichte

Relativ spät erst erregte diese Wiese die Aufmerksamkeit der Ausgräber. Bis in die 1960er Jahre konzentrierte sich das Interesse mehr auf die Bereiche am Ramsaukopf, Moserstein, Hallersbichl und Lettenbühel. M. Hell veröffentlichte eine Karte der vor- und frühgeschichtlichen Besiedlung des Dürrnberges, auf der das Eislfeld nicht erwähnt wird.[1] Der erste Fund auf dem Eislfeld kam im Jahr 1928 zu Tage. Als der „Eislbauer" L. Angerer im Frühjahr 1928 eine Kalkgrube neben seinem Haus anlegte, schnitt er ein Skelett mit Beigaben an. Im August begann dann O. Klose eine Nachgrabung, bei der er das Skelett einer Frau mit reichem Fibelschmuck freilegte.[2] Das Haus liegt am Ostrand des Feldes, das Gräberfeld wurde damit nur am Rande erfasst. O. Klose unternahm auch keine Grabungen mehr im Umfeld der Bestattung. Weitere Funde wurden auf dem Eislfeld nicht mehr gemacht, da auch keinerlei Bautätigkeit erfolgte. Durch die Wiese führte nur ein schmaler Feldweg, von dem eine Zufahrt zum Eisllehen abzweigte.

Viele Jahre gingen M. Hell und seine Frau kreuz und quer über Äcker, Wiesen, Gärten, Wald und Felder am Dürrnberg und sammelten Funde, um die prähistorischen Bereiche festzulegen.[3] Wahrscheinlich gehörte auch das Eislfeld zum Erkundungsbereich, jedoch konnte dort offenbar nichts aufgelesen werden. Auch die vom damaligen Lehrer Tusch zum Begehen der Wiesen angeregten Schüler entdeckten keine Funde in der Wiese.

Als in den 1950er Jahren am Dürrnberg eine rege archäologische Tätigkeit begann, bedingt durch eine umfangreiche Bautätigkeit, blieb das Eislfeld unbeachtet. Das änderte sich, als 1963 der Grundbesitzer P. Löffelberger im Salinenamtsgebäude, dem späteren Keltenmuseum, erschien und in Packpapier gewickelt, Bronzegegenstände und Knochen vorlegte.[4] Beim Wegebau hätte er sie gefunden, an der Nordseite des Reitkogels neben der Hofgasse, damals noch ein Wanderweg zur deutschen Grenze. Eine sofort durchgeführte Nachgrabung ergab das reich ausgestattete Grab einer Frau der späten Hallstattzeit mit Funden, die bisher noch nicht am Dürrnberg zu Tage gekommen waren.[5] Da keine weiteren Gräber in der Umgebung entdeckt wurden, beendete man die Grabungen.

Im Frühjahr 1964 erschien wieder P. Löffelberger im Keltenmuseum, diesmal mit 12 massiven, gegossenen Ringen. Wieder war er beim Bau seines Zufahrtsweges auf ein Grab gestoßen.[6] Die Bestattung lag 39 m nördlich des im Vorjahr gefunden Frauengrabes. Die Funde wurden geborgen und nachdem der Wegbau beendet wurde, bestand keine Gefahr mehr weitere Gräber versehentlich „anzustechen". Dem Leiter der Grabungen K. W. Zeller und dem Landesarchäologen E. Penninger war klar,

---

[1] Hell 1926, 341.
[2] Moosleitner u. a. 1974, 74-74.
[3] Hell 1926, 320-321.
[4] Zeller 1980, 159.
[5] Moosleitner u. a. 1974, 21-22.
[6] Moosleitner u. a. 1974, 23-24.

Abb. 1: Grabungsleiter Kurt Zeller am Eislfeld im Jahr 2001 (Foto: Keltenmuseum Hallein)

dass es sich hier um ein Gräberfeld handelte, das nicht im Rahmen einer bisher üblichen Notgrabung freigelegt werden konnte. Ausgegraben wurden nur die bei Bauarbeiten angeschnittenen Gräber, mit Hilfe von freiwilligen Helfern. Für dieses vermutlich große Gräberfeld genügten die wenigen Mitarbeiter des Museums nicht mehr. Die Grabungskampagnen sollten einige Wochen dauern und ein größerer Mitarbeiterstab war von Nöten. Im Jahr 1967 wurde mit den planmäßigen Grabungskampagnen begonnen. Die Finanzierung erfolgte durch das Bundesdenkmalamt und die Stadt Hallein. Studenten verschiedener Studienrichtungen arbeiteten in den Ferien und später kamen noch Häftlinge aus der Strafanstalt in Hallein als zusätzliche Grabungshelfer hinzu. An der Oberfläche waren keine Grabanlagen erkennbar. Weder auffällige Erhebungen noch Bodenmerkmale waren vorhanden. Die zu untersuchende Fläche musste in Quadranten unterteilt und händisch abgetragen werden. Zuerst wurde das Areal zwischen den bisher zufällig entdeckten Gräbern untersucht, um die Lücken zu schließen, Die Gräber enthielten durchwegs reiche und qualitätsvolle Beigaben, die eine jährliche Fortsetzung der Grabungen rechtfertigten.

Durch den Bau der neuen Straße auf den Dürrnberg endete im Jahr 1977 vorerst das Projekt Eislfeld. Die Untersuchung der von dem Straßenbau betroffenen Flächen stand für die kommenden Jahre im Vordergrund. Als jedoch der Grundbesitzer im Jahr 1984 den Bau einer Zufahrt und die Errichtung eines neuen Gartenzaunes mit Betonfundamenten ankündigte, musste das Gelände untersucht werden, da eine Gefährdung von Gräbern zu erwarten war. Im Juni begannen die Grabungen, zu dem Grabungsteam zählte auch Erich Urbanek. Er war dabei als die beiden Kindergräber 250 und das Frauengrab 251 freigelegt wurden.

Im darauffolgenden Jahr war es der Bau eines Wohnhauses und die Deponierung des Kelleraushubes auf einem unberührten Teil der Wiese, die eine weitere Freilegung des Gräberfeldes erforderten. Im Jahr 1985 übernahm das neu gegründete Österreichische Forschungszentrum Dürrnberg (ÖFD) vom Keltenmuseum die Durchführung der Grabungen am Dürrnberg.

Im selben Jahr informierte die Stadtgemeinde Hallein das ÖFD über eine geplante Verbreiterung der Hofgasse und den Bau eines Gehweges. Die Randzone des Gräberfeldes wäre dadurch betroffen gewesen und eine Rettungsgrabung war erforderlich. Im Jahr 1986 folgte die Untersuchung der von der Verbreiterung der Hofgasse betroffenen angrenzenden Flächen im Eislfeld. Für 1987 wäre eine Fortsetzung vorgesehen gewesen, doch das Straßenprojekt blieb in der Planungsphase stecken. Da keine Bauvorhaben angekündigt waren und keine Gefährdung des Gräberfeldes drohte, unterblieben weiteren Grabungen am Eislfeld.

Erst im Jahr 2001 sollte der Gehweg neben der Hofgasse gebaut werden und die Untersuchung des noch verbliebenen Randbereiches des Eislfeldes wurde wieder aufgenommen Nachdem der Grundbesitzer weitere Veränderungen der Erdoberfläche in der Wiese plante, entschloss sich der Grabungsleiter K. W. Zeller das Gräberfeld zur Gänze im Rahmen eines Forschungsprojektes auszugraben. Die Grabungen 2001 und 2002 zeigten eine überraschende Abnahme der Belegungsdichte des Eislfeldes nach Westen. Im Frühjahr 2003 erfolgte eine geomagnetische Prospektion des Geländes durch die Zentralanstalt für Meteorologie und Geodynamik in Wien. Die Messungen sollten helfen, anstatt der bisher üblichen flächenmäßigen Untersuchung des Geländes nur mehr ausgewählte Bereiche zu graben, in denen ein artifizieller Eingriff zu vermuten war. Die Messungen fanden im April bei Schnee statt. Alte Leitungen im Boden und ein Stromleitungsmast verursachten starke Abweichungen, die eine genaue Interpretation der Daten unmöglich machten. Eine als mögli-

Abb. 2: Das Grabungsgelände am Eislfeld im Jahr 1985. Die quadratischen Grabeinfassungen sind gut als Eintiefungen im Bergschotter erkennbar (Foto: Keltenmuseum Hallein)

che Siedlungsstrukturen bezeichnete Fläche erwies sich bei der Grabung im Sommer 2003 dann nur als einfacher Steinhaufen. Grabstrukturen konnten ebenfalls keine mehr entdeckt werden. Daraufhin beendete K. W. Zeller die Grabungen auf dem Eislfeld und das Gräberfeld gilt damit als vollständig untersucht.

Chronologie des Gräberfeldes

Nach Abschluss der Grabungen und ohne genaue Analyse der Ergebnisse lässt sich eine Belegungsdauer von HaD1 bis LtB1 (mit nur einem Grab) festlegen. Eine horizontalstratigrafische Belegungsabfolge ist nicht erkennbar. Gräber der Zeitstufe HaD3 befinden sich sowohl am östlichen als auch am westlichen Ende, ebenso jene der Stufe LtA. Bestattungen der frühesten HaD1 sind verstreut dazwischen und bilden kein Zentrum. Sie weisen auch keine exponierte Lage auf. Der Belegungsschwerpunkt des Gräberfeldes fällt eindeutig in die späte Hallstattzeit.

Grabanlagen

Der vorherrschende Boden im Ostteil des Eislfeldes ist Bergschotter (Abb. 2), weiter nach Westen wird dieser überlagert von braunem Lehm. In diese Böden wurden die Grabanlagen gesetzt. Die Gräber der Hallstattzeit unterscheiden sich im Bau nicht von denen der Frühlatènezeit. Um eine plane Fläche zu erhalten wurde zunächst der Hang bergseitig abgegraben und dann talseitig aufgeschüttet. Auf der annähernd 3 x 2,5 m großen Terrasse errichtete man eine Holzkammer. Durch günstige Bodenverhältnisse und Korrosion in Verbindung mit Metallgegenständen konnten in fast allen Grabanlagen Holzkammern nachgewiesen werden. Das Aussehen und Bau einer solchen Kammer ist seit Herbst 2000 bekannt. Damals wurde beim Kelleraushub

Abb. 3: Ansicht der Grabkammer von Grab 353 am Eislfeld im Jahr 2001 (Foto: Keltenmuseum Hallein)

Abb. 4: Eislfeld 2003 Grab 373, Ansicht von Westen, das Grab besitzt nur talseitig eine Steineinfassung (Foto: Keltenmuseum Hallein)

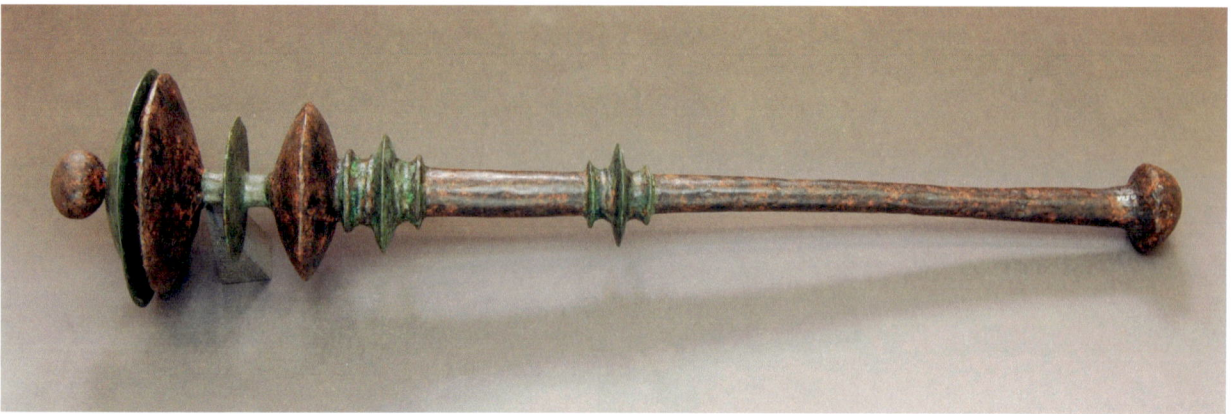

Abb. 5: Der „Kultstab" aus Grab 59 vom Eislfeld am Dürrnberg (Foto: Keltenmuseum Hallein)

Abb. 6: Bernsteinperlen-Collier aus Grab 67 vom Eislfeld am Dürrnberg (Foto: Keltenmuseum Hallein)

Abb. 7: Kopfschmuck mit sieben unterschiedlich großen Goldblechkugeln aus Grab 353 (Foto: Keltenmuseum Hallein)

eines Hauses am Hallersbichl eine im Lehm vollständig erhaltene Grabkammer aufgefunden.[7] Zur Abstützung im unebenen Gelände erhielten die Kammern talseitig und an den beiden Schmalseiten eine Ummantelung aus geschichteten Steinen. Dies diente auch zur Festigung des aufgeschütteten Grabhügels. Hangseitig fehlt die Steinlage meistens. Im Gegensatz zu den auf anderen Gräberfeldern des Dürrnberges üblichen mehrlagigen, mächtigen Ummantelungen der Kammern, fielen diese am Eislfeld sehr einfach aus. Meist nur eine Steinreihe, oft nur an zwei Seiten der Kammer. Auch der darüber errichtete Hügel dürfte nur aus einer dünnen Schicht Erde bestanden haben. Die Maße einer Kammer liegen bei 2 x 2 bis 2,5 x 2 m. Die Höhe lässt sich aufgrund der Beigaben nur annähernd schätzen. Mit 57 cm ist die Bronzesitula aus Grab 73, die aufrecht stehend ins Grab gegeben wurde, die höchste Beigabe. Eine Abdeckung mit Steinen konnte nur vereinzelt festgestellt werden. Insgesamt wurden 99 Grabanlagen freigelegt.

Bestattungen

Die Toten wurden seitlich an der Längswand ausgestreckt auf dem Rücken liegend beigesetzt, in der Regel mit Kopf im Nordwesten und Füssen im Südosten. Die anthropologischen Untersuchungen sind noch nicht abgeschlossen, daher ist die genaue Anzahl der bestatteten Individuen nicht sicher. Soweit es sich von den Ausgräbern feststellen ließ, wurden in den Gräbern 81 Körperbestattungen und mindestens 14 Brandbestattungen gefunden. Neben den Einzelbestattungen kommen noch Doppel- und Mehrfachbestattungen vor. Auch eine Mischform von Körper- und Brandbestattung ist belegt. In Grab 138 war über einem Skelett Leichenbrand verstreut. Vor einer Grabanlage aus der Hallstattzeit fand sich ein „Pflaster" aus Scherben von Trinkgefäßen, das an eine Totenfeier denken lässt.

Aufgrund von geschlechtsspezifischen Beigaben ließen sich 33 Skelette als männlich und 50 als weiblich bes-

[7] Egg/Zeller 2005, 345-360.

timmen. Auffallend ist hierbei der hohe Anteil an weiblichen Individuen im Westteil des Eislfeldes. In den Jahren 2001-2003 wurden 24 Gräber dokumentiert, in welchen 19 weiblich und 8 männliche Individuen bestattet waren.

Funde

Die Inventare der Gräber sind qualitätsvoll und belegen den Wohlstand einer breiten Bevölkerungsschicht durch den Salzhandel. Die herausragendsten Beigaben stammen vor allem aus Frauengräbern. Neben den bereits publizierten Funden[8] – dem „Kultstab" aus Grab 59 (Abb. 5), dem Bernsteinperlencollier aus Grab 67 (Abb. 6) und dem goldenen Haarschmuck aus Grab 73 – sind in den jüngsten Grabungen weitere teils einzigartige Objekte gefunden worden.

Die Frau aus dem hallstattzeitlichen Grab 353 (Abb. 3) trug einen Kopfschmuck aus sieben verschieden großen Goldkugeln (Abb. 7) und 17 goldene Haarringe (Abb. 8)[9], welche aus dünn gewalztem Goldblech hergestellt sind. Beigegeben waren auch vier Fibeln, darunter eine Doppelpaukenfibel aus Eisen mit Goldfolienüberzug. Die Fibeln lagen nicht in Trachtlage sondern nebeneinander aufgereiht zusammen mit den Kugeln und Ringen im Kopf- und Brustbereich der Frau. Ebenfalls nur neben die Tote gelegt wurden die Armringe und der Blechgürtel. Zur Ausstattung gehörten noch zwei massive gerippte Beinringe aus Bronze, eine turbanförmige Spinnwirtel aus blauem Glas (Abb. 9), mehrere Gefäße, Messer sowie eine Fleischbeigabe.

Aus dem 2003 aufgefunden Grab 373 (Abb. 4) stammt der bisher einzige hallstattzeitliche Schild vom Dürrnberg.[10] Am Boden eines zum Grabinventar gehörigen Bronzekessels lagen eiserne Fragmente mit Verzierung, die vorerst nicht bestimmbar waren. Bei der Restaurierung in Mainz wurden die Eisenblechreste als Beschlag eines hölzernen Schildes identifiziert, ähnlich dem Schild auf dem Steinrelief von Bormio. Die beigegebenen drei eisernen Lanzenspitzen, der bronzene Kessel mit Flügelattaschen und zwei eisernen omegaförmigen Trageringen, eine Bandhenkeltasse und eine Fußzierfibel aus Eisen mit Blattgoldauflage (Abb. 10) datieren das Grab eindeutig in die letzte Phase der Hallstattzeit.

Der einzige Fund aus Elfenbein am Dürrnberg wurde im Jahr 1969 am Eisfeld ausgegraben. In Grab 84 lag im Brustbereich des Skelettes eine kleine Zierscheibe mit einer Elfenbeineinlage.[11] An den Beigaben lässt sich auch der Übergang von der älteren in die jüngere Eisenzeit feststellen. Nur auf dem Eislfeld sind Halsringe in einem sonst hallstattzeitlichen Grabinventar bei Frauen zu finden. In den Gräbern 120, 136, 360, 363 trugen

Abb. 8: Goldene körbchenförmige Haarringe aus Grab 353 (Foto: Keltenmuseum Hallein)

Abb. 9: Spinnwirtel aus blauem Glas aus Grab 353 (Foto: Keltenmuseum Hallein)

Abb. 10: Fußzierfibel aus Eisen mit Goldfolienüberzug aus Grab 373 vom Eislfeld am Dürrnberg (Foto: Keltenmuseum Hallein)

[8] Moosleitner u. a. 1974.
[9] Zeller 2004, 9-11.
[10] Egg u. a. 2009, 81-103.
[11] Moosleitner u. a. 1974, 49. – Die Bestimmung erfolgte im Senckenberg Naturmuseum in Frankfurt.

die Frauen massive, gerippte Beinringe, eine Leitform der ausgehenden Hallstattzeit und einen Halsring aus Bronze. In anderen Gräberfeldern des Dürrnberges finden sich Halsringe erst mit Beginn der Latènezeit.

Der rundstabige Ring mit Haken-Ösenverschluss aus Grab 363 ist am Dürrnberg unüblich und könnte auf eine Zuwanderung schließen lassen.

Bei einem überblicksartigen Vergleich mit den beiden nahezu zeitgleichen Gräberfeldern am Hexenwand- und Simonbauernfeld, lassen sich Unterschiede in der Grabausstattung erkennen. Die hallstattzeitlichen Dolche in den Männergräbern am Simonbauernfeld finden sich nicht am Eislfeld oder am Hexenwand. Bronzekessel und -situlen, welche häufig am Eislfeld in Hallstattgräbern auftreten, fehlen in den Gräbern der beiden anderen zeitgleichen Gräberfelder. Form und Verzierung von Keramikgefäßen des Hexenwandfeldes tauchen nicht in Gräbern der beiden anderen zeitgleichen Gräberfelder auf.

Die kommende Auswertung der Grabungen am Eislfeld wird noch weitere interessante Ergebnisse liefern. Abschließend sei noch eine persönliche Bemerkung zum Gräberfeld angefügt: Es war mit Abstand der beliebteste Grabungsplatz, denn das Gelände ist nicht sehr steil, was das Schieben der Scheibtruhen, in dem ansonsten sehr steilen Gelände am Dürrnberg, wesentlich erleichterte. Der größte Vorteil aber stellt die sonnige Lage dar – jeder der lange am Dürrnberg gegraben hat, weiß das zu schätzen.

Literaturverzeichnis

Hell 1926

M. Hell, Neue Beiträge zur Vor- und Frühgeschichte des Dürrnberges bei Hallein. Mitteilungen der Anthropologischen Gesellschaft Wien 56, 1926, 320-345.

Moosleitner u. a. 1974

F. Moosleitner/E. Penninger/L. Pauli, Der Dürrnberg bei Hallein II. Katalog der Grabfunde aus der Hallstatt- und Latènezeit. Münchner Beiträge zur Vor- und Frühgeschichte 17 (München 1974).

Zeller 1980

K. W. Zeller, die neuen Grabungen auf dem Dürrnberg – Techniken und Ergebnisse. In: L. Pauli (Red.), Die Kelten in Mitteleuropa. Salzburger Landesausstellung 1. Mai bis 30. September 1980 im Keltenmuseum Hallein (Salzburg 1980), 159-181.

Egg u. a. 2009

M. Egg/R. Goedecker-Ciolek/M. Schönfelder/K. W. Zeller, Ein eisenzeitlicher Prunkschild vom Dürrnberg bei Hallein, Land Salzburg. Jahrbuch des Römisch-Germanischen-Zentralmuseums Mainz 56, 2009, 81-103.

Egg/Zeller 2005

M. Egg/K. W. Zeller, Zwei Hallstattzeitliche Grabkammern vom Dürrnberg bei Hallein – Befunde und Funde. Archäologisches Korrespondenzblatt 35, 2005, 345-360.

Zeller 2004

K. W. Zeller, Neue Ausgrabungen auf dem Dürrnberg. Forschungsprojekt Eislfeld. Salzburg Archiv 29, 2004, 7-21.

Pauli 1978

L. Pauli, Der Dürrnberg bei Hallein III Auswertung der Grabfunde (München 1978)

Autorenverzeichnis

Anna Holzner

Keltenmuseum Hallein

Pflegerplatz 5

A-5400 Hallein

a.holzner@keltenmuseum.at

Restaurierung von archäologischen Eisenfunden am Fallbeispiel des Schmiedewerkzeugensembles vom Nikolausberg bei Golling

Bruno Reiterer

Bei einer systematischen Grabung am Nikolausberg[1] im Jahr 1982 fand E. Urbanek in Zusammenarbeit mit der Landesarchäologie Salzburg in nur 35 cm Tiefe ein großes keltisches Eisendepot, bestehend aus folgenden Stücken: zwei große Zangen, eine große Herdschaufel mit teilweise tordiertem Griff und kleinem Eisenring am Ösenende, ein Setzhammer (0,75 kg), ein pyramidenförmiger Einsteckamboss (11,4 kg), ein gefaltetes Bandeisen mit durchschlagenem Loch sowie ein kleiner Eisenring.

Vom Standpunkt des Restaurators ist zu sagen, dass die Restaurierung archäologischer Eisenfunde seit über hundert Jahren trotz intensiver Forschung nach wie vor Probleme bereitet. Da die verschiedenen Salze, Umwelteinflüsse und unterschiedliche Bodenbeschaffenheiten stets eine andere Wirkung auf das Eisen ausüben, gibt es oft sehr differenzierte Korrosionsbildungen. Wichtig ist, dass die ursprüngliche Form des Fundstückes erhalten bleibt und nicht durch eine vollständige Entrostung bis auf den Eisenkern zerstört wird.

Methodische Vorgehensweisen für die Restaurierung von Eisenfunden

Für die Restaurierung von archäologischen Eisenfunden stehen unter anderem die nachfolgend genannten restauratorischen Methoden[2] zur Verfügung:

1. Wenn ein starker Eisenkern vorhanden ist: Ausglühen des ganzen Stückes. Der Nachteil ist, dass die alte Oberfläche verloren geht. Der Vorteil ist, dass der Fund über Jahrzehnte – auch bei ungünstiger Lagerung – konstant erhalten bleibt.

2. Mechanische Behandlung mit Drahtbürsten, Sticheln, rotierenden Kleinschleifern, Diamant-Schleifstifte oder Schmirgelpapier. Tränkung mit Tannin (=Gerbsäure) und Oberflächenschutz mit Leinöl, Paraffin oder mit Lacken. Der Nachteil ist, dass es verkleben und im Laufe der Zeit unansehnlich werden kann. Der Vorteil ist – wenn kein Eisenkern vorhanden ist – die sichere Erhaltung des Stückes.

3. Vollständige Entrostung mittels chemischer bzw. elektrolytischer Methoden. Der Nachteil ist die daraus resultierende sehr raue Oberfläche des Eisenkerns, was zu einer vollständigen Zerstörung des Objektes führen kann. Der Vorteil besteht darin, dass keine Abplatzungen entstehen.

4. Auswaschungen und Bedampfungen unter Druck mit destilliertem Wasser. Der Nachteil ist, dass nur wasserlösliche Chloride entfernt werden können. Der Vorteil sind die geringen Kosten.

5. Wasserstoff-Niederdruck-Plasma-Verfahren, entwickelt in den 1980er Jahren. Der Nachteil ist, dass diese Methode für die Entsalzung ungeeignet ist und extreme Anschaffungskosten mit sich bringt. Der Vorteil ist, dass danach sehr harter Rost leichter bearbeitet werden kann, in österreichischen Restaurierungswerkstätten jedoch bislang keine Anlage.

6. Natrium-Sulfitentsalzung. Der Nachteil ist, dass es ein sehr langwieriges bis zu zwei Jahre dauerndes Verfahren ist und durch Sicherheitsbestimmungen eine sehr teure Anlage benötigt wird. Der Vorteil liegt in der vollständigen Entsalzung, bislang gibt es derartige Anlagen am Institut für Altertumswissenschaften an der Universität Innsbruck und im Keltenmuseum Hallein.

In der Restaurierungswerkstätte des Salzburg Museums werden Eisenfunde sofort nach der Ausgrabung – oft noch in feuchtem Zustand – mit Wasser gereinigt und im Trockenschrank bei +80 °C getrocknet. Bei Stücken, wo Verdacht auf Tauschierungen besteht oder mögliche Verzierungen nicht erkennbar sind oder der ganze Gegenstand überhaupt nicht erkennbar ist, muss eine Röntgenaufnahme gemacht werden, siehe die Anlagen im Museum für Urgeschichte in Asparn a. d. Zaya und im Institut für Ur- und Frühgeschichte der Universität Wien. Grobe Eisenfunde aus Siedlungen wie Bänder, Nägel oder Beile in größerer Menge werden mit dem großen Sandstrahlgerät (z.B. Glasperlen 200-300 my) abgestrahlt. Kleine, fragile Funde strahle ich mit dem Micro-Sandstrahler mit diversem feinem Strahlgut

---

[1] Moosleitner/Urbanek 1991.
[2] Siehe weiterführend: Scharff u. a. 2000, 362-374.

Abb. 1: Freigelegte runde Vertiefung am Setzhammer (Foto: S. Krutter)

Abb. 2: Freigelegte Rille am Nacken (Foto: S. Krutter)

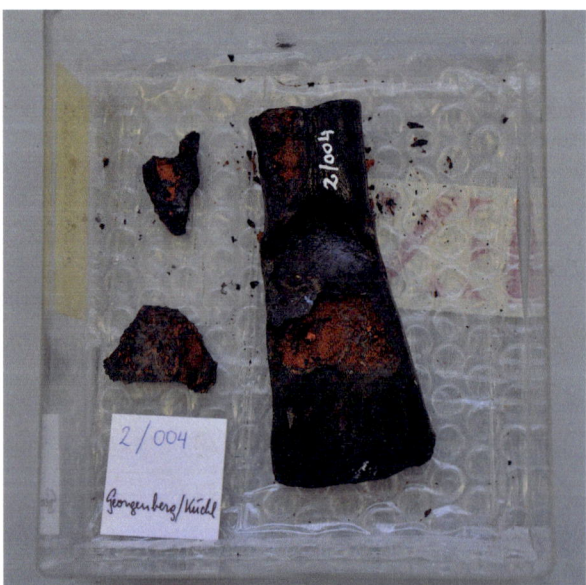

Abb. 3: Rostabplatzungen an einem bereits restaurierten Eisentüllenbeil vom Georgenberg bei Kuchl (Foto: W. K. Kovacsovics)

(z.B. Glasperlen 50-70 my) ab. Das Sandstrahlen an Eisenfunden hat sich sehr bewährt, da man kontrolliert zwischen den Rostschichten gezielt arbeiten kann. Bei porösen Stücken ist eine Tränkung mit dünnflüssigem Epoxidharz vorzunehmen. Danach wird mit rotierenden Kleinschleifern die ursprüngliche Oberfläche freigelegt. Von den rasch restaurierten Exponaten kommt es bei normaler Zimmertemperatur und Luftfeuchtigkeit von 50-60% in zwei bis drei Jahren bei bis zu einem Drittel aller Funde zu Zerfallserscheinungen. Diese müssen nachbehandelt werden. Bei mit Epoxidharz behandelten Objekten sind die abgesprengten Stücke größer und können leichter wieder angeklebt werden, als wenn sie nur mit Schutzlack versehen würden, da hierbei der Rost in vielen kleinen Stücken abbröckelt.

Bei Aufbewahrung von Eisenfunden in Museen mit einer meist naturgemäß zu hohen Luftfeuchtigkeit – wie in Burgen, Schlössern, alten Häusern oder Kellerräumen – leiden Eisenfunde zumeist ganz besonders. Abhilfe könnten hierbei eine Beheizung für eine gleichmäßige Temperatur, Entfeuchtungsanlagen, Vitrinen mit Stickstoff-Atmosphäre oder Silicagel schaffen. Wenn Eisenfunde vakuumverpackt in Folien aufbewahrt werden, müssen diese alle zwei bis drei Jahre erneuert werden. Im Salzburg Museum werden die Eisenfunde in einem separaten Depot mit einer Luftfeuchtigkeit von 25-30 % aufbewahrt. In großen deutschen Museen, in welchen ein gigantischer Fundanfall vorkommt, werden alle unrestaurierten Funde sofort eingefroren. Eingegipste Exponate von Blockbergungen (z. B. Gürtelgarnituren) werden einer Computertomografie[3] unterzogen und dabei virtuell freigelegt. Bei besonderen Objekten erfolgt eine manuelle Restaurierung.

Die Restaurierung des Schmiedewerkzeugensembles

In den Jahren 1982-1983 widmete ich mich der Restaurierung der von E. Urbanek gefundenen Eisenfundstücke. Da fast alle Gegenstände, bis auf die Kohlenschaufel, einen starken Eisenkern besaßen, wäre eine vollständige Entrostung möglich gewesen. Nach Absprache mit den Archäologen wurde entschieden, alle zu dem Depotfund gehörigen Stücke mechanisch zu bearbeiten. Zuerst habe ich die 2-3 cm großen Rostblasen abgetragen, sodann eine Tränkung mit Epoxidharz durchgeführt, damit Risse und Abplatzungen im Rost haften blieben. Anschließend folgte eine schichtweise Freilegung bis zur alten Oberfläche, abwechselnd mit Kleinschleifern und Micro-Sandstrahler.

Beim Setzhammer (Abb. 1-2) habe ich eingravierte Rillen und eine ca. 6 mm im Durchmesser große und 4 mm betragende Vertiefung entdeckt. Es dürfte sich um eine Schmiedehilfe zur Erzeugung von Fibeln oder anderen Kleingeräten(?) handeln.

[3] Ebinger-Rist/Stelzner 2013.

Bei der Kohlenschaufel habe ich ein Segment mit eingedicktem Kunstharz ergänzt. Abschließend versah ich die Stücke mit Nitro-Zellulose-Lack (=Zaponlack). Heute verwende ich für solche Restaurierungen einen Paraloid B 72-Überzug auf Acrylbasis.

Von allen angeführten Gegenständen fertigte ich jeweils drei Kopien – Abformung mit Silikon-Kautschuk und Ausgüsse mit Kunstharz – an und färbte sie originalgetreu ein. Eine Kopie war für das Salzburg Museum vorgesehen, eine für das Museum Burg Golling und die dritte für das Alpinmuseum Kempten in Bayern. Unabhängig davon fertigte auch das Römisch-Germanische Zentralmuseum in Mainz für sich und das Keltenmuseum Hallein weitere Kopien an. Dieser bedeutende Depotfund aus keltischer Zeit war bereits in großen internationalen Ausstellungen in Venedig, Trient und München dem Publikum präsentiert worden. Experimentell agierende Archäologen schmiedeten die Eisenstücke nach und führen sie bei Keltenfesten (z.B. in Asparn an der Zaya) beim Schmieden vor.

Literaturverzeichnis

Born 1994

H. Born, Die Restaurierung tauschierter Eisenfunde der Merowingerzeit. Museum für Vor- und Frühgeschichte Berlin – Bestandskataloge 2, 1994, 82-104.

Ebinger-Rist/Stelzner 2013

N. Ebinger-Rist/J. Stelzner, Computertomografie trifft Fundmassen, Innovative Technik zur Freilegung und Auswertung des bedeutendsten frühmittelalterlichen Gräberfeldes Südwestdeutschlands. In: S. Brather/D. L. Krausse (Hrsg.), Fundmassen. Innovative Strategien zur Auswertung frühmittelalterlicher Quellenbestände.

Materialhefte zur Archäologie in Baden-Württemberg 97, 2013, 87-96

Eckmann u. a. 1988

C. Eckmann/T. Elmer/S. Veprek, Die Restaurierung und Konservierung von archäologischen Objekten aus Metall in einem Wasserstoff-Niederdruckplasma. Arbeitsblätter für Restauratoren 21/1, 1988, 225-241.

Greiff/Bach 2000

S. Greiff/D. Bach, Eisenkorrosion und Natriumsulfitentsalzung: Theorie und Praxis. Arbeitsblätter für Restauratoren 33/2, 2000, 319-339.

Moosleitner/Urbanek 1991

F. Moosleitner/E. Urbanek, Das Werkzeugdepot eines keltischen Grobschmiedes vom Nikolausberg bei Golling, Land Salzburg. Germania 69/1, 1991, 63-78.

Scharff u. a. 2000

W. Schraff, Schutz archäologischer Funde aus Metall vor immissionsbedingter Schädigung. Materialhefte zur Archäologie in Baden-Württemberg 57 (Stuttgart 2000).

Autorenverzeichnis

Bruno Reiterer

Salzburg Museum

Fachbereich für Archäologie

Alpenstraße 75

A-5020 Salzburg

Eine neue spätlatènezeitliche Kleinsilbermünze vom Pass Lueg im Land Salzburg

Frank Schröder

In diesem Beitrag wird eine latènezeitliche Silbermünze vorgestellt, welche 1991 am Pass Lueg – oberhalb der heutigen Straße – gefunden worden ist, wobei die Fundumstände weitgehend unbekannt sind, denn dieses Fundstück gelangte erst über mehrere Stationen kürzlich in das Inventar des Museum Burg Golling.

Der Pass Lueg stellt eine bedeutende Verbindung zwischen dem vor- und dem inneralpinen Salzachtal dar und ist bereits seit dem Neolithikum eine viel genutzte Wegstrecke[1]. Bei einer heutigen Passhöhe von 552 m Seehöhe ist er im Vergleich zu anderen schon früh begangenen Pässen der Ostalpen recht niedrig[2] und wird heutzutage beim Überfahren mit dem Auto kaum bemerkt. In früheren Zeiten war dieser Weg deutlich unbequemer zu passieren, der schmale Pfad lag in vorgeschichtlicher Zeit etwa 50 m oberhalb der heutigen Bundesstraße.[3]

Einige Kilometer nördlich des Passes ist der wichtigste Raum das seit dem Neolithikum kontinuierlich besiedelte Salzburger Becken[4] mit seinen Salzlagerstätten am Halleiner Dürrnberg. Südlich der Engstelle, entlang der Salzach, liegen die bekannten Kupfererzlager am Mitterberg bei Bischofshofen, aus denen nachweislich die Himmelsscheibe von Nebra hergestellt worden ist.[5] Dadurch sind Handelsbeziehungen während der Bronzezeit, ausgehend vom oberen Salzachtal und den Pass Lueg nutzend, über eine Strecke von mehr als 600 km in Richtung Norden belegt. Weiter im Süden leiten mehrere Passübergänge in das Talgebiet der Drau, von welchem aus die Adria leicht erreichbar ist.[6]

Depotfunde aus der Bronzezeit[7], unter anderem mit dem berühmten Kammhelm vom Pass Lueg[8] – ebenfalls aus Mitterberger Kupfererzen hergestellt – sind im Salzachtal reichlich vertreten. Sogar ein Rasiermesser[9] aus dem fernen Sizilien wurde während der späten Bronzezeit (HaA2-HaB1) absichtlich am Pass Lueg niedergelegt, jedoch konnten bisher keine Depotfunde aus der Hallstattzeit dokumentiert werden.[10] Aus der Latènezeit stammend werden erstmalig Münzen im Salzachtal fassbar.[11]

Intentionelle Deponierungen an Passübergängen

Mit den Passfunden unmittelbar verknüpft ist die Frage nach dem Zweck solcher Deponierungen. Bei einzelnen Gegenständen kann ohne weiteren Fundzusammenhang meist nicht erkannt werden[12], ob diese absichtlich als Opfergabe geplant waren oder unabsichtlich verloren gingen, wie L. Pauli[13] bereits 1986 in einem viel beachteten Aufsatz formulierte und auch T. Stöllner[14] erneut betont. Im Falle von Passfunden lässt sich das Spektrum der Intentionen auf zwei reduzieren: Verlust oder eine bewusste Deponierung.

Höhen- und Passfunde der Eisenzeit scheinen insgesamt wesentlich seltener zu sein als jene der vorangehenden Bronzezeit[15]. Ein seltenes frühes Beispiel für eine (wahrscheinliche) Niederlegung während der Latènezeit ist ein im Waldalgesheim-Stil verzierter goldener Halsreif (Abb. 1), welcher im Jahr 1874 auf der Maschlalm bei Rauris gefunden wurde.[16]

In der Mittel- und Spätlatènezeit ändert sich das Spektrum der Deponate gegenüber früheren Epochen grundlegend: besonders auf Pässen wie dem Großen und

---

[1] Gietl 2004, 163-169. – Hell 1972, 104-105.
[2] Breitwieser 1999, 128.
[3] Gietl 2004, 166.
[4] Hell 1954.
[5] Pernicka/Radtke 2003. – Pernicka 2014. – Die Himmelsscheibe von Nebra wurde aus Mitterberger Kupfererzen hergestellt, wie Untersuchungen ergaben. Wie weitreichend damals die Handelsbeziehungen waren, zeigt auch die Herkunft des Goldes dieses Artefaktes, das aus Cornwall stammt.
[6] Hell 1939.
[7] Stein 1979. – Falkenstein 2011.

[8] Kyrle 1918, 31-33, 80-83. – Lippert 2011. – Mehofer 2011.
[9] Krutter 2014.
[10] Stöllner 2002, 37.
[11] Ruske 2011, 8.
[12] Krutter 2014, 24.
[13] Pauli 1986.
[14] Stöllner 2002b, 568.
[15] Stöllner 2002b, 572-573.
[16] Wendling 2013, 210.

Abb. 1: Goldenes Halsringfragment („Torques") mit Petschaftenden von der Maschlalm bei Rauris, Gewicht: 110 g, Länge: 110 mm (Wendling 2013, 211, Abb. 35, Foto: R. Poschacher)

Kleinen St. Bernhard oder in Almgebieten werden vorwiegend Münzen deponiert. Münzopfer lösen somit zwar teilweise die alten Traditionen ab, aber die Topografien in Hochlagen und auf Pässen bleiben heilig. Die umfassende Münzreihe des Heiligtums am Großen St. Bernhard zeigt schon in der älteren Latènezeit auch eine Institutionalisierung der Opferhandlungen an. Dies gilt z.B. auch für die Passopfer am Hochtor im Großglocknergebiet[17]. Zur Klärung des Motivs der Deponierung dient im Falle der einzelnen Kleinsilbermünze vom Pass Lueg ein Vergleich mit anderen Fundstellen der Ostalpen. Einige höher liegende Passübergänge wie beispielsweise diejenigen am Hochtor[18] und am Mallnitzer Tauern[19] wurden in der Vergangenheit einer gründlichen Untersuchung unterzogen. Die Blütezeit des frühen Warenhandels auf der Glocknerroute lag demnach in der spätkeltischen Periode, was anhand der Fundmünzen nachweisbar ist.

Die intensivierten Handelskontakte zwischen Nord und Süd (Abb. 2) im 1. Jhdt. v. Chr. sind auch archäologisch fassbar. In den spätkeltischen Höhensiedlungen von Kaprun-Bürgkogel, Saalfelden-Biberg, Uttendorf-Steinbühel und Reichenhall-Karlstein fanden sich italische Keramik und Bronzegeschirr, Münzen der römischen Republik sowie Schmuck und Trachtzubehör aus dem Südalpenraum.[20] Auch das am Übergang zwischen Pitz- und Inntal gelegene Heiligtum nahe der Piller Höhe in Tirol belegt Kulthandlungen von der Bronzezeit bis in die römische Kaiserzeit. Die Münzreihe setzt hier im letzten Drittel des 2. Jh. v. Chr. mit republikanischen Denaren und keltischen Kleinsilbermünzen ein.[21]

Im Salzachtal sind Einzelfunde von keltischen und mediterranen Münzen hingegen selten. Dass auch am Pass Lueg während der späten Latènezeit vermutlich Opferhandlungen stattgefunden haben, belegt wohl ein

dort deponiertes Kammstrichgefäß[22], welches im Jahr 1967 etwa 1,5 m unter der Oberfläche und 45 m oberhalb der heutigen Bundesstraße aufgefunden wurde.

Latènezeitliche Münzprägung im *Regnum Noricum*

Das Regnum Noricum, dessen Existenz in jüngerer Zeit generell in Zweifel gezogen wird[23], entstand höchstens als loser Zusammenschluss von mehreren keltischen Fürstentümern und erst im frühen 1. Jh. v. Chr. Lange zuvor war von den Römern um 181 v. Chr. die Stadt Aquileia gegründet worden und belegt damit den wachsenden Einfluss Roms in der nordöstlichen Küstenregion Italiens gegenüber seinen keltischen Nachbarn im Hinterland (Abb. 3). Stetig wachsende Handelsströme zeigen sich in der Folge darin, dass bereits um 170 v. Chr. eine römische Gesandtschaft mit einem keltischen Stammesbündnis, zu dem auch die Noriker gehörten, über Wirtschaftsfragen verhandelt, wie Titus Livius berichtet. Damals lag jedoch das Machtzentrum dieses Stammesverbändes südlich der Karawanken im Bereich der karnischen Alpen[24], größere keltische Siedlungen waren Emona (=Noreia?)[25] und Kelea.

In der Forschung ist der Zeitpunkt des Beginns einer keltischen Münzprägung in den letzten Jahrzehnten immer wieder neu definiert[26] und schließlich für „Noricum" aufgrund von Hortfunden in die Mitte des 2. Jh. v. Chr. vorverlegt worden.[27] Diese Datierung wurde durch Fundvergesellschaftungen von keltischen Münzen mit exakt datierten Münzen der römischen Republik abgesichert.[28]

Die ersten keltischen Prägungen, die dem später „Noriker" genannten Volk zugeordnet werden können, wurden im starken Einflussbereich des damals numismatisch weiter entwickelten Italien durchgeführt, der Prägeort lag vermutlich jedoch zunächst im Südosten des heutigen Kärnten[29] nahe Gracarca. Die Ausführungen von P. Kos[30] bezüglich der Verbreitung von Hortfunden und dem Zusammenhang mit dem Prägeort sind deshalb zielführend, weil diese ersten Prägungen offenbar nur sporadisch stattfanden. Außerdem kamen die Münzen vor ihrer Deponierung augenscheinlich kaum in Umlauf, wie die Horte von Haimburg, Enemonzo und Most na Soči zeigen.[31] So fanden die ersten Münzprägungen auf österreichischem Boden zwar tatsächlich in Kärnten statt, jedoch in der Gegend von Völkermarkt/Gracarca und sicherlich nicht am früher vermuteten Magdalens-

[17] Moosleitner 2002.
[18] Moosleitner 2002.
[19] Dembski 2001.
[20] Moosleitner 2002.
[21] Stöllner 2002b, 581.

[22] Hell 1972.
[23] Strobel 2012a. – Strobel 2012c, 16.
[24] Strobel 2012a, 206, 211.
[25] Strobel 2012a, 212.
[26] Göbl 1973.
[27] Kos 2007.
[28] Miskec 2012.
[29] Miskec 2012, 383.
[30] Kos 2010.
[31] Kos 2010, 79.

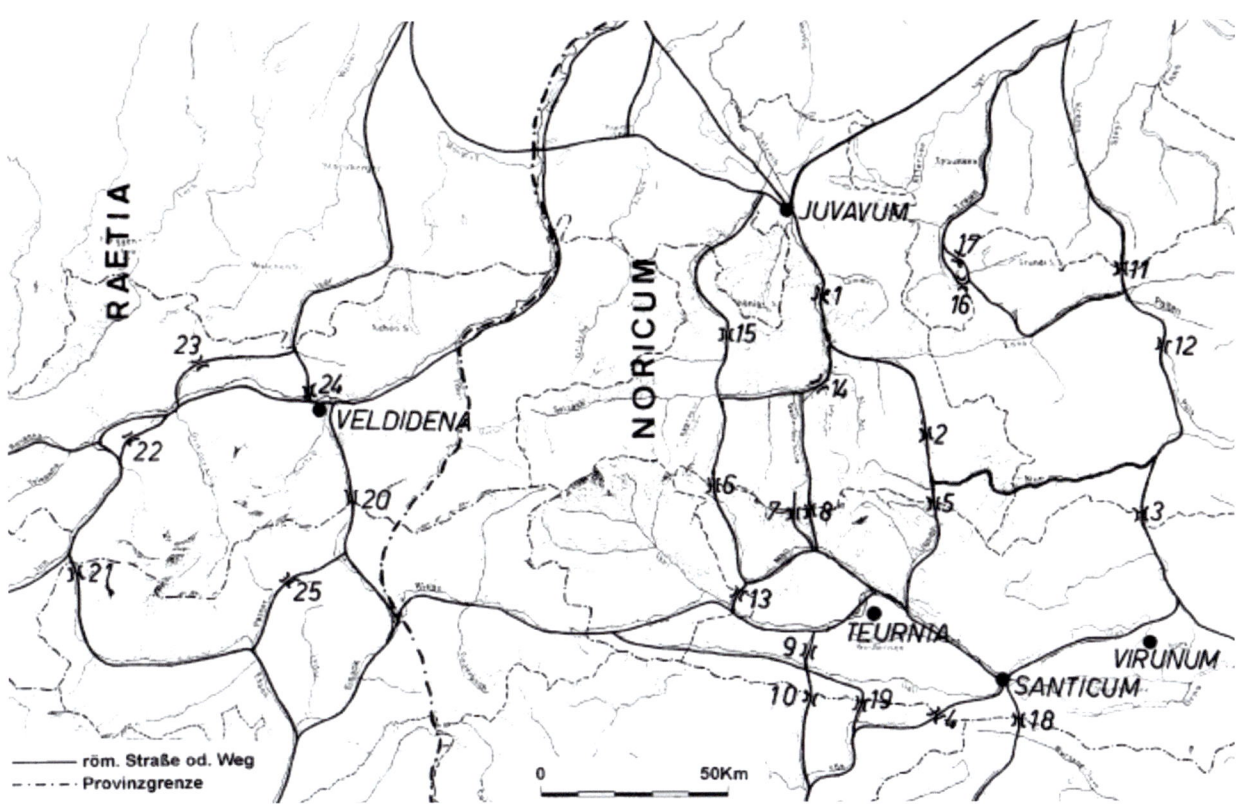

Abb. 2: Antike Passstraßen über die Alpen. 1: Pass Lueg, Seehöhe 552 m, 2: Radstädter Tauern 1.739 m, 3: Neumarkter Sattel 894 m, 4: Tarviser Sattel 814 m, 5: Laussnitzhöhe 1.589 m, 6: Großglockner-Hochtor 2.575 m, 7: Mallnitzer Tauern 2.450 m, 8: Korntauern 2.460 m, 9: Gailbergsattel 982 m, 10: Plöckenpass 1.360 m, 11: Pyrhnpass 945 m, 12: Triebener Tauern 1.265 m, 13: Iselsberg 1.204 m, 14: Taxenbacher Enge 650 m, 15: Kniepass 635 m, 16: Koppensattel 692 m, 17: Pötschenpass, 982 m, 18: Wurzenpass 1.073 m, 19: Nassfelder Sattel 1.552 m, 20: Brenner 1.374 m, 21: Reschen 1.508 m, 22: Piller Höhe 1.394 m, 23: Fernpass 1.209 m, 24: Seefelder Sattel 964 m, 25: Jaufen 2.094 m (Lippert 1999, 207, Abb. 1)

berg.[32] Die frühen Prägungen von Tetradrachmen, die den Norikern/Tauriskern zugeordnet werden können, sind in drei typologische Stufen A, B und C eingeteilt.[33] Ganz am Anfang dieser Prägeepoche, in den Jahrzehnten vor 150 v. Chr., erscheinen Tetradrachmen des Typs „VES" (Abb. 4). Der entsprechende Namenszug, der auf dem Revers in venetischer Schrift erscheint, belegt den italischen Einfluss unmittelbar.[34] Diese Schrift wird zwischen 350 und 150 v. Chr. von den Etruskern genutzt[35], ein weiterer Hinweis auf das Alter dieser Prägungen. Wer diese Prägungen in Auftrag gab und zu welchem Zweck, ist bisher jedoch unbekannt. Es gibt nach heutigem Forschungsstand auch keine Erklärung, warum die venetische Schrift auf Münzen genutzt wurde, welche außerhalb des eigentlichen venetischen Sprachraumes geprägt wurden. Auf der Vorderseite erscheint bei diesen frühen Silberprägungen ein nach links gerichteter Apollokopf, auf der Rückseite ist ein kraftvolles Pferd dargestellt.

Die Prägung von Tetradrachmen mit dem Bild eines Reiters (Typen Kugelreiter A1, AA1, B1a und B1b) begann ungefähr zur gleichen Zeit (Abb. 5). Bei dieser Münzreihe hängen von den Helmen der Reiter Kugeln

Abb. 3: Noriker/Taurisker und ihre Nachbarvölker um 150 v. Chr., mit den Hauptexpansionsrichtungen (blaue Pfeile) der römischen Republik (Grafik: F. Schröder)

herunter, die namensgebend sind.[36] Da sämtliche Prägungen eine enge Verwandtschaft der Prägestempel zeigen, wird inzwischen von der Forschung ein enger zeitlicher Zusammenhang zwischen den VES- und den drei typologischen Stufen der Kugelreiterprägungen angenommen.[37]

Aus Kärnten heraus verbreitete sich in den unmittelbar folgenden Jahrzehnten die Prägetätigkeit einerseits in den Westen in das Gebiet der Karner und andererseits

[32] Kos 2010, 97-98.
[33] Gorini 2005.
[34] Kos 2012, 351.
[35] Lejeune 1974, 13.

[36] Dembski 2001.
[37] Kos 2010, 102.

Abb. 4: Tetradrachme des Typs VES, Durchmesser: 22 mm, Gewicht: 13,00 g (Kos 2012, 352, Foto: Hess-Divo AG, Auktion 307, 7.6.2007, Los 1427).

Abb. 6: Tetradrachme des Typs Warasdin A-B, Übergangsprägung (Strobel 2012b, 10, Abb. 2).

Abb. 5: Kugelreiter, Typ B1 (Göbl 1973, Pl. 2, Foto: Katalog der Auktion Künker Nr. 243, 2013, Los 4457)

Abb. 7: Revers einer Tetradrachme des norischen Münzherren Adnamati, Gewicht: 7,24 g (Foto: Katalog der Auktion 94, H D Rauch April 2014)

nach Südosten entlang der Drave zum heutigen Warasdin. Die Karner – ein im heutigen Friaul lebender den Norikern nahestehender Stamm – haben dann die Kugelreiter Typen B1c, C2a und C2b zu Beginn der zweiten Hälfte des 2. Jh. geprägt.[38] Innerhalb weniger Jahrzehnte gelangten noch weitere Kugelreitervarianten zur Prägung, die letzten ca. 130 v. Chr. Die genaue relative Abfolge ist zwischenzeitlich recht gut durch Hortfunde – meist im direkten Fundzusammenhang mit exakt datierten römischen Denaren – und durch Überprägungen gesichert. Bezüglich der Prägeorte und der Prägeherren gibt es jedoch noch keine Klarheit. Festzuhalten ist ferner, dass die VES- und auch die frühen Kugelreiter-Tetradrachmen der Karner aufgrund ihrer geringen Anzahl und fehlenden Gebrauchsspuren keine wirkliche Funktion als Geldmittel gehabt haben können.[39]

In der Nähe von Warasdin wurden von den Tauriskern – zeitlich und typologisch direkt an die Prägungen der VES-Gruppe anschließend – Münzen des Typs Warasdin A geprägt. Nach der sehr kurzen Produktionszeit hat der Münzmeister scheinbar ohne Unterbrechung sofort die Münzen des Typs Warasdin B geprägt, allerdings ebenfalls nur für kurze Zeit. Die Typen A und B unterscheiden sich nur in Details des Diadems (Abb. 6).

Nach der (Kugelreiter-)Periode C folgte in Noricum nach heutigem Forschungsstand eine Zeit von einigen Jahrzehnten ohne jegliche Münzprägung, was historisch

mit mehreren Kriegen begründet werden kann, welche damals südlich der Alpen stattfanden. Zunächst führte das aufstrebende Rom um 129 v. Chr. einen Feldzug unter der Führung des Militärtribuns Callaicus gegen die Iapoden, einem mit den Norikern/Tauriskern benachbarten und geschichtlich verbundenen Volksstamm.[40] Sicherlich gab es Kollateralschäden, als römische Legionen durch das Stammesgebiet der Noriker/Taurisker zogen. Etwas später brachte der römische Feldherr M. Aemilius Scaurus den Tauriskern und Karnern im Jahre 115 v. Chr. eine derart schwere Niederlage bei[41], dass der Stammesname „Taurisker" anschließend nicht mehr auftaucht; möglicherweise werden die Reste des Volkes von den Norikern aufgenommen.[42] Gleichzeitig war das Land im Südosten der Alpen seit 115 v. Chr. vom Einfall der germanischen Kimbern und Teutonen stark betroffen, dessen negative Auswirkung erst 101 v. Chr. mit deren Niederlage gegen die Römer endete. In der Folge erholte sich die Bevölkerung wieder und das Zentrum des norischen Stammesverbandes wanderte – wohl unter dem weiter steigenden Druck Roms – in Richtung Norden in das heutige Kärnten. Dort wurden dann unter anderem die Siedlungen auf dem Magdalensberg[43] und

---

[38] Miskec 2012, 383.
[39] Kos 2010, 102.

[40] Livius, Periochae 59, Appian, Illyrica 10, zitiert nach: Šašel Kos 2005, 321-329.
[41] Šašel Kos 2005, 328. – Miskec 2012, 383.
[42] Strobel 2012a, 208.
[43] Dies wird von P. Gleirscher (Gleirscher 2012) bestritten, die Diskussion dauert an (Stand 2012).

Abb. 10: Obol aus Massilia, Prägezeit 3. Jhdt. v. Chr., Durchmesser: 9 mm, Gewicht: 0,71 g, Vorderseite mit männlichem Kopf nach links, Rückseite mit Rad und Inschrift M A (Foto: http://wildwinds.com/coins/greece/gaul/massalia/SNGCop_723.7.jpg)

Abb. 8: Denar des römischen Münzherren P. Crepusius, 82 v. Chr., Rom, Sear 283 (Foto: www.wildwinds.com/coins/sear5/s0283.html)

Abb. 9: Revers einer Tetradrachme, Fundort Schwarzach (Kastler/Moser-Schmidl 2013, 159, Abb. 9, Foto: R. Poschacher)

Teurnia ausgebaut.[44] Die nun immer stärkere wirtschaftliche Entwicklung und das Vorbild der Nachbarn scheint den keltischen Herrschern nahegelegt zu haben, eigenes Münzgeld in Umlauf zu bringen. Die ersten wirklich norischen Emissionen, von denen auch Hortfunde in Teurnia bekannt sind[45], waren Tetradrachmen mit den Reverslegenden „CONGES(TLUS)", „ADNAMATI", „NEMET", „ATTA", „SUICCA" und „E(I)CCAIO" (Abb. 7). Da diese Gruppe im Reversbild des Lanzenreiters den Denar des römischen Münzmeisters P. Crepusius (82 v.Chr.) zum Vorbild hat (Abb. 8), ist hierfür ein terminus post quem von 82/80 v. Chr. gegeben.[46]

Durch die Prägungen von Tetradrachmen kennen wir heute von einigen keltischen Münzherren wenigstens deren Namen, denn andere Schriftzeugnisse gibt es aus Noricum praktisch nicht.[47] Über die Lage der Prägestätten wird bis heute diskutiert[48], allerdings scheint sicher zu sein, dass der Magdalensberg einige der späteren Serien an Münzen hervorgebracht hat. Wahrscheinlich gab es auch zu jener Zeit umherreisende Stempelschmiede, welche sich den Münzherren angedient haben. Zu den Tetradrachmen ist zu ergänzen, dass die Kugelreiterserien A, B und C in ihrer Gesamtheit im Laufe der Zeit zwar immer geringere Gewichte zeigen

– von 12,5 g (VES-Typ) bis auf 9,3 g (COPO) fallend[49] – jedoch der Silbergehalt scheinbar nur unwesentlich absinkt. Die späten Serien der norischen Prägungen ab 80 v. Chr. beginnen dann mit etwa 10 g, bleiben im Gewicht nahezu konstant, und die letzten Prägungen zeigen ein Durchschnittsgewicht von immer noch etwa 9,7 g.[50] Diese Emissionen sind jedoch bereits zu reinen Bronzemünzen geworden.[51]

Die späten Kugelreiterprägungen blieben möglicherweise trotz des hohen Silbergehaltes relativ lange im Umlauf, wie eine Tetradrachme der COPO-Serie[52] (Kugelreiter Typ C3, Abb. 9) aus Schwarzach im Pongau zeigt. Sie wurde dort in Schichten gefunden, die aus spätkeltischer oder sogar frührömischer Zeit datieren[53]. Wie dieses Phänomen mit dem Greshamschen Gesetz[54] in Einklang gebracht werden kann, wäre einer detaillierten Untersuchung wert, außerdem zeigt die starke Abnutzung der Münze ihren langen Umlauf an.

Norisches Kleinsilber

Von Anfang an haben Kleinsilbermünzen die größeren norischen Prägungen begleitet[55], wobei P. Kos[56] nachweisen kann, dass mehrere Prägungen auch den einzelnen Kugelreiterserien zugeordnet werden können.

[44] Strobel 2012b.
[45] Strobel 2012a, 208.
[46] Dembski 1998, 201.
[47] Die Forschung in diesem Bereich entwickelt sich in jüngster Zeit weiter. Im Projekt F.E.R.C.A.N. (Fontes epigraphici religionum celticarum antiquarum) werden antike epigraphische Testimonien auch für Noricum erfasst.
[48] Moser 2011, 66.

[49] Göbl 1973.
[50] ECCAIO, 9,7 g, Synchronogramm der Westnoriker, siehe: Göbl 1973.
[51] So zeigt eine bereits 1971 analysierte Adnamati Tetradrachme keinen Silberanteil, siehe: Göbl 1973, 55.
[52] Synchronogramm der Westnoriker, siehe: Göbl 1973.
[53] Kastler/Moser-Schmidl 2013, 158.
[54] Hiernach verschwinden Münzen mit höherem Edelmetallanteil aus dem Geldumlauf, z. B. durch Hortung.
[55] Göbl 1992.
[56] Kos 2013.

Abb. 11: „Vierteldrachme" oder „Obol", frühe Gruppe A mit der Kombination Apollokopf/Reiter, Gewicht: 0,88 g, Durchmesser: 9 mm, Fundort Gracarca (Kos 2013, 354)

Abb. 13: Hortfund von Kobarid, Kleinsilbermünze („Obol"), Typ Kugelreiter C2a, gegenüber früheren Prägungen etwas reduziertes Gewicht von etwa 0,7 g (Kos 2009, 276, Abb. 4)

Abb. 12: Hortfund von Kobarid: frühe Kleinsilbermünze („Obol") mit einem Gewicht von 0,85 g (Kos 2009, 275)

Abb. 14: „Obol", Gruppe B, Typ 2, mit der Kombination Apollokopf/Tektosagenkreuz, Gewicht: 0,62 g, Durchmesser: 8-9 mm (Kos 2013, 360, KatNr. 13, Foto: F. R. Künker, Auktion 226, 2013, Nr. 80)

Einschränkend ist jedoch zu bemerken, dass die Basis dieser Schlussfolgerung auf relativ wenigen Kleinsilbermünzen beruht. Diese Prägungen werden nach ihrem ursprünglichen Gewicht auch später noch entweder als Obol (0,5-0,8 g) oder als Vierteldrachme (1,0-1,2 g) bezeichnet. Auf der Vorderseite des Kleinsilbers erscheint wieder der Apollokopf der Tetradrachmen, auf der Rückseite die entsprechenden Reiter. Auch die Datierung erscheint aufgrund der Stempelähnlichkeiten parallel zu den Kugelreitern zu verlaufen und beginnt somit kurz vor der Mitte des 2. Jh. v. Chr. mit der Kugelreitergruppe A. Die Prägungen dieser Gruppe lassen sich anhand der Rückseiten kurze Zeit später in zwei Untergruppen aufteilen: Typ 1 mit einem Pferdchen und dem von dem sogenannten Tektosagenkreuz[57] abgeleiteten Typ 2, die wohl die später erscheinende Prägung ist. Dieses Tektosagenkreuz stammt möglicherweise ursprünglich von der stilisierten Rose der spanischen Stadt Rhoda (heute Rosas), wurde vom Keltenstamm der Tektosagen mit ihrer Wanderung nach Gallien in die Region um Toulouse gebracht und kam später nach Süddeutschland, bevor es zu den Norikern gelangte.[58] Alternativ kann jedoch auch eine Ableitung des Kreuzes von den Obolen aus Massilia (Abb. 10) erfolgt sein. Hier wäre das Vorbild des Kreuzes dann ein Rad mit vier Speichen gewesen.[59] Die Münzen von Massilia wurden über einen extrem langen Zeitraum vom 4.-1. Jh. v. Chr. geprägt.

Bis zum Beginn der Prägungen der zweiten Gruppe von norischen Kleinsilbermünzen mit dem Kreuzmotiv (kurz vor 130 v. Chr.) hätte somit eine lange Zeitspanne für eine Motivübertragung zur Verfügung gestanden. Tatsächlich wurde eine solche Münze aus Massilia auf dem Dürrnberg bei Hallein gefunden und stellt mit ihrem Prägedatum vom Anfang des 4. Jh. v. Chr. die älteste bisher bekannte Münze im Land Salzburg dar[60], welche zudem wohl schon kurz nach ihrem Prägedatum dorthin gelangte.[61] Auf dem Dürrnberg fehlen jedoch Münzen aus norischen Prägestätten bisher völlig, während diese auf dem Georgenberg bei Kuchl vertreten sind.[62] Dies wird dadurch erklärt, dass während der Phase LtD1 die Salzproduktion auf dem Dürrnberg bereits im Niedergang begriffen war.

Die Kelten nutzten generell ihre jeweiligen Münzvorlagen in sehr beweglicher Anpassung, wählten das ihren Vorstellungen Entsprechende aus und veränderten es. Dabei wurden die Bildelemente der Vorbilder oft zerlegt, wobei die keltischen Stämme der gesamten Alpenregion offenbar jedoch eine gemeinsame Gedankenund Begriffswelt hatten.[63] Zusätzlichen Einfluss auf die späteren Münzprägungen nehmen auch die von den Kelten entwickelten Nachahmungen selbst, wobei insbesondere der technische Prozess der Stempelherstellung und der Prägung die Bildidee gelenkt hat.[64] So

---

[57] Erstmals von K. Pink genutzter Begriff, siehe: Pink 1958.
[58] Göbl 1992, 14.
[59] Gorini 2001, 125-127.

[60] Moser 2011, 66.
[61] Stöllner 1998.
[62] Tadic 2014, 77-94
[63] Göbl 1992, 2-3.
[64] Göbl 1972.

nutzte sich bei der keltischen Münzprägetechnik der Rückseitenstempel deutlich schneller ab als der Vorderseitenstempel und die Münzbilder veränderten sich mit unterschiedlicher Geschwindigkeit. Dies erlaubt – sofern die Anzahl der überlieferten Münzfunde von einer Münzprägestätte groß genug ist – oft eine relative Chronologie der keltischen Prägungen.[65]

Bezüglich der Prägeorte herrscht jedoch bei den Kleinsilbermünzen -wie bei den Tetradrachmen- noch keine Klarheit, denn selbst ein bronzener Prägestempel, der bei Altgrabungen in der Gurina gefunden worden ist, stellt keinen Beweis für eine lokale Prägung von Kleinsilber dar, zumal dieser stark abgenutzte Stempel – dessen Fundzusammenhang nicht mehr geklärt werden kann – möglicherweise dort nur noch als Altmetall diente.[66] Eine ähnliche Situation mag auch für den Prägestempel gelten, welcher in Karlstein aufgefunden worden ist.[67]

Nach den ersten Emissionen in der Mitte des 2. Jh. v. Chr. kam auch für die Kleinsilbermünzen ab etwa 125 v. Chr. wohl eine längere Prägepause in „Noricum", bevor um das Jahr 80 v. Chr. erneut „Obole" bzw. „Vierteldrachmen" geprägt wurden, um den sich verstärkenden Handel zu vereinfachen. Die Vorderseite des Kleinsilbers – mit einem Apollokopf (Abb. 11) – entwickelt sich im Lauf der Zeit zu einem einfachen Buckel (Abb. 12). Dieses Phänomen taucht auch bei den benachbarten Boiern in Böhmen auf, aber auch in Gallien und Britannien. Die häufig beobachtete Tendenz, dass Münzen gleicher Nominale im Laufe der Zeit im Gewicht reduziert werden, gilt bei den Obolen der Kelten wohl zwar nicht generell, jedoch in vielen Fällen (Abb. 13).

In Ermangelung der Kenntnis der Münzherren und Prägeorte werden die norischen Kleinsilbermünzen üblicherweise nach ihren Fundorten, kombiniert mit ihren Ableitungen, benannt: beispielsweise Typ „Eis" für die Kombination Kopf mit Kreuz (Abb. 14) und den Gurina-Typ (auch Magdalensberger Typ) für Buckel und Kreuz sowie Karlsteiner Typ für die Kombination von Buckel und Pferd.[68]

Es herrscht Einigkeit darüber, dass besonders der Gurina-Typ vermutlich auch noch in römischer Zeit im Umlauf geblieben ist und als Wechselgeld des seit der römischen Machtübernahme dominierenden Denars diente (Abb. 15).[69] Das Gewichtsverhältnis ist beispielsweise während der Regierungszeit von Kaiser Tiberius zwischen den damals geprägten Denaren (3,6-3,8 g) und dem keltischen Obol (0,6-0,7 g) etwa 1:5 gewesen. Eine andere Literaturquelle bestimmt den Wert einer keltischen Kleinsilbermünze anhand einer Überlieferung von Arrian. Er setzte ein keltisches Kleinsilberstück mit

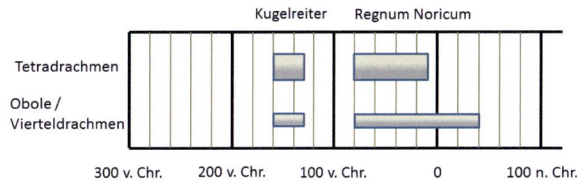

Abb. 15: Zeitstrahl der norischen Münzprägungen (Grafik: F. Schröder)

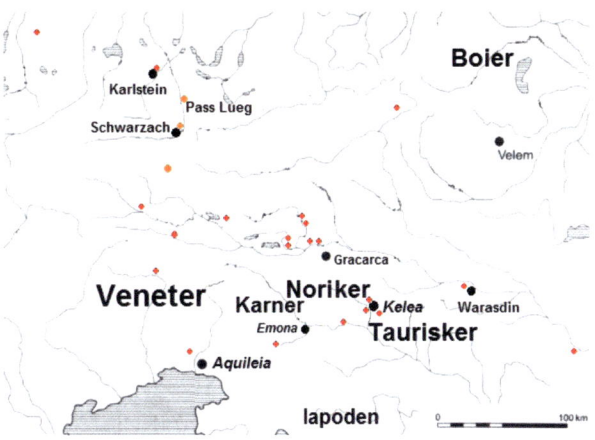

Abb. 16: Verbreitungskarte der Fundorte von Kleinsilber von Typ Eis/ Gurina (Kos 1980, Karte 2, mit Ergänzungen in Farbe)

einem halben römischen As gleich.[70] Für die Jahrzehnte vor der römischen Eroberung stellt Kos bereits im Jahr 1980 fest, dass es wohl zwei getrennte Herrschaftsbereiche nördlich und südlich der Karawanken gegeben haben muss, denn es wurden viele wechselseitige Überprägungen von Tetradrachmen gefunden, die darauf hindeuten.[71]

Das Kleinsilber der Typen Magdalensberg/Karlstein/Eis ist hingegen, wie G. Gorini[72] und B. Callagher[73] zeigen, in erheblichem Umfang auch im karnischen Gebiet sowie im östlichen Norditalien verbreitet (Abb. 16). Ein Teil dieser Überlagerung der beiden Kleinmünzen-Hauptstypen und die weite Verbreitung des Gurina-Typs werden wahrscheinlich erst den Folgen der römischen Eroberung und nicht dem ursprünglichen innernorischen Geldverkehr zu verdanken sein. Durch die lange Prägedauer ist für diesen Münztyp mit vielen Nachschneidungen von Stempeln zu rechnen, was wiederum den Formenreichtum erhöht und somit diese Münzen für chronologische Einordnungen bisher kaum verwendbar macht.

Eine exakte chronologische Einordnung der Münzprägungen aus der Zeit des norischen Königreiches ab 80 v. Chr. steht immer noch aus, aus der Rekonstruktion der Prägungen geht jedoch eindeutig hervor, dass es auch zu jener Zeit keinen einzelnen norischen Münzherren gab.

[65] Göbl 1992, 4.
[66] Strobel 2012a, 215, Anm. 3. – Jablonka 2001.
[67] Overbeck 1997.
[68] Pink 1958, 138-140. – Göbl 1973, 44.
[69] Dembski 1998, 37. – Freundlicher Hinweis von G. Dembski im Jahr 2014 (Wien).

[70] Dembski 1998, 16.
[71] Kos 1980, 392.
[72] Gorini 2001.
[73] Callagher 2001.

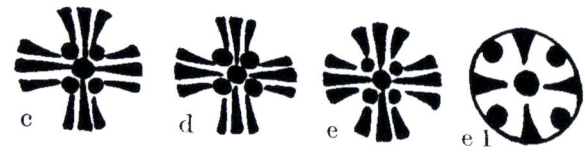

Abb. 18: Varianten des Typs Kreuzrevers (Göbl 1973, Taf. 47)

Abb. 17: Fundmünze vom Pass Lueg, Durchmesser: 8-9 mm, Gewicht: 0,67 g (Foto: S. Krutter)

Bestimmung der Fundmünze vom Pass Lueg

Bei der im Jahr 1991 auf dem Pass Lueg gefundenen Kleinsilbermünze handelt es sich um den Typ Gurina (Abb. 17). Auf der Vorderseite ist ein Buckel zu sehen, die Rückseite zeigt ein gut erhaltenes Kreuzmotiv. Nach R. Göbl[74] kann dieses Kreuz dem Typ „IAe" zugeordnet werden (Abb. 18). G. Dembski[75] ordnet diesem Typ eine Prägezeit von 80-50 v. Chr. zu (möglicherweise auch noch etwas später), der Zeitpunkt des Verlustes mag jedoch auch nach der Zeitenwende liegen. Der zuzuordnende Prägeort könnte Karlstein bei Bad Reichenhall, der Magdalensberg oder auch Schwarzach im Pongau sein, denn auch an diesem Ort wurde im Jahr 2012 ein möglicherweise passender Reversstempel gefunden.[76]

Bereits im Jahr 1972 nahm M. Hell bei Schwarzach im bergseitigen Einschnitt der Taxenbacher Enge einen bis in die erste Hälfte des 1. Jh. n. Chr. existierenden militärischen Stützpunkt an. Die Bestimmung des dem Stempel entsprechenden Münztyps ist derzeit durch G. Dembski in Arbeit. Leider konnte dieser Stempel keinem zeitlich scharf einzuordnenden Fundzusammenhang zugeordnet werden, denn er befand sich in der oberflächlichen Humusschicht.

Die Frage, ob keltisches Silbergeld nach dem Zeitpunkt der römischen Eroberung von Noricum bis zur Reform der Provinzverwaltung durch Kaiser Claudius nicht nur genutzt, sondern auch weiterhin geprägt wurde, bleibt bis auf Weiteres offen. Allerdings besteht kein Grund, weshalb nach 15 v. Chr. die mobilen Münzprägungen[77] des Kleinsilbergeldes eingestellt worden sein sollten, denn der Münzbedarf war hoch und die römische Herrschaft duldete die Nutzung des keltischen Geldes im östlichen Alpenraum.[78] Diese Auffassung wird in jüngster Zeit auch von Strobel vertreten.[79]

[74] Göbl 1973, Taf. 47.
[75] Freundlicher Hinweis von G. Dembski (Wien).
[76] Kastler/Moser-Schmidl 2013.

[77] Strobel 2012c, 18
[78] Kastler/Moser-Schmidl 2013, 158.
[79] Strobel 2012c, 13.

Literaturverzeichnis

Breitwieser 1999

R. Breitwieser, Paßwege der keltischen und römischen Zeit in den Ostalpen. Mitteilungen der Anthropologischen Gesellschaft Wien 129, 1999, 125-131.

Callagher 2001

B. Callagher, Dracme venetiche d'imitazione massaliota e oboli del Norico nel territorio centro-orientale del Veneto e nel Friuli-Venezia Giulia. Alcune considerazioni. In: G. Cuscito (Hrsg.), I Celti nell'Alto Adriatico. Antichità Altoadriatiche 48 (Triest 2001), 277-308.

Dembski 1998

G. Dembski, Beginn und Ende der Münzprägung in Noricum. In: U. Peter (Hrsg.), Stephanos nomismaticos. Festschrift für Edith Schönert-Geiss (Berlin 1998), 199-205.

Dembski 1998

G. Dembski, Münzen der Kelten. Sammlungskataloge des Kunsthistorischen Museums 1 (Wien 1998).

Dembski 2001

G. Dembski, Die Fundmünzen vom Mallnitzer Tauern. Norische und Tauriskische Obole. Numismatische Zeitschrift 108/109, 2001, 33-52.

Falkenstein 2011

F. Falkenstein, Bronzen im Spannungsfeld zwischen praktischer Nutzung und symbolischer Bedeutung. Beiträge zum internationalen Kolloquium am 9. und 10. Oktober 2008 in Münster. Prähistorische Bronzefunde XX/13 (Stuttgart 2011), 71-105.

Gietl 2004

R. Gietl, Die Römer auf den Pässen der Ostalpen (unveröff. Dissertation, Universität Wien, 2004).

Gleirscher 2012

P. Gleirscher, Erfundene Kelten am Magdalensberg? In: R. Karl/J. Leskovar/ S. Moser (Hrsg.), Die erfundenen Kelten – Mythologie eines Begriffes und seine Verwendung in Archäologie, Tourismus und Esoterik. Tagungsbeiträge der 4. Linzer Gespräche zur Interpretativen Eisenzeitarchäologie. Studien zur Kulturgeschichte von Oberösterreich 31 (Linz 2012), 195-204.

Göbl 1972

R. Göbl, Neue technische Forschungsmethoden in der keltischen Numismatik. Anzeiger der Philosophisch-Historischen Klasse der Österreichischen Akademie der Wissenschaften 109 (Wien 1972), 49-63.

Göbl 1973

R. Göbl, Typologie und Chronologie der keltischen Münzprägung in Noricum. Veröffentlichungen der Numismatischen Kommission der Österreichischen Akademie der Wissenschaften 2 (Wien 1973).

Göbl 1992

R. Göbl, Münzprägung und Geldverkehr der Kelten in Österreich. Veröffentlichungen der Numismatischen Kommission der Österreichischen Akademie der Wissenschaften 28 (Wien 1992).

Gorini 2001

G. Gorini, La circolazione monetaria in Carnia fra la tarda protostoria e la romanizzazione. In G. Bandelli/F. Fontana (Hrsg.), Iulium Carnicum. Centro alpino tra Italia e Norico dalla protostoria all'età imperiale. Atti del convegno, Arta Terme-Cividale, 29-30 settembre 1995. Studi e ricerche sulla Gallia Cisalpina 13 (Rom 2001), 127-138.

Gorini 2005

G. Gorini, Il ripostiglio di Enemonzo e la monetazione del Norico. Numismatica patavina 6 (Padova 2005).

Hell 1939

M. Hell, Ein Paßfund der Urnenfelderkultur aus Salzburg. Wiener Prähistorische Zeitschrift 26, 1939, 148-156.

Hell 1954

M. Hell, Salzburg in vollneolithischer Zeit. Die Münchshöfer Kultur. Archaeologia Austriaca 14, 1954, 24-25.

Hell 1972

M. Hell, Spuren von Altstraßen am Pass Lueg in Salzburg. Archaeologia Austriaca 51, 1972, 97-103.

Jablonka 2001

P. Jablonka, Die Gurina bei Dellach im Gailtal (Klagenfurt 2001).

Kos 1980

P. Kos, Die Rolle der norischen Silbermünzen in der Geldwirtschaft des 1. Jahrhunderts v. Chr. Situla 20/21, 1980, 389-396.

Kos 2007

P. Kos, The beginnings of the coinage of celtic tribes in the southeastern alps. Slovenská numizmatika XVIII, 2007, 59-68.

Kos 2010

P. Kos, Celtic Tetradrachms of the Kugelreiter type. Revue Belge de Numismatique et de Sigillographie 156, 2010, 73-102.

Kos 2012

P. Kos, The Ves·group – the earliest Tauriscan tetradrachms. Journal of the Zagreb Archaeological Museum 45/1, 2012, 351-358.

Kos 2013

P. Kos, Silver fractions of the „Kugelreiter" tetradrachms. Arheološki vestnik 64, 2013, 353-366.

Kos 2009

P. Kos, A Hoard of Roman Republican and Norican coins from the vicinity of Kobarid. Arheoloski vestnik 60, 2009, 271-282.

Krutter 2014

S. Krutter, Grüße aus Sizilien! Ein bronzezeitliches sizilianisches Rasiermesser im alpinen Raum. Archäologie Österreichs 25/2, 2014, 23-24.

Kyrle 1918

G. Kyrle, Urgeschichte des Kronlandes Salzburg. Österr. Kunsttopographie 17 (Wien 1918).

Lejeune 1974

M. Lejeune, Manuel de la langue vénète (Heidelberg 1974).

Lippert 1999

A. Lippert, Neue Forschungen zu den antiken Passstraßen über den Mallntzer Tauern und den Korntauern. Wissenschaftliche Mitteilungen aus dem Nationalpark Hohe Tauern 5, 1999, 205-227.

Lippert 2011

A. Lippert, Die zweischaligen ostalpinen Kammhelme und verwandte Helmformen der späten Bronze- und frühen Eisenzeit. Archäologie in Salzburg 6 (Salzburg 2011).

Mehofer 2011

M. Mehofer, Die Kammhelme vom Typ Pass Lueg. Archäologische und archäometallurgische Untersuchungen zur spätbronzezeitlichen Handwerkstechnik. In: A. Lippert, Die zweischaligen ostalpinen Kammhelme und verwandte Helmformen der späten Bronze- und frühen Eisenzeit. Archäologie in Salzburg 6 (Salzburg 2011), 119-127.

Miskec 2012

A. Miskec, Hoards of the Roman period in Slovenia from the 2nd century BC to the 2nd century AD. Journal of the Zagreb Archaeological Museum 45/1, 2012, 379-393.

Moosleitner 2002

F. Moosleitner, Ein keltisch-römisches Passheiligtum am Glocknerweg. In: L. Zemmer-Plank (Hrsg.), Kult der Vorzeit in den Alpen. Opfergaben, Opferplätze, Opferbrauchtum. Schriftenreihe der Arbeitsgemeinschaft Alpenländer 10 (Bozen 2002), 675-687.

Moser 2011

S. Moser, Die keltische Münzprägung. In: P. Höllhuber, Vom römischen Denar zum Euro. 2000 Jahre Geld in Salzburg und im benachbarten Bayern, 66-69.

Kastler/Moser-Schmidl 2013

R. Kastler/W. Moser-Schmidl, Ein Stempel prägt die Wirtschaft. In: M. Hochleitner (Hrsg.), Archäologie in Salzburg. Begleitband zu den Ausstellungen „Archäologie?! - Spurensuche in der Gegenwart", Salzburg Museum, 19. Oktober 2013 bis 8. Juni 2014 und „Wirklich wichtig - archäologische Highlights erzählen ihre Geschichte", Keltenmuseum Hallein, 19. Oktober 2013 bis 27. Juli 2014. Archäologie in Salzburg 6 (Salzburg 2013), 158-159.

Overbeck 1997

Overbeck, B., Prägestempel und Fundmünzen aus der keltischen Siedlung Karlstein, Stadt Bad Reichenhall (Bayern). XII. Internationaler Numismismaticher Kongress Berlin, Vortragszusammenfassungen, 106.

Pauli 1986

L. Pauli, Einheimische Götter und Opferbräuche im Alpenraum. In: W. Haase (Hrsg.), Aufstieg und Niedergang der römischen Welt II/18/1, 1986, 816-871.

Pernicka 2014

E. Pernicka, Possibilities and limitations of provenance studies of ancient silver und gold. In : H. Meller/R. Risch/E. Pernicka (Hrsg.), Metalle der Macht – Frühes Gold und Silber. 6. Mitteldeutscher Archäologentag vom 17. bis 19. Oktober 2013 in Halle (Saale). Tagungen des Landesmuseums für Vorgeschichte Halle 11 (Halle/Saale 2014) ,153-164.

Pernicka/Radtke 2003

E. Pernicka/M. Radtke, European Network of Competence. STFC Heritage Science (URL: http://srs.dl.ac.uk/arch/what-the-papers-say/Nebra-disk/BESSY_HL01_pernicka.pdf)

Pink 1958

K. Pink, Die keltischen Münzen vom Magdalensberg, In: Die Ausgrabungen auf dem Magdalensberg 1954-1955. Carinthia 1/148, 1958, 130-144.

Ruske 2011

A. Ruske, Ein Hort ptolemaiischer Bronzen aus dem oberösterreichischen Salzkammergut. Jahrbuch des Oberösterreichischen Musealvereines 156, 2011, 7-16.

Šašel Kos 2005

M. Šašel Kos, Appian and Illyricum. Situla 43, 2005, 321-329.

Stein 1979

F. Stein, Katalog der vorgeschichtlichen Hortfunde in Süddeutschland. Saarbrücker Beiträge zur Altertumskunde 24 (Heidelberg 1979).

Stöllner 1998

T. Stöllner, Eine griechische Münze vom Dürrnberg bei Hallein, Land Salzburg. Germania 76, 1998, 304-310.

Stöllner 2002a

T. Stöllner, Die Hallstattzeit und der Beginn der Latènezeit im Inn-Salzach-Raum. Archäologie in Salzburg 3 (Salzburg 2002).

Stöllner 2002b

T. Stöllner, Verloren, versteckt, geopfert? Einzeldeponate der Eisenzeit in alpinen Extremlagen und ihre bronzezeitlichen Wurzeln. In: L. Zemmer-Plank (Hrsg.), Kult der Vorzeit in den Alpen. Opfergaben, Opferplätze, Opferbrauchtum. Schriftenreihe der Arbeitsgemeinschaft Alpenländer 10 (Bozen 2002), 567-588.

Strobel 2012a

K. Strobel, Das norische Königreich der Kelten zwischen Fiktion und Fakten. In: R. Karl/J. Leskovar/S. Moser (Hrsg.), Die erfundenen Kelten – Mythologie eines Begriffes und seine Verwendung in Archäologie, Tourismus und Esoterik. Tagungsbeiträge der 4. Linzer Gespräche zur Interpretativen Eisenzeitarchäologie. Studien zur Kulturgeschichte von Oberösterreich 31 (Linz 2012), 205-218.

Strobel 2012b

K. Strobel, Carinthia during the La Tène B2 to D1 – No Regnum Noricum at all. In: Latènisierung im Raum von den Südostalpen bis zum kroatisch-serbischen Donaugebiet, Abstract zur Konferenz im Museum Kobarid, 23.11.-25.11.2012 (Kobarid 2012).

Strobel 2012c

K. Strobel, Das Regnum Noricum, die sogenannte norische Münzprägung und Rom. Frühe Kontakte als Vorspiel von Annexion und Romanisierung – Fiktion oder Realität? Mit einem Appendix zur Noreia-Frage. Archaeologia Austriaca 96, 2012, 11-34.

Tadic 2014

Tadic, Die Münzfunde vom Georgenberg bei Kuchl. Ein numismatischer Streifzug von den Kelten bis zur Neuzeit. In: C. Mitterbauer (Red.), Der Georgenberg (Kuchl 2014), 77-94.

Wendling 2013

H. Wendling, Der lange Weg des Rings. In: M. Hochleitner (Hrsg.), Archäologie in Salzburg. Begleitband zu den Ausstellungen „Archäologie?! - Spurensuche in der Gegenwart", Salzburg Museum, 19. Oktober 2013 bis 8. Juni 2014 und „Wirklich wichtig - archäologische Highlights erzählen ihre Geschichte", Keltenmuseum Hallein, 19. Oktober 2013 bis 27. Juli 2014. Archäologie in Salzburg 6 (Salzburg 2013), 210-211.

Autorenverzeichnis

Frank Schröder

Museum Burg Golling

Fördervereinigung

Markt 1

A-5440 Golling an der Salzach

foerderverein@museumburggolling.com

Neues zur römischen *villa rustica* in der Kellau bei Kuchl

Raimund Kastler · Markus Gschwind

In den Jahren um 1975 wurden vom Jubilar Bodeneingriffe im Bereich des Irlergutes, Kellau, Gemeinde Kuchl, beobachtet. Dabei kamen neben spätmittelalterlicher und frühneuzeitlicher Gebrauchskeramik auch prähistorische und römerzeitliche Funde zu Tage, welche heute im Museum Burg Golling verwahrt werden.

Forschungsgeschichte

Das Irlergut war bereits seit 1911 als antike Fundstelle bekannt. Damals war im Zuge von Kanalarbeiten im Bereich des Stallgebäudes ein römerzeitlicher Weihealtar gefunden worden. Dieser Fund führte zu einer zweimonatigen Grabung des Salzburger Museum Carolino Augusteum unter der Leitung von O. Klose[1] (Abb. 1). Im Zuge dieser Grabungen gelang es O. Klose, südlich des Stallgebäudes mehrere Räume eines antiken Gebäudes, darunter einer mit Mosaikausstattung, freizulegen. Der Ausgräber interpretierte die Anlage als Badetrakt eines römischen Landgutes, als dessen Besitzer er den auf dem Weihestein genannten L. Pomp. Aquilinus Potens ansah.[2] Bemerkenswerter Weise lieferten die Ausgrabungen von Klose anscheinend nur geringes Fundmaterial. Im 1925 publizierten Grabungsbericht werden neben dem Altar und dem geborgenen Mosaik, zwei Eisenmesser, Reste von Fensterglas, ein Glasflaschenboden (KatNr. 16, Abb. 5) und Wandmalereibruchstücke genannt. An Fundkeramik sind lediglich fünf Stücke, darunter eine latènezeitliche Graphittonscherbe, erwähnt.[3] Die von O. Klose abgebildeten Randfragmente[4] umfassen, neben einem eindeutig spätmittelalter- bis frühneuzeitlichen Randprofil eines Irdenwaretopfes mit graphithaltiger Engobe[5], Bruchstücke einer Schale (KatNr. 15, Abb. 5) und eines Topfes reduzierend gebrannter römerzeitlicher Gebrauchskeramik.

Diese Formen lassen sich in Westnoricum nur allgemein zwischen dem 1. und 3. Jh. n Chr. datieren.[6] Der Weihestein wurde von O. Klose[7] in die ersten Jahrzehnte des 3. Jh. eingeordnet.

Funde

Angesichts dieser bescheidenen Datierungsgrundlagen stellen die weiteren Fundstücke eine wichtige Bereicherung für den Aktivitätszeitraum an der Fundstelle dar. Graphitgemagerte Feinkammstrichware, wie das Bruchstück KatNr. 18 (Abb. 5) bzw. die von O. Klose erwähnte Wandscherbe, weisen allgemein auf eine vorrömische, eisenzeitliche Siedlungsaktivität an Ort und Stelle hin. Eisenzeitliche Siedlungsvorläufer im Bereich späterer römischer Landgüter zählen auch im Umfeld von *Iuvavum*/Salzburg zu einem durchaus üblichen Phänomen, ohne dass sich außer einer Ortskontinuität auch ein bruchloses Durchlaufen der Siedlungsaktivitäten belegen ließe.[8] Für den Aktivitätenzeitraum der römischen Periode sind besonders die Sigillaten zu betrachten (Abb. 3, 4/6). An glatter Sigillata ist neben einem möglicherweise noch aus La Graufesenque stammendem Schälchenrand (KatNr. 6) vor allem ein gestempeltes Bodenbruchstück des in hadrianisch-antoninischer Zeit tätigen Töpfers Pateratus aus Lezoux (KatNr. 5) zu nennen.
Unter den reliefverzierten Sigillaten (KatNr. 1-3) sind hingegen Erzeugnisse der obergermanischen bzw. rätischen Manufakturen in Rheinzabern und Westerndorf vorhanden. Diese decken einen Zeitraum zwischen der 2. Hälfte des 2. und der Mitte des 3. Jh. n. Chr. ab. Die Zuweisung des Fragmentes KatNr. 3 an das Fabrikat der Werkstätten von Heiligenberg ist mit einem Fragezeichen zu versehen, da Erzeugnisse dieser Produktionsstätte in Salzburg nur in geringen Mengen gefunden wurden.[9] Rheinzaberner Sigillaten hingegen wurden in

---

[1] Klose 1925, 95-112.
[2] Klose 1925, 107.
[3] Klose 1925, 106. – InvNr. 3429 Salzburg Museum, Kriegsverlust?
[4] Klose 1925, 93, Abb. 6/24-26.
[5] Klose 1925, 106, Abb. 6/24. – Kaltenberger 1999, 549, Taf. 16/122.

[6] Kaltenberger 1996, 110-111. – Seebacher 1999, 264-265. – Sedlmayer 2013, 153-158.
[7] Klose 1925, 107, 111.
[8] Moosleitner 2004, 177-178.
[9] Kaltenberger 1996, 86.

Abb. 1: Grabung von O. Klose im Jahr 1911 mit Blick in Raum VII mit dem Mosaik (Foto: O. Klose)

Das Spektrum des römerzeitlichen Lesefundmaterials umfasst demnach einen Zeitraum zwischen dem 2. Jh. n. Chr. und der Mitte des 3. Jh. In diesen Zeitraum ist nach der bislang nicht widerlegten Datierung von O. Klose auch der Weihestein zu datieren.[13]

Das im Raum VII der Villenanlage von O. Klose geborgene Mosaik mit Peltendarstellung wurde von W. Jobst[14] aufgrund der Baubefunde nicht über die Mitte des 3. Jh. hinaus datiert und würde sich demnach gut in diesen Zeitrahmen einfügen. Die Datierungsansätze von W. Jobst im Allgemeinen wurden jedoch mehrfach in Zweifel gezogen, so dass auch für diesen Fußboden die Datierung einer Überprüfung harrt. Eine Nutzung der Anlage bis in das spätere 4. Jh. n. Chr. und darüber hinaus, wie sie für viele der Salzburger Villen vermutet wird, kann derzeit für die Anlage in der Kellau aus dem Fundmaterial nicht erschlossen werden.[15]

Befunde

Das damit umrissene Zeitfenster gibt jedoch nur einen allgemeinen Aktivitätenhorizont für die römerzeitlichen Bauten wieder. Der Baubefund selbst lässt, wie O. Klose bereits mehrfach beobachtete, deutliche Spuren mehrerer Umbauten erkennen und umspannt daher auch einen größeren Zeitraum.[16] Die durch die Ausgrabungen von O. Klose im Jahr 1911 dokumentierten Bauteile wurden südlich und westlich des Stallgebäudes des Irlerbauern entdeckt. In den von O. Klose vorgelegten Plänen zeigt sich dabei deutlich, dass sich das Gebäude nach Norden zumindest um eine Raumreihe weiter fortsetzte. Der Abschluss nach Westen wurde 1911 ebenfalls nicht erreicht.

Nicht näher datiertes Fotomaterial aus den Beständen von M. Hell zeigt anlässlich einer Begehung des Fundplatzes mit F. Moosleitner in den frühen 1970er Jahren einen noch weitestgehend der Verbauung zur Zeit Kloses entsprechenden Baubestand (Abb. 6). M. Hell fotografierte auch die Bruchsteinmauern der Altgebäude, vermutlich weil er darin auch wiederverwendetes antikes Baumaterial suchte. Wenige Jahre später wurden Wohn- und Nutzbauten des Irlerhofes massiv umgebaut und der alte Stall vollständig abgerissen. Ein Foto von E. Urbanek aus diesen Jahren zeigt die Fundstelle im Zuge der Errichtung des neuen Nutzgebäudes und noch vor Abriss des alten Stalles (Abb. 2). Aufgrund der heute beinahe vollständigen Verbauung der ebenen Terrassenfläche sind weitere Informationen zum Baubestand des römischen Gutshofes kaum mehr zu erwarten.

Mit Ausnahme der Aufsammlungen durch E. Urbanek in den Jahren um 1975 erfolgten keine Fundmeldungen oder eine archäologisch-denkmalpflegerische Begleitung der

großem Umfang nach *Iuvavum* importiert und fanden, wie das Fundspektrum aus der Kellau zeigt, daher auch Verbreitung in dessen ländlichem Umfeld. Der Zustrom an Töpferwaren dieses Erzeugungsortes brach in der Phase der Herstellergruppe IIb beinahe vollständig ein und erreichte danach nicht mehr die zuvor erzielten Importzahlen.[10] Im Fundspektrum Iuvavums und anderer norischer Fundorte scheinen Produkte der Töpfergruppe II kaum auf, statt dessen treten Erzeugnisse aus den für die Versorgung Rätiens und Norikums günstiger gelegenen Töpfereien von Westerndorf nach 175 n. Chr. an deren Stelle.[11] Dieses Fabrikat ist ebenfalls unter den aufgelesenen Funden aus der Kellau vertreten (KatNr. 1). Eine Besonderheit unter der Importkeramik und den jüngsten datierbaren Fund stellt ein Fragment nordafrikanischer Terra Sigillata dar (KatNr. 6, Abb. 4/6, siehe weiter unten). Die vorhandenen Scherben reduzierend gebrannter Gebrauchskeramik[12] (KatNr. 7-14, Abb. 4-5) erweisen sich nach derzeitigem Stand der Forschungen als zu chronologisch indifferent, als dass eine präzisere Zuweisung im Zeitfenster spätes 1. bis Mitte 3. Jh. n. Chr. zu erzielen wäre.

[10] Kaltenberger 1996, 89-92. – Krammer 2007, 30.
[11] Kaltenberger 1996, 92-100. – Krammer 2007, 30-31. – Eitzinger 2012, 29.
[12] Zum sonst verwendeten Terminus „Norischer Ware" siehe: Eitzinger 2012, 49-52.

[13] Klose 1925, 107. – Weber 1964, 21-22. – ILLPRON 1066.
[14] Jobst 1982, 14-142. – Zweifel an den Datierungen der Mosaiken: Hellenkemper-Salies 1983. – Scheibelreiter 2011, 28.
[15] Heger 1989, 167-173.
[16] Klose 1925, 99-100, 104.

Abb. 2: Die Fundstelle Kellau im Zuge von Neubaumaßnahmen im Jahr 1987 (Foto: E. Urbanek)

Baumaßnahmen. Die Fundstelle ist daher, wie die Überlagerung mit dem neuzeitlichen Baubestand zeigt (Abb. 7), heute als weitestgehend zerstört anzusehen. Dementsprechend stellen die Grundrisspläne von O. Klose die einzige Quelle zum Baubestand dieser Villa dar.

Der aus 14 Räumen bestehende Teilbereich eines römischen Gebäudes wurde von O. Klose, vor allem wegen des Wasserbeckens in Raum Vb, als Badeanlage angesprochen.[17] W. Jobst hingegen hielt diese Identifizierung aufgrund der lediglich in Teilen erfolgten Freilegung nur für vorläufig.[18]

Basierend auf den Vergleichsstudien[19] zu römischen Badeanlagen im ländlichen Raum Nordwestnoricums lässt sich allerdings Kloses grundsätzliche Ansprache bestätigen. Abweichungen ergeben sich nur hinsichtlich der von Klose vorgenommenen Identifikation der Einzelräume des Badetraktes (Abb. 8).

Evident ist die Identifikation von Raum Va und Vb als Frigidarium mit vorspringendem quadratischem Wasserbecken.[20] Die Ausgestaltung des Beckenbereiches mit Kantwulsten aus hydraulischem Mörtel, Steinplattenboden und marmorner Beckeneinfassung ist selbsterklärend. Größe und Ausstattung des Vorbaus mit dem Becken entspricht den Vergleichsräumen der Bäder von Bergheim-Kemeting, Hof-Elsenwang oder Immurium-Moosham.[21] O. Klose ordnet nun diesem Frigidarium die Raumeinheit II und VII als Heißbadebereich (Caldarium) zu. Diese Interpretation ist revisionsbedürftig.

Das westlich von Raum II gelegene Präfurnium beheizt nicht nur diesen, sondern, durch einen Durchbruch im Bereich der Hypokausten, auch den südlich gelegenen

Raum III (Kloses Tepidarium). Ansonsten besteht zwischen diesem und den östlich anschließenden Räumen jedoch keine Verbindung. Die Räume liegen auch um 26 cm tiefer.[22] Raum II besitzt zwar einen ähnlichen Plattenboden wie Raum Va, es fehlt jedoch der für letzteren erwähnte hydraulische Verputz.[23] Weiters ist der Raum nur mit Tubuli an der Ostseite ausgestattet, während Caldarien meist mehrere tubulierte Wände besitzen. Ergänzend sei das Fehlen einer Beckenanlage angemerkt. Der schmale Raum VII (1,21 x 3.95 m) mit dem Peltenmosaik scheidet im erhaltenen Bauzustand als zugehörig aus. Er liegt 0,8 m tiefer und weist mittig eine Schwelle nach Süden auf, weshalb Klose einen weiteren Raum VI im nicht untersuchten Bereich südlich ansetzte.[24] Vergleichbare schmale mosaikverzierte Räume fungieren meist als Vorräume oder Korridore. Im dokumentierten Baubestand lässt sich diese Verteilerfunktion nicht beobachten.

Die Räume III, Va und IX östlich der Gebäudeteile II, VII und VI (?) werden durch ein einheitliches Fußbodenniveau und durch Türdurchgänge zusammengeschlossen. Die Räume II, IV und IX weisen Tubulaturen auf, wobei IX an allen vier Seiten mit Tubuli versehen ist. Die Hypokaustkonstruktion wurde mit Ausnahme der über Raum II mitbeheizten Anlage im Frigidarium Va (III′) nur in Raum IX großräumiger untersucht. Hier befand sich in der Südwand das Heizloch m'. Genau oberhalb der Heizöffnung wird von Klose anhand der erhaltenen westlichen Mauerwange der Durchgang m ergänzt.[25] Die Existenz eines südlich über die Breite von Raum IX von O. Klose rekonstruierten Raum VIII stützt sich auf diesen Durchgang m, den Heizkanal m′, den Maueransatz h im Osten und verstürzte Heizziegel und Estrichreste bei H.[26] Dieser Bereich wurde allerdings nicht aus-

[17] Klose 1925, 100-103.
[18] Jobst 1982, 140.
[19] Kastler/Traxler 2010. – Traxler/Kastler 2012, 7-14.
[20] Klose 1925, 100-101.
[21] Klose 1925, 82-84. – Räume Va-b: Gruber 2010, 15-16. – Fleischer/Moucka-Weitzel 1998, 22-26. – Auch das vermutliche Badegebäude von Kerath weist einen plattengepflasterten Raum auf, der nach freundlicher Mitteilung des Bearbeiters J. Ries möglicherweise als Frigidarium angesprochen werden kann.

[22] Klose 1925, 98-99.
[23] Klose 1925, 100.
[24] Klose 1925, 103.
[25] Klose 1925, 105.
[26] Klose 1925, 103-105. – Die verstürzten Heizkacheln oder Tubuli

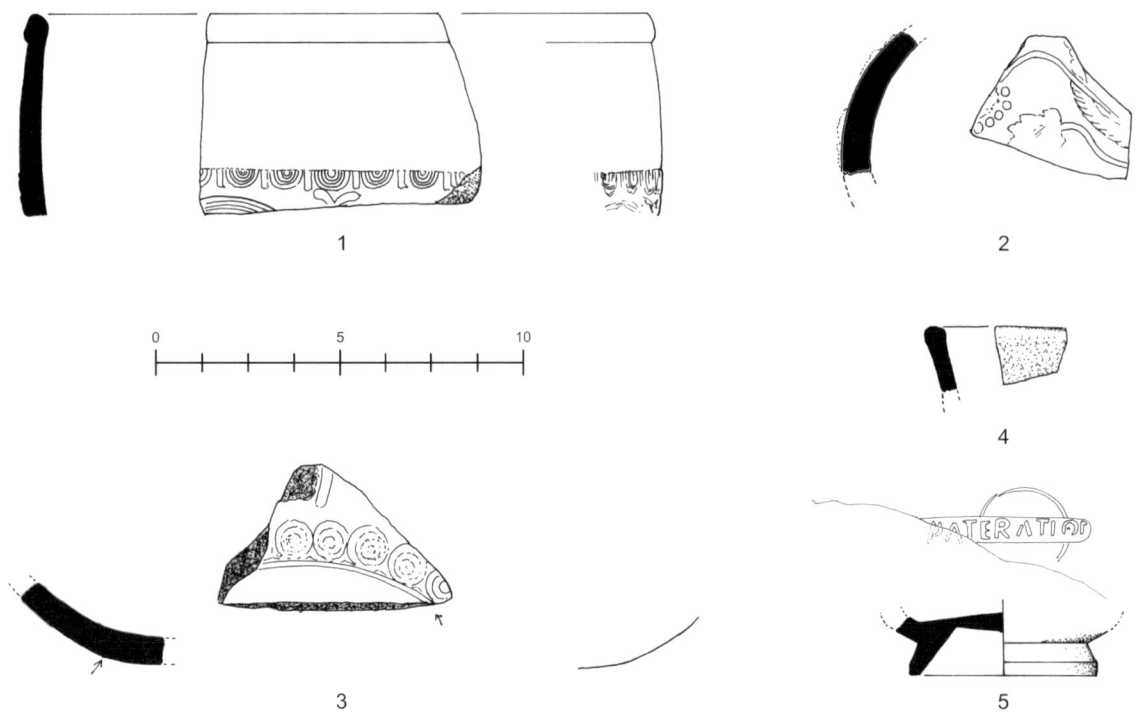

Abb. 3: Reliefverzierte und glatte Terra Sigillata, M 1:2 (Grafik: F. Krois)

gegraben. Anhand der Dokumentation wäre auch eine andere Lösung möglich. Die Raumöffnung bei m könnte die gleiche Breite wie jene (Durchgang c) von Raum Va zu b aufweisen. Trägt man das Maß auf, so schließt man an der westlichen Flucht von Mauer h an. Da die Südmauer von Raum IX nicht in ihrer vollen Breite ausgegraben wurde, ist der Ansatz einer parallelen Mauer zu Mauer h nicht auszuschließen. Ein weiterer rechteckiger Vorbau in entsprechenden Maßen zu Raum Vb ließe sich ergänzen. Dieser Vorbau wäre durch ein Präfurnium im Süden beheizt.

Zur Interpretation dieses Bereiches ist auch Raum XI mit einzuschließen, der lediglich eine Größe von 3,08 x 1m besaß. Auf der Nordseite ist ein Maueransatz k erhalten. Der südliche Bereich ist ausgerissen. Mauer D wird aufgrund ihrer stärkeren Dimension und östlich davon fehlender Baureste als Abschlussmauer des Gebäudes angesehen.[27] Nach Angabe von Klose war dieser Raum beheizt. Eine Verbindung zu Raum IX im Bereich der Hypokaustzone ist gegeben. Den Heizbodenunterbau in diesem Bereich stellen Steinplatten dar.[28]

Das geringe Format und der massive Mauerunterbau i im Nordosteck weisen enge Verbindungen zu Beckenanlagen in Caldarien, wie beim Badegebäude von Salzburg Morzg auf.[29] Auch der von Klose beobachtete

Bodenniveau-Unterschied von rund 0,49 m würde zu einem Heißwasserbecken passen. Die Existenz einer weiteren Beheizungsanlage für das Becken durch die Ostmauer kann nicht ausgeschlossen werden.

Mit der Ausrichtung des Frigidariums nach Nordwesten und einem rekonstruierten Caldariumsbereich im Südosten würde der Befund in der Kellau sich gut unter den Standardgrundrissen der kleineren Villenbäder in Nordwestnoricum einfügen. Die Raumabfolge und auch die rechteckigen Vorbauten am Frigidarium und, ergänzt, am Caldarium, finden dort ihre Entsprechungen. Die ebenfalls teilweise beheizte Raumflucht III und IV würde ebenfalls dem bei diesen Bädern festgestellten zweizeiligen Raumschema innerhalb eines blockförmigen Umrisses gut entsprechen. Wie bei den meisten blockförmigen Badeanlagen sind Bade- und Begleiträume mit zwei eigenständigen Heizkreisläufen ausgestattet. Sie wären als Apodyterium und Ruheraum zu erklären. Als augenscheinlich in einen Gebäudeverband eingefügter Badetrakt lässt sich der Befund von der Kellau gut mit dem ebenfalls durch O. Klose freigelegten Balneum der Villa in Kemeting vergleichen.[30] Der mit Mosaik geschmückte Raum VII und der auf deutlich höherem Niveau gelegene Raum II samt Präfurnium I wären als Bestandteile vom Badebereich getrennter Trakte zu interpretieren. *(R.K.)*

können allerdings auch von Raum IX stammen, die freigelegte Mauerecke bei h weist nicht auf einen Innenraum hin.
[27] Klose 1925, 105.
[28] Klose 1925, 105.
[29] Feldinger 2004.

[30] Klose 1925. – Weitere durch Estriche nachgewiesene Räume bei XII A und B. – Zu Kemeting siehe: Klose 1925, 73-95.

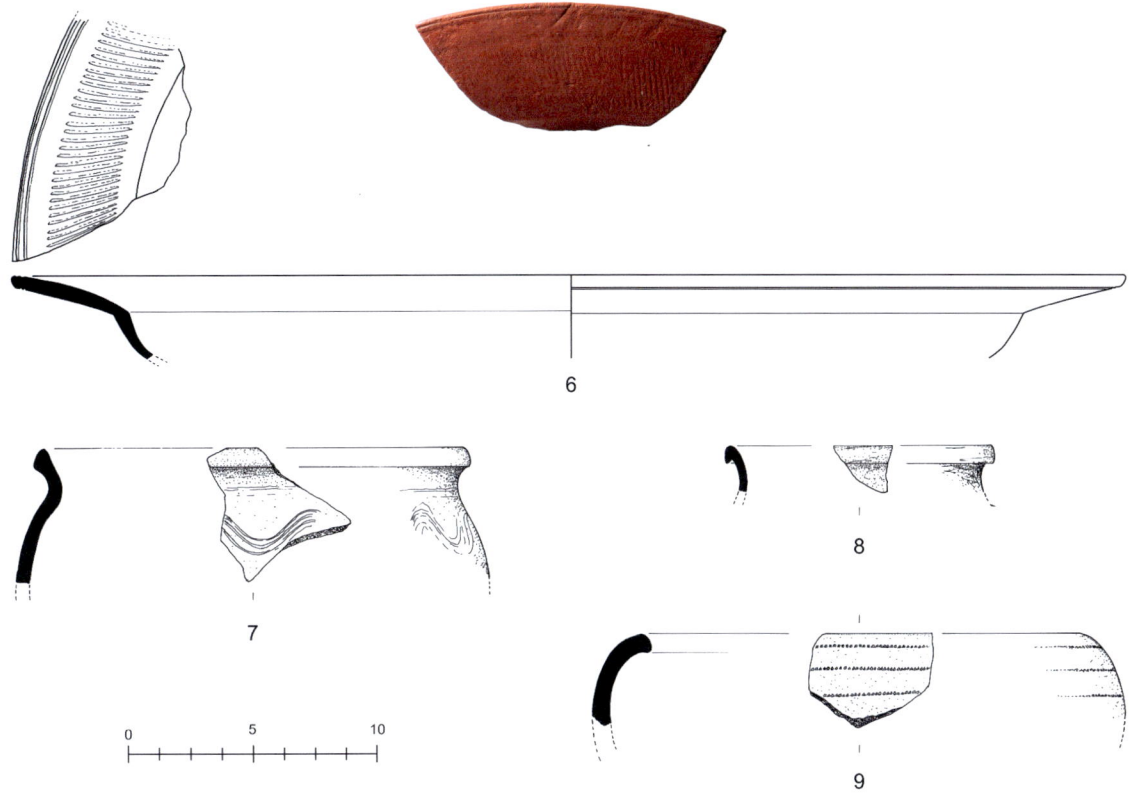

Abb. 4: Nordafrikanische Terra Sigillata und reduzierend gebrannte Gebrauchskeramik, M 1:3 (Grafik: F. Krois, Foto: M. Gschwind)

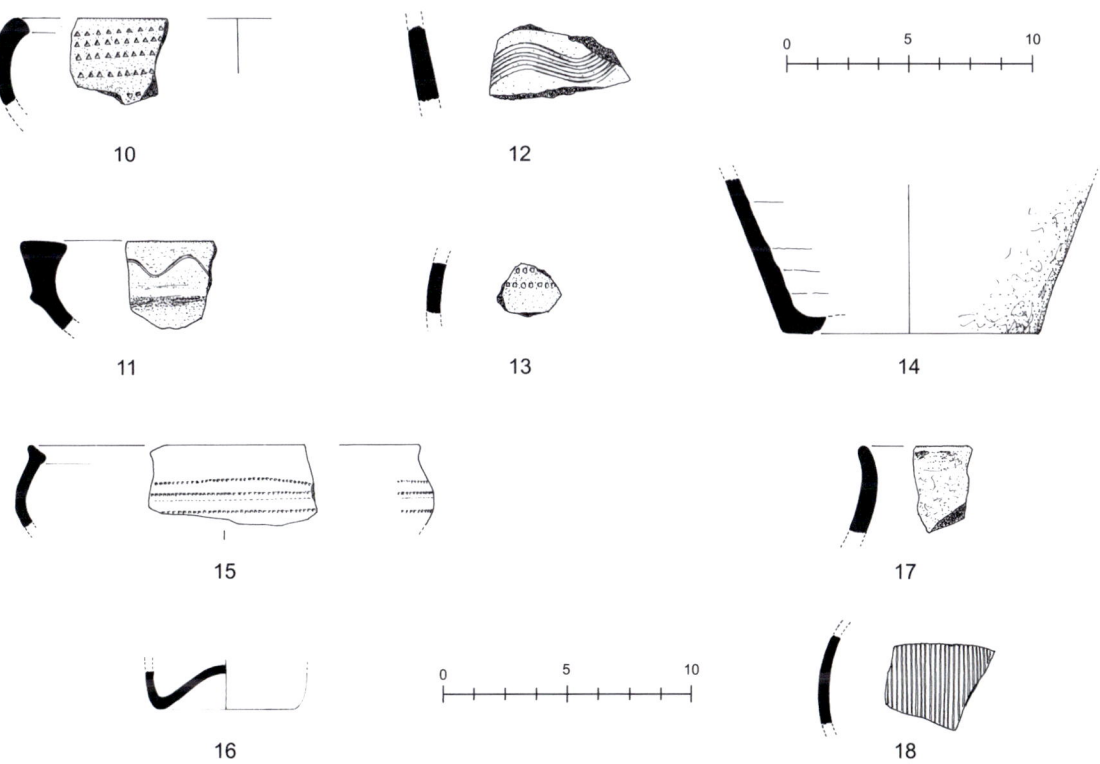

Abb. 5: 10-15: Reduzierend gebrannte Gebrauchskeramik, 16: Glas, 17-18: prähistorische Keramik, M 1:3 (Grafik: F. Krois)

Abb. 6: Lage der Grabung von O. Klose im Jahr 1911 beim alten Stadl (Foto: M. Hell)

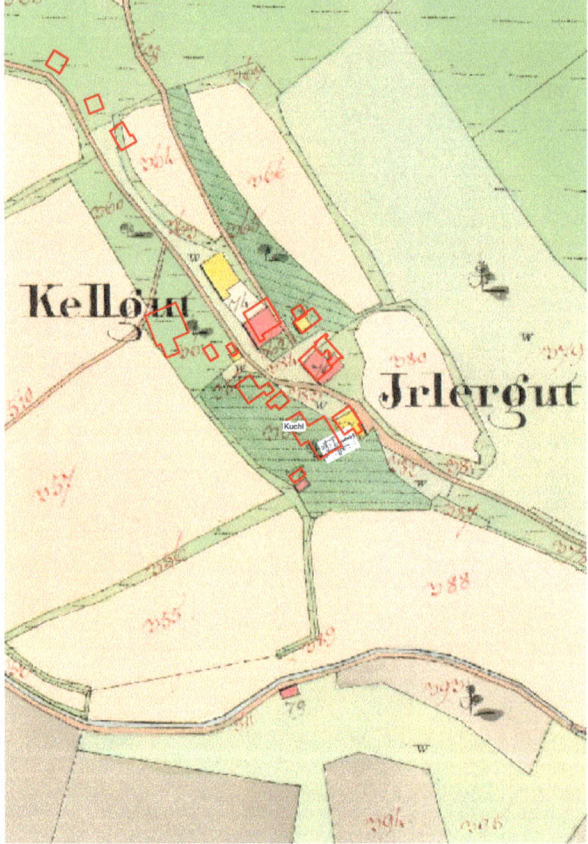

Abb. 7: Lage der römischen Gebäudereste aus der Grabung von O. Klose in Bezug zum franziszäischen Kataster und zur rezenten Verbauung (Grafik: R. Kastler)

Ein nordafrikanischer Terra-Sigillata-Teller der Form Hayes 45 A aus der römischen *villa rustica* in der Kellau

In Nordafrika wurde seit flavischer Zeit Terra Sigillata für einen überregionalen Markt produziert[31]. Im 3. Jahrhundert n. Chr. belieferten nordafrikanische Sigillatamanufakturen schließlich den gesamten Mittelmeer-

raum.[32] Ab dem mittleren Drittel des 3. Jahrhunderts n. Chr. wurden entsprechende Funde in kleinen Stückzahlen auch in die Provinzen Noricum[33], Raetien[34] und Pannonien[35] verhandelt.[36] Allerdings sind bei der Belieferung des Ostalpenraumes und seines nördlichen Vorlandes deutliche regionale Unterschiede zu beobachten.[37] Aus der südlich des Alpenhauptkammes gelegenen Siedlung auf dem Lavanter Kirchbichl liegt beispielsweise ein für norische Verhältnisse ungewöhnlich umfangreiches Spektrum nordafrikanischer Terra Sigillata des 3. bis 5. Jahrhunderts n. Chr. vor.[38] Aus dem Nordwesten der Provinz – und speziell dem Stadtgebiet von *Iuvavum*/Salzburg – kennen wir dagegen bislang nur wenige Einzelfunde. Dies betrifft nicht nur die Formen des 3. Jahrhunderts n. Chr., die auch im benachbarten Raetien selten sind, sondern erstaunlicherweise auch spätrömische Standardformen wie Hayes 59 A und B, Hayes 61 A und B, Hayes 67 und Hayes 91 A/B, die in der zweiten Hälfte des 4. und der ersten Hälfte des 5. Jahrhunderts n. Chr. in Nordtunesien produziert wurden und weite Teile Raetiens in einiger Zahl erreichten.[39] Aus *Iuvavum*/Salzburg und den Siedlungen in seinem Umland waren bislang nur folgende Funde bekannt: zwei Teller der nördlich der Alpen sehr seltenen A/D-Form Hayes 33 aus Tittmoning[40], vereinzelte Funde aus *Iuvavum*/Salzburg[41]

[31] Hayes 1972, 13, 453, Karte 1.

[32] Hayes 1972, 423, 455, Karte 6.
[33] Zum Vorkommen nordafrikanischer Terra Sigillata in Noricum: Ladstätter 1998, 52-63. – Ladstätter 2000, 85-117, Taf. 1-2, 3/1-7. – Höck 2003, 58, Anm. 322-323. – Kainrath 2011, 141-143. – Im Zusammenhang mit dem Fund aus der Kellau zudem: Galik u. a. 2003, 43, 86, KatNr. 53 (Wandfragment, Fabrikat C², aus Feldkirchen).
[34] Zu mittelkaiserzeitlicher nordafrikanischer Terra Sigillata in Raetien siehe zusammenfassend: Mackensen 2007, 341-353.
[35] Zur Belieferung Pannoniens mit nordafrikanischer Terra Sigillata siehe: Gabler 1988, 9-16, 30-34. – Gabler 1982, 313-318. – Ladstätter 2007, 254-257. – Adler-Wölfl 2010, 276-277, 286, Tab. 386.
[36] Mackensen 2007, 351 wies bei der Besprechung der mittelkaiserzeitlichen nordafrikanischen Sigillaten aus der raetischen Provinzhauptstadt *Aelia Augusta*/Augsburg darauf hin, dass die wenigen Einzelstücke nordafrikanischer Sigillata des 2. Jahrhunderts n. Chr. wohl als persönlicher Besitz von Reisenden nach Raetien gelangten. Die kleine Zahl von C¹- und C²-Standardformen, die aus dem Bereich nördlich der Alpen bekannt ist, ist ihm zufolge dagegen als Handelsgut anzusprechen. Vgl. auch Heimerl 2014, 25-28, 64-65, 100-105 Kat. Nr. 11-66, Taf. 1/11-17, 2/18-35.
[37] Siehe beispielsweise die zeitlich und regional bedingten Unterschiede in der Belieferung Flachlandraetiens und des Tiroler Inntals mit nordafrikanischer Terra Sigillata, die Mackensen 2013, 347-360 jüngst exemplarisch herausgearbeitet hat.
[38] Kainrath 2011, 133-143, Taf. 31/D64, 32-36.
[39] Zur Belieferung Raetiens mit nordafrikanischer Terra Sigillata siehe zusammenfassend: Mackensen 2013, 347-360. – Mackensen 2007, 341-353. – Höck 2003, 56-61, 157-160, Abb. 48, Fundliste 4.
[40] Keller 1980, 100, Abb. 6/9-10. – Mackensen 2007, 342-343, Anm. 12. – Zur Frage der Produktionszentren, in denen A/D-Formen hergestellt wurden: Mackensen/Schneider 2006, 177-180.
[41] Es handelt sich um mehrere Fragmente eines Tellers Hayes 45A aus den Grabungen im Bereich des Kapitelhauses (Salzburg Museum, InvNr. 1353-89, 1354-89, 1355-89, 1356-89, unpubliziert, erwähnt bei Höck 2003, 58 Anm. 322, auf die mich freundlicherweise Herr Dr. Reinhold Wedenig vom Institut für Kulturgeschichte der Antike der Österreichischen Akademie der Wissenschaften aufmerksam machte) sowie um ein Bodenfragment eines Tellers Hayes 59/61 aus den Grabungen in der Neuen Residenz (unpubliziert, Salzburg Museum, Inv-Nr. 3353-99). – Hinzu kommen zwei Fragmente einer Schüssel Hayes 46 mit ratterdekorverziertem Rand aus der Grabung des Jahres 1978

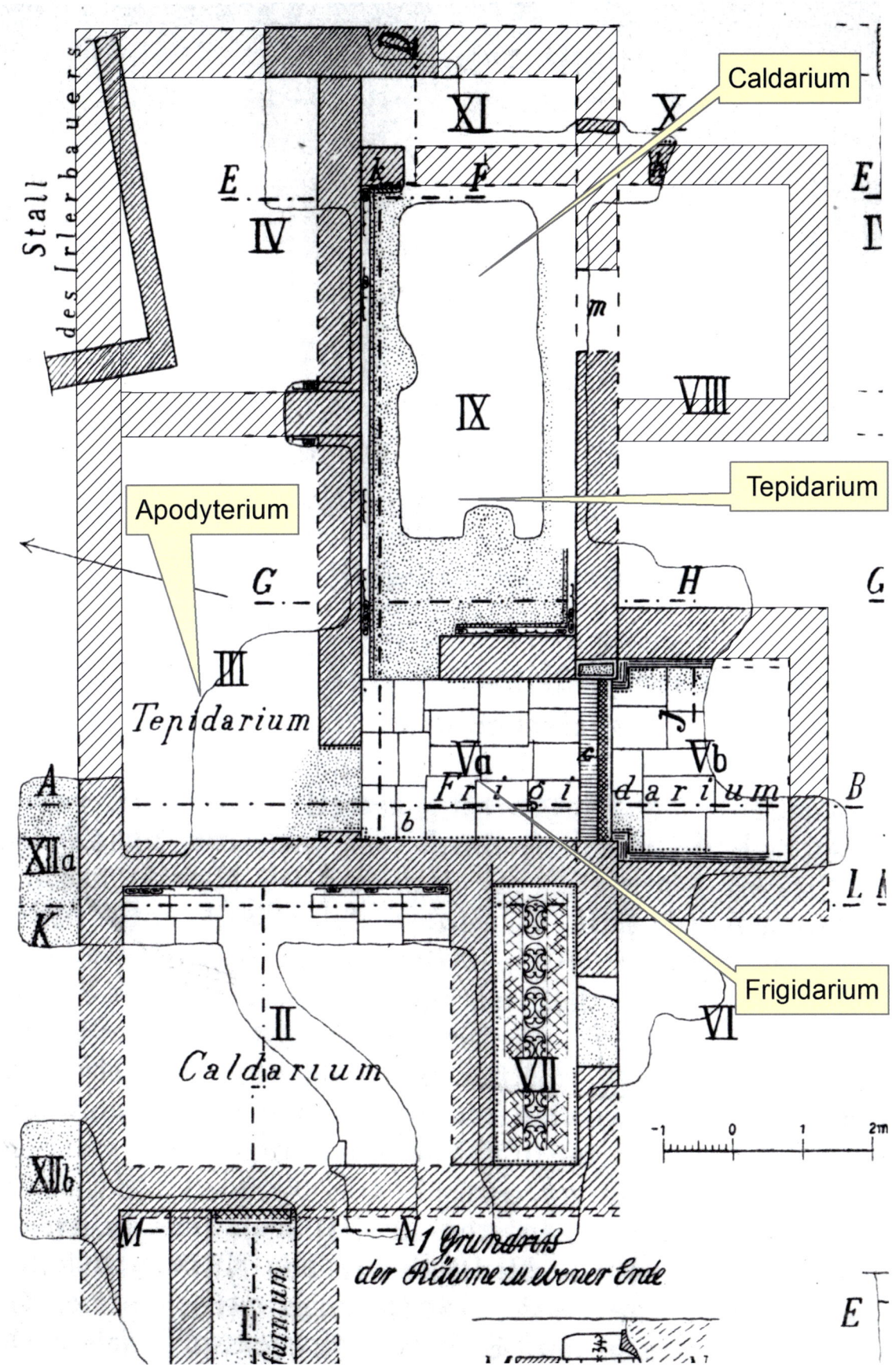

Abb. 8: Neuinterpretation und Ergänzung des Grabungsbefundes nach O. Klose (Grafik: R. Kastler)

und zwei Teller der Form Hayes 61 B aus *Bedaium*/Seebruck[42]. Das städtische Zentrum *Ovilava*/Wels[43] und die Bergwerkssiedlung am Michlhallberg[44] sind weitere norische Fundorte nordafrikanischer Terra Sigillata, die dem Stadtgebiet von *Iuvavum*/Salzburg benachbart sind. Aus der an der Tauernroute südlich des Alpenhauptkammes gelegenen Straßenstation von *Immurium*/Moosham ist dagegen ein verhältnismäßig umfangreiches Spektrum nordafrikanischer Terra Sigillata bekannt.[45] Der Vergleich macht deutlich, wie gering die Zahl entsprechender Funde ist, die wir aus den nördlich des Alpenhauptkammes gelegenen Teilen Westnoricums kennen. Vor diesem Hintergrund ist es bemerkenswert, dass sich unter den wenigen Funden der römischen *villa rustica* in der Kellau ein Fragment nordafrikanischer Terra Sigillata befindet (KatNr. 6, Abb. 4/6).

Es handelt sich um die Randscherbe eines großen Tellers Hayes 45 A. Charakteristisch für diese Form ist der breite, leicht schräg gestellte Rand, der auf der Oberseite mit einem breiten Ratterdekorband verziert ist.[46] Häufig zu beobachten sind Zierrillen im Bereich der Randlippe. Der Fund aus der Kellau ist auf der Ober- und der Unterseite mit je zwei Rillen verziert.

Die Form und das Fabrikat C[2] weisen den Fund als Produkt einer der zentraltunesischen Sigillatamanufakturen aus. Entsprechende Teller wurden dort zusammen mit Tellern der Form Hayes 50 A ab etwa 230/40 n. Chr. hergestellt und in den gesamten Mittelmeerraum verhandelt. Sie waren bis in das erste Drittel des 4. Jahrhunderts n. Chr. als Standardformen des Tafelgeschirrs in Gebrauch.[47]

Eine überregionale Verbreitung fanden dabei vor allem Produkte aus den Töpferzentren von Sidi Marzouk Tounsi und Henchir el Guellal bei Djilma. M. Mackensen gelang es, anhand von Funden aus den Produktionszentren Kriterien zu erarbeiten, anhand derer die Produkte der beiden genannten großen Sigillatatöpfereien makroskopisch bestimmt werden können.[48] Auf der Basis dieser Kriterien, die von G. Schneider durch chemische Analysen abgesichert wurden[49], kann der Fund aus dem Bereich des römischen Gutshofs in der Kellau als Produkt der in Zentraltunesien gelegenen Töpfereien von Henchir

el Guellal bei Djilma bestimmt werden.[50] Dafür sprechen die feinen Quarz- und die kleinen weißen, innen meist hohlen Kalkpartikel, die im Bruch bei 20-facher Vergrößerung zu erkennen sind, ebenso wie die orangebraune Farbe des Scherbens.[51]

Der Besitzer der *villa rustica* in der Kellau hatte offenbar Zugang zu überregionalen Fernhandelsgütern und wusste das qualitativ hochwertige Tafelgeschirr zu schätzen, das die zentraltunesischen Sigillatamanufakturen im 3. Jahrhundert n. Chr. produzierten. Der nordafrikanische Sigillatateller ist jedoch nicht nur sozial- und handelsgeschichtlich von Interesse. Mit einer Gebrauchszeit von etwa 230/40-340 n. Chr. ist er zudem das jüngste sicher datierbare Fundstück, das aus dem Bereich der *villa rustica* in der Kellau bekannt ist. Der Fund belegt, dass der Gutshof in der Kellau mindestens bis in das zweite Viertel des 3. Jahrhunderts genutzt wurde.

Leider ist es anhand der wenigen römischen Funde, die aus der Kellau bekannt sind, nicht möglich, das Nutzungsende der *villa rustica* zeitlich näher einzugrenzen. Da es keine Hinweise auf eine spätrömische Nutzungsphase des Gutshofes gibt und im Salzburger Land alle *villae rusticae*, für die eine spätantike Nutzung belegt ist, in unmittelbarer Nähe der Stadt *Iuvavum*/Salzburg liegen[52], ist es sehr wahrscheinlich, dass der römische Gutshof in der Kellau im 3. Jahrhundert verlassen wurde. Dies ist wiederum handelsgeschichtlich von Interesse, da sich die Frage stellt, ab wann genau die in zentraltunesischen Werkstätten hergestellten Standardformen der nordafrikanischen Terra Sigillata wie Hayes 45 A und Hayes 50 A in den Nordwesten Noricums und die angrenzenden Gebiete geliefert wurden.[53] Die oben erwähnten Teller der Form Hayes 33 aus Tittmoning belegen, dass das Stadtgebiet von *Iuvavum*/Salzburg in der ersten Hälfte des 3. Jahrhunderts mit Terra Sigillata aus Nordafrika beliefert wurde.[54] Vor diesem Hintergrund ist es gut vorstellbar, dass der Teller Hayes 45 A nicht allzu lange nach dem Beginn der Produktion entsprechender Teller in Zentraltunesien nach Nordwestnoricum verhandelt

---

in der Stiftskirche Nonnberg, die jüngst E. Binder vorgelegt hat, siehe hierzu: Binder 2014, 21, 35, Abb. 5/14.15. – Zu älteren Erwähnungen der Funde siehe: Heger/Moosleitner 1978, 378. – Höck 2003, 58, Anm. 322.

[42] Burmeister 1998, 189, 239, KatNr. 810-811, Taf. 95/810-811.

[43] Ladstätter 1998, 51-63, Abb. 1, 4-5. – Tober 2001, 58, Taf. 12/125.

[44] Grabherr 2001, 79, 156-157, KatNr. C14-C16, Taf. 32/C14-C15.

[45] Fleischer/Moucka-Weitzel 1998, 87-89, Taf. 18/18-21.23-30. – Zur Ansprache der Funde siehe auch Kainrath 2011, 142, Anm. 716.

[46] Hayes 1972, 62-65, Abb. 11/2. – Zur Form- und Fabrikatsansprache siehe auch: Mackensen 2007, 348-350, 352, KatNr. 4-8, Abb. 3/1-4.

[47] Zur Datierung der Form: Hayes 1972, 62-65. – Pröttel 1996, 32-35. – Sieler 2004, 131-132, Abb. 6/14-15 konnte die gängige Datierung anhand weiterer datierter Fundkomplexe bestätigen. – Siehe zusammenfassend auch Mackensen 2007, 348-350.

[48] Mackensen 2007, 348. – Mackensen/Schneider 2006, 183-187, Abb. 11-12. – Siehe zusammenfassend auch: Mackensen 2013, 347-348.

[49] Mackensen/Schneider 2006, 183-187.

[50] Ich danke M. Mackensen, Institut für Vor- und frühgeschichtliche Archäologie und Provinzialrömische Archäologie der Ludwig-Maximilians-Universität, München, ganz herzlich für seine Hilfe bei der Einordnung des Fundes aus der Kellau. – Zu dem Töpfereizentrum von Henchir el Guellal, das 10 km östlich von Djilma und südlich des Djebel ez Zaoui liegt: Pröttel 1996, 20-21. – Peacock u. a. 1990, 76-79, Abb. 11/15-24, 13, 14. – Zusammenfassend und mit älterer Literatur: Mackensen 1993, 37, Abb. 1.

[51] Die Oberfläche des Fundes wurde vom Finder mit Wachs überzogen. Daher lassen sich keine Angaben mehr zur Farbe und zur Beschaffenheit der Engobe machen.

[52] Zusammenfassend: Heger 1989, 167-173.

[53] Die Fragmente von Tellern der Formen Hayes 45 A und 50 A, die aus den Provinzen Raetien, Noricum und Pannonien bekannt sind, stammen in der Regel nicht aus näher datierbaren Fundkomplexen. Ausnahmen bilden ein fast vollständig erhaltener Teller der Form Hayes 45 A aus einem um 270 n. Chr. zerstörten Händlerdepot in Cetium/St. Pölten sowie zwei weitere, möglicherweise von einem Gefäß stammende Fragmente derselben Form, die stratigrafisch ebenfalls in das dritte Viertel des 3. Jahrhunderts n. Chr. datiert werden können: Kronberger 2002, 233-235, Abb. 12/3-5.

[54] Mackensen 2005, 57. – Hayes 1972, 55-56.

wurde und noch im mittleren Drittel des 3. Jahrhunderts n. Chr. seinen Weg aus dem Töpfereizentrum Henchir el Guellal bei Djilma über die regio X in den südlich von *Iuvavum*/Salzburg gelegenen Gutshof in der Kellau fand. *(M.G.)*

Fundkatalog

Reliefsigillata

KatNr. 1: Randfragment, Drag 37, Magerung: feine weiße und dunkle Partikel (5%), ähnlich TSRW 1 Westerndorf, Scherbenfarbe: 2.5YR 5/8 red, Engobe: 2.5YR 5/8 red matt, Rdm.: 16,6 cm, H.: 5,4 cm, Eierstab ähnlich Ricken/Fischer 1963, 298 E11 Kellner 1981, 158 Taf. 1,9 u. 11. Taf. 3, 2 Taf. 10, 3. 12-13 Taf. 13,6 u. 10. Comitialis und Untergruppen Westerndorf; Karnitsch 1959, 244 Taf. 83,3 u. 6 u. 8 Art des Cirvinia Heiligenberg; Karnitsch 1959, 272 Taf. 97,3 4 Art des Cobnertus III Rheinzabern, Dat.: spätes 2.-3. Jh. n. Chr., Vbl.: Museum Burg Golling, InvNr.: IN4209.

KatNr. 2: Wandfragment, Drag 37 (?), Magerung: feine weiße und dunkle Partikel (7,5%), ähnlich TSGR 1 Rheinzabern, Scherbenfarbe: 2.5YR 5/8 yellowish red, Engobe: 10R 4/8 red matt, Weinranke und Blätter mit Schnurbogen ähnlich Ricken/Fischer 1963, 203 P90 Blatt 216 P164 Weinrebe Karnitsch 1959, 372 Taf.147, 2-6 Art des Mammillianus 1. H. 3. Jh. 292 Taf. 107, 1-2 Art des Cerealis II 2. H. 2. Jh.; Karnitsch 1971, 152, Taf. 47,7 Art des Cerealis II 2. H. 2. Jh. Weber-Hiden 1996, 252 Taf. 101, 10-11 Rheinzabern Gruppe IIA, Dat.: 160/70-220/230 n. Chr., Vbl.: Museum Burg Golling, InvNr.: IN4208.

KatNr. 3: Wandfragment, Drag 37, Magerung: feine weiße und dunkle Partikel (10%), ähnlich TGSH 1 Heiligenberg, Scherbenfarbe: 2.5YR 5/6 red, Engobe: 2.5YR 4/8 red matt, Abschlussfries mit Ringscheiben ähnlich Ricken/Fischer 1963, 289 O 125 Karnitsch 1971, 146 Taf. 44,9. Art des Reginus I Rheinzabern M. 2. Jh. n. Chr.; Weber-Hiden 1996, 216, Taf. 83,1 Fries statt Eierstab Rheinzabern Gruppe IA, Vbl.: Museum Burg Golling, InvNr.: IN4207.

Glatte Sigillata

KatNr. 4: Randfragment, Drag 33 oder 33a, Magerung: feine weiße und dunkle Partikel (7,5%), ähnlich TSSL 2 La Graufesenque, Scherbenfarbe: 2.5YR 4/6 red, Engobe: 2.5YR 4/8 red glänzend, Rdm.: unbestimmt, H.: 1,8 cm, Vbl.: Museum Burg Golling, InvNr.: IN4210.

KatNr. 5: Bodenfragment, Drag 33a, Magerung: feine weiße und dunkle Partikel (5%), ähnlich TSML 1 Lezoux, Scherbenfarbe: 5YR 5/6 yellowish red, Engobe: 2.5YR 4/8 red matt, Bdm.: 5 cm, H.: 1,5 cm, mit Stempel Hartley/Dickinson 2011, 37 PATRERATIOF Typ 1a des Pateratus 2. V. bis nach M. 2. Jh., Vbl.: Museum Burg Golling, InvNr.: IN4211.

KatNr. 6: Randfragment eines tiefen Tellers mit breitem, leicht schräg gestelltem, ratterdekorverziertem Rand, Form Hayes 45A, Rdm.: 45 cm, erhaltener Randanteil 8%. Oberfläche durch Wachsauftrag verunklart, feiner hart gebrannter Ton, im Bruch orangebraun (2.5YR 4.5/8), mit feinen Lufteinschlüssen sowie feinen Quarz- und kleinen weißen, innen meist hohlen Kalkpartikeln. Ware: C². Provenienz: Henchir el Guellal, Zentraltunesien. AO. Salzburg Museum, Inv. Nr. 1999-2013, Fundumstände sowie Fund- und Einlieferungsjahr nicht bekannt, Filzstiftbeschriftung „Kellau–Irler", wohl Lesefund aus dem Bereich der römischen *villa rustica* in der Kellau.

Tongrundige Keramik

KatNr. 7: Randfragment, weitmundiger norischer Topf mit Kantwulstrand, Magerung: helle Partikel von Kalk und Quarz (30%), ähnlich Kaltenberger 1996 Variante 3, Scherbenfarbe: 10YR 3/1 very dark gray, Rdm.: 17,6 cm, H.: 5,3 cm, ähnlich Kaltenberger 1996, 158 Taf. 20,4 160 Taf. 21,4; Seebacher 1999, 351-52 Taf. 21, 127. 130; Krammer 2007, 67 Abb. 18, 297; Eitzinger 2012, 126 Taf. 17,125 Form T1.2, Vbl.: Museum Burg Golling, InvNr.: IN4213.

KatNr. 8: Randfragment, engmundiger norischer Topf mit Kantwulstrand, Magerung: fein, mit hellen Partikeln, ähnlich Kaltenberger 1996 Variante 4, Scherbenfarbe: 10YR 2/1 black, Rdm.: 11,1 cm, H.: 1,9 cm, ähnlich Seebacher 1999, 359 Taf. 23, 137; Krammer 2007, 67 Abb. 18, 317.318; Eitzinger 2012, 126 Taf. 17, 129 weitmundige Form T.1.4., Vbl.: Museum Burg Golling, InvNr.: IN4219.

KatNr. 9: Randfragment, norische weitmundige Schale, Magerung: mit hellen Quarzpartikeln (35%), ähnlich Kaltenberger Variante 1, Scherbenfarbe: 10YR 3/1 very dark gray, Rdm.: 17,9 cm, H.: 3,3 cm, unter der Mündung drei Zeilen Rädchendekor, gebildet aus kleinen Dreiecken, Kaltenberger 1996, 180 Taf. 31, 1-2, Vbl.: Museum Burg Golling, InvNr.: IN4215.

KatNr. 10: Randfragment, norische weitmundige Schale, Magerung: mit hellen Kalk- und Quarzpartikeln (30%), ähnlich Kaltenberger 1996 Variante 3, Scherbenfarbe: 10YR 3/1 very dark gray, Rdm.: 18 cm, H.: 3,4 cm, unter der Mündung vier Zeilen Rädchendekor, gebildet aus Dreiecken, darunter Ansatz einer weiteren Zeile mit kleinen Quadraten, Kaltenberger 1996, 180 Taf. 31, 1-2; Eitzinger 2012, 129-130 Taf. 23, 173, Vbl.: Museum Burg Golling, InvNr.: IN4217.

KatNr. 11: Randfragment, Knickwandschale, Magerung: glimmerhaltig mit hellen kleinen Kieseln (15%), ähnlich Kaltenberger 1996 Variante 2/3, Scherbenfarbe: Kern und Oberfläche 7.5YR 4/1 dark gray, Zwischenschicht 10YR 5/2 grayish brown, Rdm.: unbestimmt, H.: 3,6 cm, unter Rand auf senkrechtstehender Wandung Wellenlinie, Kaltenberger 1996, 182 Taf. 32, 6; Krammer 2007, 70 Abb. 20, 341, Vbl.: Museum Burg Golling, InvNr.: IN4216.

KatNr. 12: Wandscherbe, geschlossenes Gefäß (Topf?), Magerung: mit hellen Kalk- und Quarzpartikeln (30%), ähnlich Kaltenberger 1996 Variante 3, Scherbenfarbe: 7.5YR 4/1 dark gray, H.: 2,9 cm, horizontales Wellenband, Vbl.: Museum Burg Golling, InvNr.: IN4214.

KatNr. 13: Wandscherbe, offenes Gefäß (Schale?), Magerung: mit hellen Kalk- und Quarzpartikeln (30%), ähnlich Kaltenberger 1996 Variante 3, Scherbenfarbe: 7.5YR 4/1 dark gray, Reste von zwei Zeilen Rädchendekor mit kleinen Quadraten, Vbl.: Museum Burg Golling, InvNr.: IN4218.

KatNr. 14: Bodenfragment, geschlossenes Gefäß (Topf?), Magerung: mit feinen Quarzpartikeln (25%), ähnlich Kaltenberger 1996 norisch, Scherbenfarbe: 10YR 4/1 dark gray, Bdm.: 10,6 cm, H.: 6,1 cm, Kaltenberger 1996, 172 Taf. 27, 2; Krammer 2007, 68 Abb. 19, 316, Vbl.: Museum Burg Golling, InvNr.: IN4221.

KatNr. 15: Randfragment, norische weitmundige Schale, Magerung: mit hellen Quarzpartikeln (35%), ähnlich Kaltenberger Variante 1, Scherbenfarbe: 10YR 2/1 black, Rdm.: 15,9 cm, H.: 3,2 cm, unter der Mündung drei Zeilen Rädchendekor, gebildet aus kleinen Quadraten, Vbl.: Salzburg Museum, InvNr.: keine.

Glas

KatNr. 16: Zylindrisches Bodenfragment aus grünem durchscheinendem Glas, Bdm.: 5,3 cm, H.: 1,8 cm, Vbl.: Salzburg Museum, InvNr.: keine.

Prähistorische Keramik

KatNr. 17: Randfragment, Topf mit ausgebogenem Rand, Magerung: mit feinen, vereinzelten gröberen, hellen (Kalk?) und dunklen Partikeln (10%), Scherbenfarbe: 10YR 7/4 very pale brown, unregelmäßiger Brand, Rdm.: unbestimmt, H.: 3,5 cm, Vbl.: Museum Burg Golling, InvNr.: IN4220.

KatNr. 18: Wandscherbe, geschlossenes Gefäß (Topf?), Magerung: mit feinen Graphitpartikeln (30%), Scherbenfarbe: 7.5YR 4/1 dark gray, H.: 3,5 cm, vertikaler Feinkammstrich, Vbl.: Museum Burg Golling, InvNr.: IN4212.

Literaturverzeichnis

Adler-Wölfl 2010

K. Adler-Wölfl, Keramik. In: M. Mosser u. a., Die römischen Kasernen im Legionslager Vindobona. Die Ausgrabungen am Judenplatz in Wien in den Jahren 1995-1998. Monografien der Stadtarchäologie Wien 5 (Wien 2010), 267-508.

Binder 2014

E. Binder, Nonnberg und Festungsberg in römischer Zeit. Das römische Fundmaterial der Grabungen in der Stiftskirche Nonnberg (1978) und in der Festung Hohensalzburg (1993-2001). In: F. Lang/R. Kastler/W. K. Kovacsovics/St. Traxler (Hrsg.), Colloquium Iuvavum 2012. Das municipium Claudium Iuvavum und sein Umland. Bestandsaufnahme und Forschungsstrategien. Tagung im Salzburg Museum, 15.-17. März 2012. Archäologie in Salzburg 8. Jahresschrift des Salzburg Museums 56 (Salzburg 2014), 17-39.

Burmeister 1998

S. Burmeister, Vicus und spätrömische Befestigung von Seebruck-Bedaium.

Materialhefte zur Bayerischen Vorgeschichte A76 (Kallmünz 1998).

Eitzinger 2012

P. Eitzinger, Ein praefurnium vom Residenzplatz, Stadt Salzburg – Baubefund und Analyse des Fundmaterials (unveröff. Masterarbeit, Universität Salzburg 2012).

Feldinger 2004

E. M. Feldinger, Fundberichte aus Österreich 43, 2004, 913-914.

Fleischer/Moucka-Weitzel 1998

R. Fleischer/V. Moucka-Weitzel, Die römische Straßenstation von Immurium-Moosham im Salzburger Lungau. Archäologie in Salzburg 4 (Salzburg 1998).

Gabler 1982

D. Gabler, „Nordafrikanische Sigillaten" in Pannonien. Savaria 16, 1982, 313-333.

Gabler 1988

D. Gabler, Spätantike Sigillaten in Pannonien. Ein Nachtrag zu den nordafrikanischen Sigillaten. Carnuntum Jahrbuch 1988, 9-40.

Galik u. a. 2003

A. Galik/Ch. Gugl/G. Sperl, Feldkirchen in Kärnten. Ein Zentrum norischer Eisenverhüttung. Archäologische Forschungen 9 (Wien 2003).

Grabherr 2001

G. Grabherr, Michlhallberg. Die Ausgrabungen in der römischen Siedlung 1997-1999 und die Untersuchung der zugehörigen Straßentrasse. Schriftenreihe des Kammerhofmuseums Bad Aussee 22 (Bad Aussee 2001).

Gruber 2010

Chr. Gruber; Das Bade- und Wirtschaftsgebäude der Villa Rustica von Hof-Elsenwang bei Salzburg. Auswertung des Fundmaterials (unveröff. Diplomarbeit, Universität Graz 2010).

Hartley/Dickinson 2011

B. R. Hartley/B. M. Dickinson, Names on Terra Sigillata. An Index of makers stamps and signatures on Gallo-Roman Terra Sigillata 7 (London 2011).

Hayes 1972

J. W. Hayes, Late Roman Pottery (London 1972).

Heger 1989

N. Heger, Die ländliche Besiedlung Salzburgs in der Spätantike. In: Die Römer in den Alpen. I romani nelle Alpi. Historikertagung in Salzburg 13.-15. XI. 1986. Schriftenreihe der Arbeitsgemeinschaft Alpenländer, Berichte der Historikertagungen. Neue Folge 2 (Bozen 1989), 167-173.

Heger/Moosleitner 1978

N. Heger/F. Moosleitner, Salzburg, KG Stadt Salzburg. Fundberichte aus Österreich 17, 1978, 378.

Hellenkemper-Salies 1983

G. Hellenkemper-Salies, W. Jobst, Römische Mosaiken in Salzburg. Besprechung. Bonner Jahrbücher 183, 1983, 876-880.

Heimerl 2014

F. Heimerl, Nordafrikanische Sigillata, Küchenkeramik und Lampen aus Augusta Vindelicum/Augsburg. Münchner Beiträge zur Provinzialrömischen Archäologie 6 (Wiesbaden 2014).

Höck 2003

A. Höck, Archäologische Forschungen in Teriola 1. Die Rettungsgrabungen auf dem Martinsbühl bei Zirl von 1993-1997. Spätrömische Befunde und Funde zum Kastell. Fundberichte aus Österreich – Materialheft A14 (Wien 2003).

ILLPRON

Inscriptionum lapidariarum Latinarum Provinciae Norici usque ad annum MCMLXXXIV repertarum indices. Composuerunt. Hainzmann und Schubert (Berlin 1986).

Jobst 1982

W. Jobst, Römische Mosaiken in Salzburg (Wien 1982).

Kainrath 2011

B. Kainrath, Die Spuren der Römer auf dem Kirchbichl von Lavant. Fiktion und Wirklichkeit. In: G. Grabherr/B. Kainrath (Hrsg.), Die spätantike Höhensiedlung auf dem Kirchbichl von Lavant. Eine archäologische und archivalische Spurensuche. Ikarus 5 (Innsbruck 2011), 13-438.

Kaltenberger 1996

A. Kaltenberger, Römische Terra Sigillata und Gebrauchskeramik der Ausgrabung St. Peter in Salzburg 1980-1995. In: Erzabtei St. Peter (Hrsg.), Hl. Rupert von Salzburg. Ergänzungsband. Archäologische Entdeckungen in der Erzabtei St. Peter in Salzburg (Salzburg 1996), 79-193.

Kaltenberger 1999

A. Kaltenberger, Ausgrabung St. Peter, Salzburg: III. Römerzeitliche Feinware, oxidierend gebrannte Ware und Glas sowie frühneuzeitliche Keramik 1980-1995. Jahreshefte des Österreichischen Archäologischen Institutes 68, 1999 Beibl. 409-590.

Karnitsch 1959

P. Karnitsch, Die Reliefsigillata von Ovilava. Schriftenreihe des Institutes für Landeskunde von Oberösterreich 12 (Linz 1959).

Karnitsch 1971

P. Karnitsch, Die Reliefsigillata von Iuvavum, Reliefverzierter Sigillata im Salzburger Museum Carolino Augusteum. Salzburger Museum Carolino Augusteum Jahresschrift 16 (Salzburg 1971).

Kastler/Traxler 2010

R. Kastler/St. Traxler, Neue Rauminterpretationen für Salzburg Loig und Altheim-Weirading. In: C. Reinholdt/W. Wohlmayr (Hrsg.), Akten des 13. Österreichischen Archäologentages. Klassische und Frühägäische Archäologie. Paris-Lodron-Universität Salzburg vom 25.-27. Februar 2010 (Wien 2012) 317-323.

Kastler/Traxler 2012

R. Kastler/St. Traxler, Römische Bäder in Nordwest-Noricum. Ausgrabungen, neue Forschungen, typologische Aspekte. In: R. Kreiner/W. Letzner (Red.), SPA. Sanitas per aquam. Tagungsband des Internationalen Frontinus-Symposiums zur Technik und Kulturgeschichte der antiken Thermen, Aachen, 18.-22. März 2009. Babesch – Supplement 21, 2012, 131-145.

Keller 1980

E. Keller, Die römische Vorgängersiedlung von Tittmoning, Ldkr. Traunstein. Jahresbericht der Bayerischen Bodendenkmalpflege 21, 1980, 94-137.

Kellner 1981

H. J. Kellner, Die Bildstempel von Westerndorf. Comitialis und Iassus. Bayrische Vorgeschichtsblätter 46, 1981, 121-189.

Klose 1925

O. Klose, Römische Gebäudereste in Kemeting bei Maria Plain und in der Kellau bei Golling. Mitteilungen der Gesellschaft für Salzburger Landeskunde 61, 1925, 73-112.

Krammer 2007

A. Krammer, Ein mittelkaiserzeitlicher Zerstörungshorizont in Iuvavum/Salzburg. Die Ausgrabungen im Furtwänglerpark in den Jahren 1987/88. Bayerische Vorgeschichtsblätter 72, 2007, 7-75.

Kronberger 2002

M. Kronberger, Siedlungschronologische Überlegungen am Beispiel von Feinkeramik der Grabungen St. Pölten-Rathausplatz 1988 und 1989. In: M. Šašel Kos/P. Scherrer (Hrsg.), The Autonomous Towns of Noricum and Pannonia. Die autonomen Städte in Noricum und Pannonien. Situla 40 (Ljubljana 2002), 229-236.

Ladstätter 1998

S. Ladstätter, Afrikanische Sigillaten und Lampen aus Ovilava/Wels. Carnuntum Jahrbuch 1998, 51-63.

Ladstätter 2000

S. Ladstätter, Die materielle Kultur der Spätantike in den Ostalpen. Eine Fallstudie am Beispiel der westlichen Doppelkirchenanlage auf dem Hemmaberg. Mitteilungen der Prähistorischen Kommission der Österreichischen Akademie der Wissenschaften 35 (Wien 2000).

Ladstätter 2007

S. Ladstätter, Afrikanische Importe im Legionslager von Carnuntum und seinem näheren Umfeld In: Ch. Gugl/R. Kastler, Legionslager Carnuntum. Ausgrabungen 1968-1977. Der Römische Limes in Österreich 45 (Wien 2007), 254-257.

Mackensen 1993

M. Mackensen, Die spätantiken Sigillata- und Lampentöpfereien von El Mahrine (Nordtunesien). Studien zur nordafrikanischen Feinkeramik des 4. bis 7. Jahrhunderts. Münchner Beiträge zur Vor- und Frühgeschichte 50 (München 1993).

Mackensen 2005

M. Mackensen, Nordafrikanische Terra Sigillata. In: M. Konrad, Die Ausgrabungen unter dem Niedermünster zu Regensburg 2. Bauten und Funde der römischen Zeit. Münchner Beiträge zur Vor- und Frühgeschichte 57 (München 2005).

Mackensen 2007

M. Mackensen, Nordafrikanische Sigillata der mittleren Kaiserzeit aus Augsburg. Bayerische Vorgeschichtsblätter 72, 2007, 341-353.

Mackensen 2013

M. Mackensen, Terra Sigillata aus Nord- und Zentraltunesien. In: M. Mackensen/F. Schimmer (Hrsg.), Der römische Militärplatz Submuntorium/Burghöfe an der oberen Donau. Archäologische Untersuchungen im spätrömischen Kastell und Vicus 2001-2007. Münchner Beiträge zur Provinzialrömischen Archäologie 4 (Wiesbaden 2013), 347-360.

Mackensen/Schneider 2006

M. Mackensen/G. Schneider, Production Centres of African Red Slip Ware (2nd-3rd c.) in Northern and Central Tunisia. Archaeological Provenance and Reference Groups Based on Chemical Analysis. Journal of Roman Archaeology 19, 2006, 163-190.

Moosleitner 2004

F. Moosleitner, Zur Kontinuität von der Spätlatènezeit zur frühen römischen Kaiserzeit im Salzburger Land. In: C. M. Hüssen/W. Irlinger/W. Zanier (Hrsg.), Spätlatènezeit und frühe römische Kaiserzeit zwischen Alpenrand und Donau. Akten des Kolloquiums in Ingolstadt am 11. Und 12. Oktober 2001. Kolloquien zur Vor- und Frühgeschichte 8 (Bonn 2004), 175-186.

Peacock u. a. 1990

D. Peacock/F. Bejaoui/N. Ben Lazreg, Roman pottery production in central Tunisia. Journal of Roman Archaeology 3, 1990, 59-84.

Pröttel 1996

Ph. M. Pröttel, Mediterrane Feinkeramikimporte des 2. bis 7. Jahrhunderts n. Chr. im oberen Adriaraum und in Slowenien. Kölner Studien zur Archäologie der Römischen Provinzen 2 (Espelkamp 1996).

Radbauer 2003

S. Radbauer, Produktionszuweisung bei Terra Sigillata durch Scherbenklassifizierung. In: B. Liesen/U. Brandl (Hrsg.), Römische Keramik. Herstellung und Wandel. Xantener Berichte 13 (Mainz 2003), 43-75.

Ricken/Fischer 1963

H. Ricken/Ch. Fischer, Die Bilderschüsseln der römischen Töpfer von Rheinzabern. Materialien zur römisch-germanischen Keramik 7 (Bonn 1963).

Scheibelreiter 2011

V. Scheibelreiter, Die Mosaiken Westkleinasiens. Tessellate des 2. Jahrhunderts v. Chr. bis Anfang des 7. Jahrhunderts n. Chr. Österreichisches Archäologisches Institut Sonderschriften 46 (Wien 2011).

Sedlmayer 2013

H. Sedlmayer, Die Fundspektren der römischen Straßenstationen von Nemescsó und Sorokpolány im Vergleich. In: S. Groh/H. Sedlmayer/C. Virág Zalka, Die römischen Straßenstationen von Nemescsó und Sorokpolány an der Bernsteinstraße (Pannonien, Ungarn). Grabungen, geophysikalische Prospektionen und Surveys 1980-1982 und 2009-2012. Österreichisches Archäologisches Institut. Zentraleuropäische Archäologie 3 (Wien 2013), 143-158.

Seebacher 1999

M. Seebacher, Römisches aus einem Brunnen und einer Zisterne in der sog. Dietrichsruh. Österreichische Jahreshefte 68 - Beiblatt, 1999, 220-406.

Sieler 2004

M. Sieler, Späthellenistische, römische und spätantike Feinkeramik aus Petra – Surveymaterial der Naturhistorischen Gesellschaft Nürnberg. Damaszener Mitteilungen 14, 2004, 91-166.

Tober 2001

B. Tober, Untersuchungen auf dem Kaiser-Josef-Platz in Wels 1993. Quellen und Darstellungen zur Geschichte von Wels 7 (Wels 2001).

Traxler/Kastler 2010

S. Traxler/R. Kastler, Kleine Villenbäder in Nord-West-Noricum: Neue Rauminterpretationen für zwei Badegebäude im Bezirk Gmunden. In: C. Reinholdt/W. Wohlmayr (Hrsg.), Akten des 13. Österreichischen Archäologentages. Klassische und Frühägäische Archäologie. Paris-Lodron-Universität Salzburg vom 25.-27. Februar 2010 (Wien 2012), 325-331.

Traxler/Kastler 2012

S. Traxler/R. Kastler, Colloquium Lentia 2010 – Eine Einführung mit einem Kurzbericht zum Workshop. In: S. Traxler/R. Kastler (Hrsg.), Colloqium Lentia 201. Römische Bäder in Raetien, Noricum und Pannonien. Beiträge zur Tagung im Schlossmuseum Linz, 6.-8. Mai 2010. Studien zur Kulturgeschichte von Oberösterreich 27, 2012, 9-19.

Weber 1964

E. Weber, Supplementum epigraphicum zum Corpus Inscriptionum Latinarum/CIL III für Salzburg, Steiermark, Oberösterreich und das norische Niederösterreich (Wien 1964).

Weber-Hiden 1996

I. Weber-Hiden, Die reliefverzierte Terra Sigillata aus Vindobona. Teil 1: Legionslager und Canabae. Wiener archäologische Studien (Wien 1996).

Autorenverzeichnis

Raimund Kastler
Landesarchäologe
Salzburg Museum
Mozartplatz 1
A-5020 Salzburg
raimund.kastler@salzburgmuseum.at

Markus Gschwind
Institut für Vor- und frühgeschichtliche Archäologie und Provinzialrömische Archäologie
Ludwig-Maximilians-Universität
Geschwister-Scholl-Platz 1
D-80539 München
gschwind@vfpa.fak12.uni-muenchen.de

Licht ins Dunkle bringen! Speläologisch-archäologische Forschungen im Stierloch im westlichen Tennengebirge

Anke Oertel · Josef Ries · Wolfgang Strasser · Sebastian Krutter

Im Land Salzburg ist eine Vielzahl an Höhlen bekannt, welche einen charakteristischen und zugleich bedeutsamen Bestandteil der alpinen Landschaft verkörpern und bisweilen als die letzten noch unerforschten „weißen Flecken" in unserer Landschaft anzusehen sind. Aufgrund ihrer facettenreichen Forschungsmöglichkeiten stehen die bislang bekannten Höhlen – gemäß einer interdisziplinär definierten Speläologie – stets im Fokus unterschiedlichster Wissenschaftsdisziplinen, durch deren Forschungen im wahrsten Sinne des Wortes sowie auch sprichwörtlich „Licht ins Dunkle" dieser Höhlen gebracht wird. Ein aktuelles Beispiel einer entsprechenden multidisziplinären Erforschung stellt das Stierloch im westlichen Tennengebirge (Land Salzburg, Österreich) dar, dessen bisher erzielte Forschungsergebnisse nachfolgend vorgestellt werden sollen.

Das Stierloch

Das Stierloch – HöhlenkatasterNr: 1511/75 – ist eine horizontale, wasserführende Karsthöhle in 1.180 m Seehöhe im Tennengebirge (Abb. 1).[1] Es liegt in der so genannten Ofenrinne am Westabhang des Tennengebirges, welches einen der größten Karststöcke der nördlichen Kalkalpen mit einem ausgedehnten Plateau darstellt. Die Höhle ist seit dem Jahr 1926 im Höhlenkataster des Landesvereins für Höhlenkunde in Salzburg verzeichnet. Es muss jedoch – wie nachfolgend dargestellt wird – davon ausgegangen werden, dass sie dem Menschen bereits in mittelalterlicher Zeit oder schon früher bekannt gewesen ist. Heute erreicht man den Höhleneingang von Stegenwald im Salzachtal über einen markierten und gut ausgebauten Steig, der letztlich zum bewirtschafteten Leopold-Happisch-Haus der Österreichischen Naturfreunde im Pitschenbergtal führt. Nach ungefähr eineinhalb Stunden Aufstieg ab Stegenwald kommt man auf die Grünwaldalm, in deren Nähe sich der Höhleneingang in versteckter Lage befindet. Es ist nicht bekannt, seit wann der markierte, heute teils mit

Stahlseilen abgesicherte Steig besteht. Man kann aber annehmen, dass schon sehr früh Menschen auf anderem Wege ins Tennengebirge aufgestiegen sind. Man kann ohne den heutigen Steig zu benutzen, steil und weglos direkt durch das meist trockene Bachbett der Ofenrinne zum Plateau und ins Pitschenbergtal gelangen. Interessant ist dabei, dass man bei dieser Variante des Aufstiegs unvermeidlich am großen Höhleneingang des Stierlochs (Abb. 2) vorbei kommt, während man dagegen auf dem heutigen Weg über die Grünwaldalm das Höhlenportal nicht bemerkt.

Dringt man durch das große Höhlenportal des Stierloches ins Innere vor, so gelangt man in einen 36 m langen hallenartigen Gang mit ebenem Boden, der bei Schlechtwetter besten Schutz bietet. Hier rinnt auch ein stetiger kleiner Bach, der bei Hochwasser erheblich anschwellen kann. Im Hintergrund dieser Eingangshalle versinkt der Hauptgang in einem Siphon (Abb. 3), welcher von A. Oertel erstmals durchtaucht wurde.

Im Tauchgangsbericht von A. Oertel vom 09.06.2007 ist folgendes zu lesen: „Mein Weg Unterwasser führt mich zunächst in einen geräumigen Gang, welcher leicht nach unten führt. Die Dimensionen sind etwa 4 m breit und 2 m hoch. Am Boden ist überall Geröll von 1 bis 10 cm Durchmesser. Die Tauchtiefe beträgt 6 bis 7 m. Nach einigen Zehnermetern geht es aufwärts. Die lehmigen Anteile im Bodenschotter nehmen zu. Ich entdecke rechter Hand eine schräge Röhre, in der ich auftauchen kann. Es ist eine an der Kluft (etwa 45°) ausgerichtete Spalte die nicht weiter führt. Ich tauche wieder ab und verfolge den Hauptgang, der ebenfalls weiter nach oben zieht. Erodierte Lehmablagerungen sind erkennbar. Dann tauche ich auf. Ich bin in einem Raum von etwa 10 x 10 m Grundfläche und 6 m Höhe. Ich blicke auf große übersinterte Blöcke von etwa 1 m Meter Durchmesser. Die Leinenspule ist genau hier zu Ende, der Siphon ist folglich 65 m lang. Ich erklimme geradeaus die Blöcke (etwa 2 m hinauf) und blicke dann von oben in ein 2 x 1,5 m großes Fenster auf ein ausgewaschenes Bachbett mit Schotterführung. Es scheint so, als hätte sich hier das Wasser seinen Weg unter den Versturzblöcken

[1] Klappacher/Haseke-Knapczyk 1985, 246. – Oertel 2007.

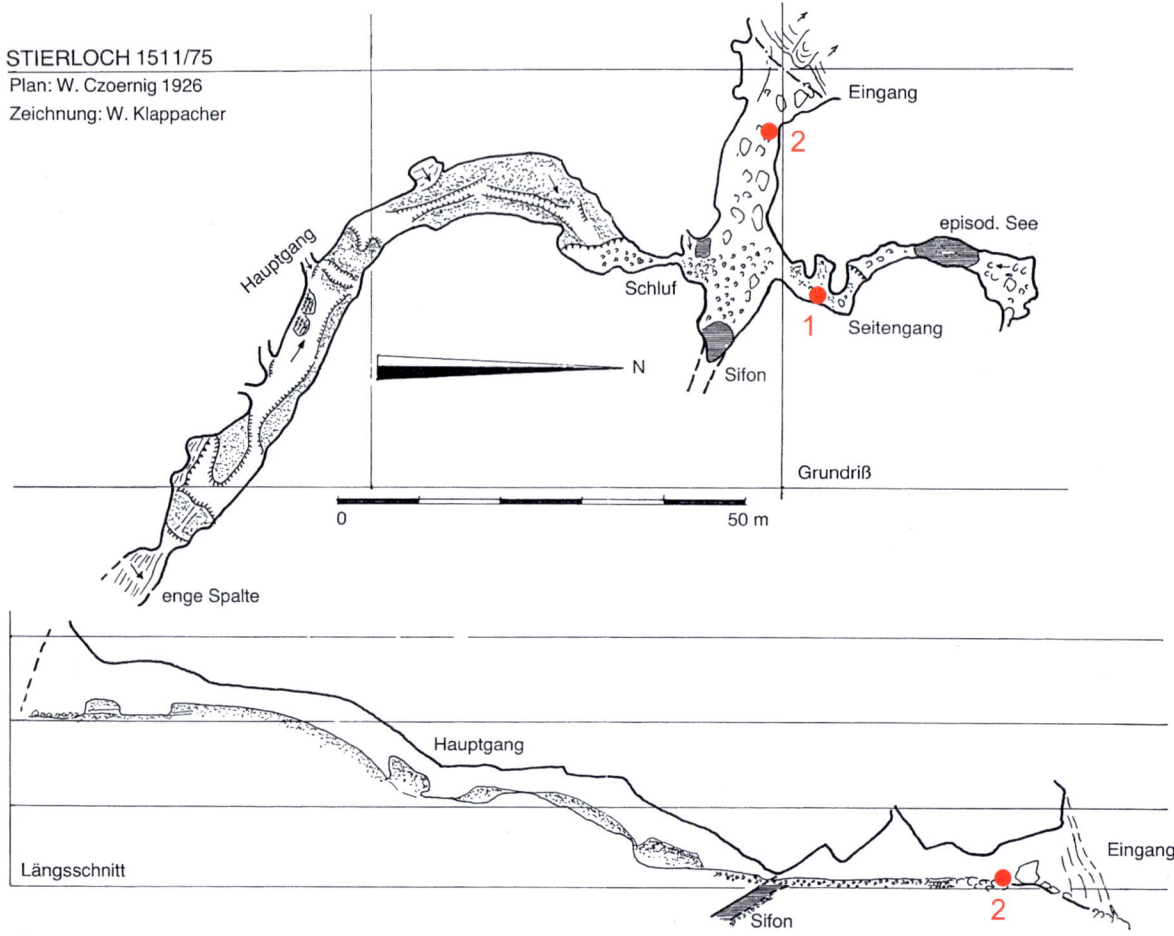

Abb. 1: Grund- und Aufrissplan des Stierlochs mit eingetragenen Fundpunkten der archäologischen Funde: 1: Feuerschlagstein, 2: Keramikfragmente. Die neu erforschen Tauchteile sind noch nicht verzeichnet (Klappacher/Haseke-Knapczyk 1985, 247, Abb. 165)

gesucht. Ich wage es nicht hinab zu steigen. In der Decke des Raumes entdecke ich Reste einer ehemaligen Konglomeratverfüllung."

Am 17.6.2007 fand ein weiterer Tauchgang statt, im Rahmen dessen im Raum hinter dem Siphon Zeitungspapier angezündet wurde. Der Rauch zog senkrecht nach oben und verschwand an der Decke. Es war keinerlei Bewetterung bemerkbar. In den Höhlenteilen vor dem Siphon war keinerlei Geruch des Rauches wahrnehmbar, womit keine trockene Verbindung zwischen den Höhlenteilen existieren dürfte. Eine grobe Vermessung der Unterwasserteile fand statt, entpuppte sich aber im Nachhinein als sehr ungenau. Im November des Jahres 2009 wurde der Siphon von G. Zagler abgehebert und das Hinterland weiter inspiziert und vermessen. Leider endet diese Strecke in einem großblockigen Verbruch, der einen weiteren Siphon birgt. Dieses Hindernis ist eventuell nicht zu überwinden. Weitere Forschungen fanden bisher nicht statt.

Es scheint jedoch klar zu sein, dass sich hinter diesen Siphonen die Hauptfortsetzung der Höhle befindet. In der Eingangshalle befinden sich jedoch beidseits nach Norden sowie nach Süden trockene Seitengänge. Der nördliche Gang besitzt einen feinen, sauberen Sandboden und ist etwa einen Meter hoch. Nach einigen

Metern kann man wieder aufrecht stehen und blickt auf ein kleines periodisches Wasserbecken. Hinter diesem strömt aus einem engen, bald unschliefbar werdenden Schlot ein kalter Luftzug herab, welcher aber vermutlich keine größere Fortsetzung anzeigt, sondern vermutlich aus dem Blockschutt der darüber liegenden Ofenrinne heruntersickert. Wenige Meter weiter endet dieser Nordteil in einem größeren Raum ohne Fortsetzungen. Eine andere Fortsetzung befindet sich unmittelbar vor dem Siphon rechts, also nach Süden hin.

Im Jahr 1926 hat W. Freiherr von Czoernig-Czernhausen – einer der Pioniere der Salzburger Höhlenforschung – mit Kollegen den mit Schottern verlegten Schluf (Abb. 4) ausgegraben und ist in den so genannten Südgang gelangt. Seine dort mit Lampenruß an die Wand geschriebene Inschrift ist heute noch fast unverändert erhalten. Der Südgang ist ein ca. 100 m langer und leicht ansteigender Gang (Abb. 5), dessen Besonderheit mächtige hellgraue Lehmablagerungen (Abb. 6) ausmachen. In Bereichen mit Tropfwasser sind die bis drei Meter mächtigen Sedimentpakete partiell weggeschwemmt. An einer Stelle hat das Wasser sogar einen begehbaren Canyon in das Sediment gegraben. Im hinteren Teil dieses Gangs finden sich schneeweiße Sinterbildungen, welche schon sehr deutlich in

Abb. 2: Höhlenportal des Stierlochs (Foto: W. Strasser)

Abb. 3: Siphon am Ende der Eingangshalle (Foto: W. Strasser)

Auflösung begriffen sind. An einer Stelle liegen winzige weiße Höhlenperlen in Sinterbecken. Am unvermittelten Ende des Südganges führt nur mehr eine enge und leider nicht schliefbare Kluft weiter. Ein schwacher Luftzug, welcher im Eingangsschluf zu spüren ist, kommt hier aus engen Deckenspalten, welche kletternd und stemmend bis in ca. 15 m Höhe noch schliefbar sind, dann aber zu eng werden.

Etymologie des Stierlochs

Der Name „Ofen" ist eine sehr alte Bezeichnung für backofenförmige, also gewölbte Höhlungen wie etwa Höhleneingänge oder Klammen.[2] Gerade in unserer Gegend sind mehrere Lokalitäten damit bedacht, wie etwa die Lammeröfen, die Salzachöfen, die Höhle Scheukofen bei Sulzau im Hagengebirge, die Höhle Seeofen in der Nähe der Eisriesenwelt im Tennengebirge oder die Höhle Lamprechtsofen im Saalachtal bei Lofer in den Leoganger Steinbergen. Es wäre somit durchaus denkbar, dass der Name Ofenrinne daher rührt, dass sich in dieser Rinne der backofenförmige Eingang des Stierlochs befindet.

Geologie und Hydrologie des Stierlochs

Die Grünwaldalm liegt auf einer deutlichen Verebnungsfläche am Westhang des Tennengebirges knapp unterhalb der Waldgrenze. Aus geologischer Sicht liegt die Alm auf Dolomitgestein, welches die Dachsteinkalke des eigentlichen Tennengebirgsplateaus unterlagert. Die Alm markiert gleichsam diese Gesteinsgrenze. Unmittelbar oberhalb der Alm steigen steile Felswände aus Dachsteinkalk empor. Diese Gesteinsgrenze ist auch für die kleinen Quellen der Grünwaldalm und für jene

südlich derselben verantwortlich. Der größere Teil dieser Quellschüttungen dürfte daher eher tagnahes Hangwasser sein.

Färbeversuche ab dem Jahr 1967 konnten belegen, dass ein hydrologischer Zusammenhang zwischen Wasserschwinden im Vorderen Pitschenbergtal und dem Stierloch besteht.[3] Damit ist klar, dass das Gerinne, das der Höhle entspringt, kein tagnahes Hangwasser, sondern Karstwasser ist, das aus dem tieferen Inneren des Gebirgsmassivs kommt und sehr wahrscheinlich eine größere Schüttungskonstanz aufweist als die kleine Quelle bei der heute verfallenen Grünwaldalmhütte. Der Quellbach, welcher der Höhle entspringt, kommt also aus tiefer liegenden Bereichen im Gebirgsstock und damit aus dem Dachsteinkalk, der gegenüber dem eher unlöslichen Dolomitgestein deutlich wassergängiger ist. In diesem Zusammenhang ist nun sehr interessant, dass der Eingang des Stierlochs sowie die bisher erforschen Gangstrecken zur Gänze in Dolomitgestein liegen. Auch aus diesem Grund ist das Stierloch eine Besonderheit, da es in Salzburg nur sehr wenige großräumigere Höhlen gibt, welche in Dolomitgestein angelegt sind.

Sollten zukünftig weitere Erforschungen in die hinteren Teile der Höhle gelingen, müsste man wohl bald auf Dachsteinkalk stoßen, wobei angenommen werden kann, dass sich die Raumdimensionen dann steigern sollten. Dazu passt auch, dass die Gerölle und Sande, welche im bekannten Teil der Höhle lagern, fast ausschließlich aus Dachsteinkalken bestehen und somit aus tiefer liegenden noch unbekannten Höhlenteilen stammen müssen. Die Höhle zeigt an Wänden und Decken deutliche Auskolkungen. Raumformen dieser Art werden als phreatische Bildungen bezeichnet, was bedeutet, dass die Gänge in stehendem oder langsam fließendem Gewässer unter dem Wasserspiegel durch Auslaugung

---

[2] Hasitschka 2012, 104.

[3] Völkl 1985, 49.

Abb. 4: Schluf zum Südgang (Foto: A. Oertel)

Abb. 5: Helle, fein geschichtete Sedimente im Südgang (Foto: A. Oertel)

Abb. 6: Lehmbänke und Wandsinter im Südgang (Foto: W. Strasser)

und Mischungskorrosion entstanden sind. Die Haupt-entstehungszeit der Höhle liegt somit weit zurück, als die Täler noch nicht so tief eingeschnitten waren, das Tennengebirge vielleicht noch nicht so weit herausgehoben war und der damalige Karstwasserspiegel noch im Bereich der Höhle gelegen war. Ganz sicher hatte die Höhle damals eine deutlich größere Wasserschüttung als in heutiger Zeit. Die Spuren im Sediment der Eingangshalle lassen vermuten, dass es zwar hin und wieder bei starken Regenereignissen zu größeren Schüttungsmengen kommt, aber nur dann, wenn die vertikalen Abflusssysteme im Inneren des Karststocks die anfallenden Wassermengen nicht mehr ausreichend schnell nach unten abführen können. Die Höhle dürfte daher in früherer Zeit eine bedeutende Karstquellhöhle gewesen sein, die heute durch die kontinuierliche Tieferlegung des Karstwasserspiegels im Zeitraum von Millionen von Jahren als Karstquelle keine große Bedeutung mehr besitzt.

Ergänzend soll noch auf die Ofenrinne und auf die Bedeutung der Ofenrinnenstörung hingewiesen werden. Nur etwa 30 m nördlich des Höhleneingangs des Stierlochs zieht die Ofenrinnenstörung schnurgerade und steil fast bis in das Talniveau hinab. Das meist trockene und blockerfüllte Bachbett, welches aus der Höhle kommt, folgt genau dieser Störung. Es ist bekannt, dass

das Gebirgspaket nördlich der Ofenrinnenstörung im Bereich des Kastenspitzes entlang dieser Störung um ca. 700 m vertikal nach unten verschoben oder abgerutscht ist. Es ist vom Tal aus gut erkennbar, dass links – also nördlich der Störung – Dachsteinkalk bis ins Tal reicht, während er rechts – südlich der Störung – erst oberhalb der Grünwaldalm in ca. 1.200 m Seehöhe ansetzt. Inwieweit die Ofenrinnenstörung somit einen Einfluss auf die Höhlengenese hatte, wäre in einer zukünftigen Untersuchung zur zeitlichen Korrelation von Ofenrinnenentstehung und Höhlenentstehung noch zu klären.

Höhlenbiologie

Im Wasser wurden Höhlenflohkrebse der Gattung *Niphargus* (Abb. 7) und nicht weiter bestimmte Ruderfußkrebse gefunden. Die Höhle dient Fledermäusen, Schmetterlingen (*Triphosa dubitata* und *Scoliopteryx libatrix*) und Weberknechten als Winterquartier. Im sogenannten Südgang leben interessante kleine Spinnen, die aber noch nicht näher bestimmt wurden. Auch kleine Säugetiere dürften sich hierhin verirrt haben, wie Kratzspuren im Lehm verraten.

Höhlensedimente

Eine Untersuchung[4] des hellgrauen Sediments im Südgang mittels Röntgendiffraktometrie ergab als über-

---

[4] Die Untersuchung wurde von E. Dachs (Universität Salzburg) vorgenommen, wofür hier herzlichst gedankt werden soll.

Abb. 7: Höhlenflohkrebs der Gattung *Niphargus*, Gesamtlänge: 10 mm (Foto: A. Oertel)

200 μm

Abb. 8: Mikroaufnahme eines „Würfelquarzes" aus dem Sediment des Südganges (Foto: W. Strasser)

wiegenden Bestandteil Calcit und geringe Mengen an Quarz. Dolomit und andere Minerale in nennenswerten Mengen konnten in der Probe nicht erkannt werden. Bei der Durchsicht des Sediments im Stereomikroskop durch W. Strasser konnte als Einzelfund ein sehr schön ausgebildeter, seltener, so genannter Würfelquarzkristall mit einer Kantenlänge von 0,3 mm entdeckt werden (Abb. 8). Quarz tritt ansonsten nur in derber Form und kaum angerundeten Körnern auf. Im sandigen Sediment des Nordganges, das eindeutig aus den Siphonen, also vom Hinterland der Höhle ausgeschwemmt wurde, fanden sich in der Feinfraktion 0,1 bis 1 mm Calcit, derber Quarz, Weißglimmer, Bohnerze und andere eisenoxid- bzw. hydroxidgefärbte Körner sowie schiefrige Partikel aus den Tauern und violette glimmerhaltige Körner, welche den Werfener Schiefern zugeordnet werden. Es besteht also zwischen den hellgrauen Sedimenten im Südgang und den bräunlichen Sedimenten des Nordgangs ein bemerkenswerter Unterschied in der Zusammensetzung. Während das Nordgangsediment eher typischen Höhlensedimenten gleicht, hebt sich das helle Südgangsediment durch weitgehendes Fehlen der eisenhältigen Partikel deutlich davon ab. Warum dies so zustande kam, ist eine weitere noch nicht geklärte Frage.

Speläoarchäologie

Die im Inneren der Höhle aufgefundenen Reste anthropogener Tätigkeiten lassen sich ihrem Material nach in vier Kategorien differenzieren, wonach es sich um lithisches, botanisches, metallisches und keramisches Fundmaterial handelt. Die Kleinfunde werden im Sammlungsbestand des Museum Burg Golling verwahrt, die Rundhölzer verblieben aus konservatorischen Gründen im Nordgang des Stierloches.

Lithisches Fundmaterial

Das lithische Fundmaterial aus dem Stierloch wird lediglich durch ein Silexartefakt (Abb. 9/2) vertreten, welches im Jahr 2007 als isolierter und fluviatil verlagerter Einzelfund in lockerem Sediment im vordersten Bereich des Nordganges angetroffen werden konnte. Das vorliegende Fundstück, welches eine Länge von 40 mm aufweist, ist aus artefaktmorphologischer Sicht als Klingenabschlag anzusprechen und kann anhand mehrerer charakteristischer Merkmale als Feuerschlagstein[5] zur Funkenerzeugung interpretiert werden. Trotz einer ausstehenden mikrofaziellen Untersuchung scheint anhand der makroskopisch erkennbaren Merkmale eine Zuordnung des lithischen Rohmaterials zu den kreidezeitlichen Feuersteinen der Biancone-Formation in den Monti Lessini im südalpinen Raum gegeben. Der Feuerschlagstein erlaubt selbst keine feinchronologische Einordnung und kann somit nur allgemein mittelalterlich-neuzeitlich datiert werden.

Botanisches Fundmaterial

Bei den hölzernen Überresten sind zunächst die im Jahr 2011 aufgefundenen Holzkohleflitter zu nennen. Hierbei handelt es sich um eine „auffällig intensive Streuung", die sich über den gesamten Höhlenboden der Endkammer des Nordganges erstreckt[6] und neben zahlreichen Flittern auch größere kienspanförmige Holzkohlereste (Abb. 11) erkennen ließ. Im Zuge dieser Befahrung konnten ebenfalls im Nordgang drei bereits fluviatil und rezent-anthropogen umgelagerte

[5] Weiner 2012.
[6] Krutter 2011, 379.

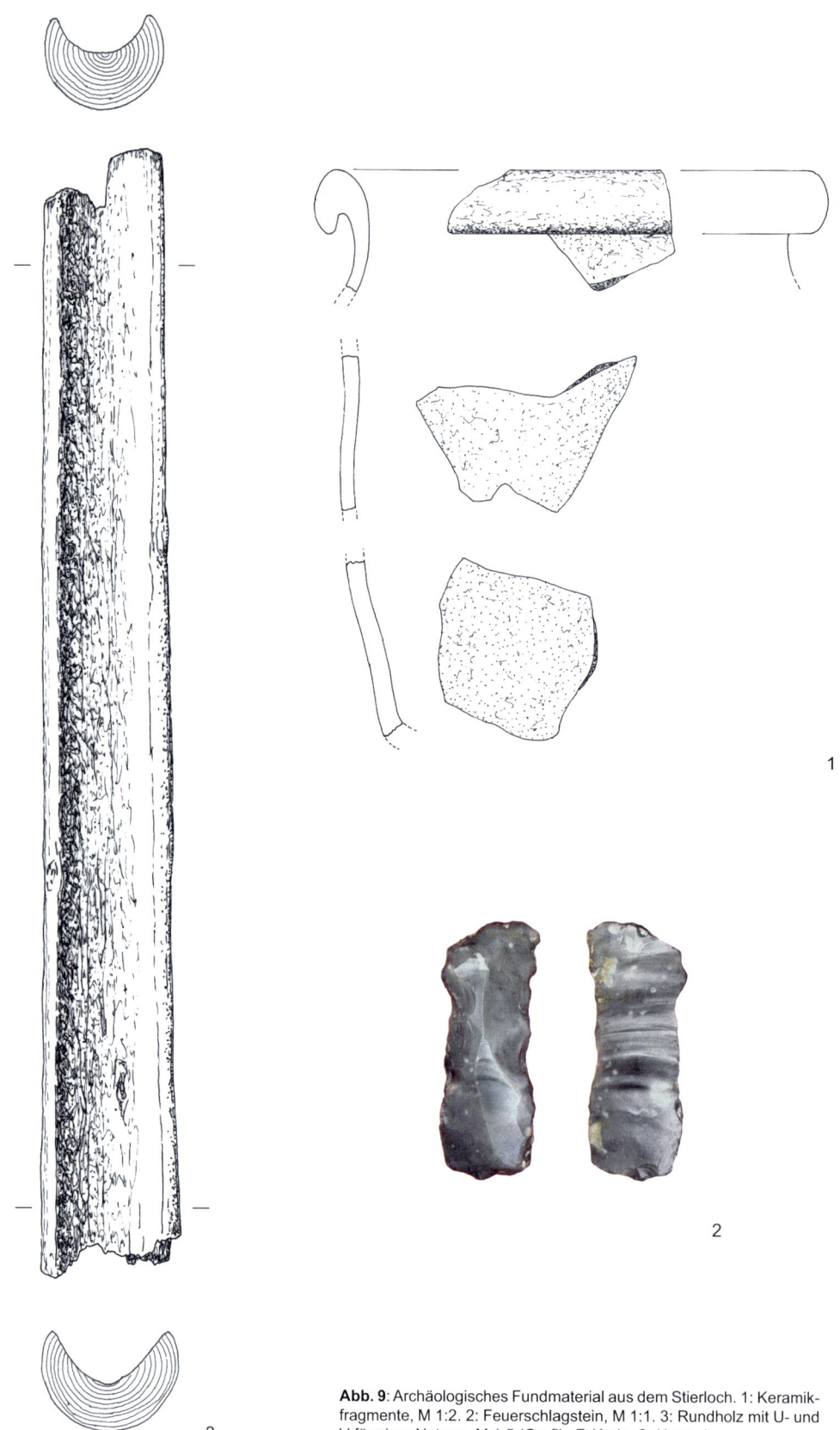

Abb. 9: Archäologisches Fundmaterial aus dem Stierloch. 1: Keramikfragmente, M 1:2. 2: Feuerschlagstein, M 1:1. 3: Rundholz mit U- und
V-förmiger Nutung, M 1:5 (Grafik: F. Krois, S. Krutter)

Abb. 10: Fluviatil verlagerten Rundholz im Nordgang des Stierloches (Foto: S. Krutter)

Abb. 11: Vermeintliches verkohltes Kienspanfragment im Nordgang des Stierloches (Foto: S. Krutter)

Rundhölzer (Abb. 9/3) beobachtet und deren aktuelle Situierung und Zustand festgehalten werden. Auffällig an diesen 200 cm, 180 cm und 87 cm messenden Rundhölzern ist besonders die tiefe durchgehende V- bis U- förmige Nutung in Längsrichtung, welche zu einer funktionalen Interpretation als einfache Wasserrinnen führte.[7] Eine von M. Grabner (Universität für Bodenkultur Wien) an dem kürzesten Rundholz durchgeführte dendrochronologische Datierung erbrachte aufgrund einer zu geringen Baumringanzahl kein verwertbares Ergebnis; im Zuge der genannten Untersuchung konnte jedoch zumindest die Holzart als Lärche (*Larix* sp.) bestimmt werden.

Metallisches Fundmaterial

Auch der einzige metallische Fund, ein Eisenfragment, stammt aus dem hinteren Bereich des Nordganges.[8] Das längliche Objekt von 45 mm Länge und max. 16 mm Breite ist allerdings stark korrodiert und muss als unbestimmbar angesprochen werden.

Keramisches Fundmaterial

Bereits am 09.06.2007 wurde von W. Strasser eine einzelne Scherbe in der Eingangshalle aufgefunden, der noch weitere folgen sollten.[9] So erwähnt auch der Fahrtenbericht vom 17.06.2007 den Fund mehrerer Scherben (Abb. 9/1), welche ebenfalls aus der Eingangshalle stammen.[10] Insgesamt konnten fünf Fragmente aufgelesen werden, von denen sich noch drei Stück nahtlos zusammenfügen ließen. Es handelt sich durchwegs um reduzierend gebrannte Keramik, wobei an allen Fundstücken, vor allem an der Gefäßinnenseite, die Drehrillen noch deutlich erkennbar sind. Die beiden Wandstücke und das Randstück vermitteln durchaus den

Eindruck, dass sie von einem Gefäß stammen könnten, weisen allerdings keine direkten Anpassungen auf. Aufgrund des gut erhaltenen Randfragments, dessen Ausgestaltung als Kremprand anzusprechen ist, lässt sich ein ursprünglicher oberer Gefäßdurchmesser von etwa 160 mm ermitteln. Es dürfte sich somit aller Wahrscheinlichkeit um mindestens einen Kremprandtopf gehandelt haben. Die keramischen Funde wurden bereits kurz nach der Auffindung begutachtet und von E. Urbanek etwa in die Zeit um 1.500 n. Chr. eingeordnet. In diesem Zusammenhang von Interesse ist auch eine nachweisbare anthropogene Nutzung der rund 700 Höhenmeter oberhalb befindlichen hinteren Pitschenbergalm, die anhand einer ^{14}C-Datierung in den Zeitraum von 1.290-1.410 n. Chr. eingeordnet werden konnte.[11] Im genannten Areal konnten ebenfalls zwei Randfragmente von Kremprandtöpfen aufgefunden werden. Nicht unerwähnt bleiben sollte auch der Fund eines etwa 30 x 30 mm großen Wandfragmentes am Weg zur Grünwaldalm aus dem Jahr 2010, das jedoch eine gänzlich andere Machart aufweist und einer anderen Gefäßkategorie angehörte. Auch bei diesem reduzierend gebrannten Fundstück mit einer Wandstärke von etwa 4 mm sind die Drehrillen, vor allem an der Innenseite, gut ersichtlich. Durch den geringen Erhaltungszustand können jedoch – bis auf eine nur allgemeine mittelalterlich-neuzeitliche Datierung – keine näheren Angaben zur Datierung und zum ursprünglichen Aussehen des Gefäßes getätigt werden. Zusammenfassend lassen die bisher ausgewerteten Funde aus dem Stierloch mit den angewandten Untersuchungsmethoden leider keine über die vorgeschlagene Datierung „um 1.500" hinausgehenden Aussagen zu.

Das Stierloch und seine anthropogene Nutzung

Schon seit frühester Zeit suchten Menschen Felsüberhänge und Höhlen auf, um sich so vor den Unbilden des

---

[7] Krutter 2011, 379.
[8] Krutter 2011, 379.
[9] Oertel 2007, 29.
[10] Oertel 2007, 30.

[11] Brandner 2014, 44.

Wetters zu schützen. Gerade in wasserarmen Gegenden, wie etwa Karstgebirgen, kommt den Höhlen jedoch als Zugang zu im Inneren des Berges befindlichen Wasservorräten noch ein weiter wichtiger Aspekt zu. Im Idealfall treffen die unterirdisch verlaufenden Rinnsale und Bäche im Bereich des Höhleneinganges auf die Erdoberfläche und können somit genutzt werden, ohne diese betreten zu müssen. Bei genügend Wasserausschüttung traf dies auch für das Stierloch zu. Neben der ausreichenden Dimension des Höhlenportals kommt in diesem Fall jedoch auch noch der ebene Boden im Eingangsbereich hinzu, der bei schlechten Wetterverhältnissen förmlich zum Aufenthalt in der etwa 36 m langen Eingangshalle einlädt. Neben diesen beiden Nutzungsformen wurde von A. Oertel bereits eine Verwendung als Kühlkeller angedacht, welche sich ebenfalls anbieten würde.

Den vorab behandelten Funden ist gemeinsam, dass sie großteils in einem gewissen Zusammenhang mit der Wasserversorgung zu sehen sind. Wenn die bei der Grünwaldalm befindliche Quelle in trockenen Sommern womöglich nicht in der Lage gewesen sein sollte, die benötigte Wassermenge zu liefern, konnte immer noch auf das im nahe gelegenen Stierloch zutage tretende Wasservorkommen zurückgegriffen werden. Um dies zu erleichtern, wurde ein Vordringen in den hinteren Teil des Nordganges nötig, wodurch gewisse Beleuchtungsmaßnahmen schier unumgänglich wurden. Bei den zahlreichen Holzkohleflittern, deren in Längsrichtung verlaufenden Fasern oft noch gut erkennbar sind, scheint es sich mitunter um Überreste von Kienspänen zu handeln, die für die Beleuchtung des Höhleninneren verwendet wurden. Für diese Deutung spricht auch die geringe Stärke der angetroffenen Holzkohlestücke.

Bei den hölzernen Rinnen stand wohl eine möglichst bequeme Versorgung mit frischem Wasser im Vordergrund. Beim Stierloch handelt es sich um eine ganzjährig aktive Wasserhöhle, die bei Niedrigwasser allerdings nur den Bruchteil eines Sekundenliters ausschüttet.[12] So versperrt normalerweise ein Sifon am Ende der Eingangshalle den Weiterweg, der bei Trockenheit allerdings etwa 10 m abfällt.[13] Mit Hilfe der Wasserrinnen hätten jedoch auch andere Wasserquellen, oder selbst nur tropfende Rinnsale angezapft werden können, ohne extra absteigen zu müssen.

Die Auffindung der Reste des zerbrochenen Kremprandgefäßes im vorderen Bereich der Eingangshalle ließe sich damit so erklären, dass dieses sowohl zum Auffangen des Wassers, als auch zum Transport zur nahegelegenen Grünwaldalm gedient haben könnte. Durch den Einsatz von zwei derartigen Gefäßen konnte somit sogar trotz großer Trockenheit auf das mühsame Schöpfen von Wasser aus dem Siphon verzichtet werden, falls es gelang, ein kleines Rinnsal über die Holzrinnen zum Auffanggefäß zu leiten. Beim Abholen

des vollen Behälters wird dieser dann einfach durch ein leeres Gefäß ersetzt. Gut vorstellbar wäre auch, dass die Kienspäne zur Beleuchtung des Nordganges eingesetzt wurden, um die dort verlegten Wasserrinnen zu positionieren. Ob diese genuteten Rundhölzer primär für deren Verwendung als Wasserrinne in der Höhle angefertigt wurden, oder möglicherweise eine sekundäre Nutzung von hölzernen Dachrinnen eines wüst gefallenen Gebäudes auf der Grünwaldalm darstellen, muss vorerst offen bleiben.

Exkurs: Ofenrinnenloch

Einer völlig anderweitigen anthropogenen Nutzung ist hingegen eine als Ofenrinnenloch – HöhlenkatasterNr: 1511/256 – bezeichnete Halbhöhle mit einem 20 x 4 m messenden Höhlenportal zuzuschreiben, welche sich nur unweit des Stierloches in der Nordflanke der Ofenrinne auf rund 1.100 m Seehöhe befindet. Im mit grobem Blockwerk erfüllten vorderen Höhlenbereich konnten im Zuge der Erstbefahrung im Jahr 1977 eine Feuerstelle, im hinteren Bereich zwei Schädel des Steinbockes (*Capra ibex*), ein Schädel eines Hausschafes (*Ovis orientalis f. aries*) sowie weitere nicht bestimmte Knochenfragmente angetroffen werden.[14] Anhand der Feuerstelle ist – ungeachtet einer fehlenden chronologischen Einordnung – eine temporäre Nutzung dieser Halbhöhle durch Jäger oder Wilderer anzunehmen, zu deren Jagdbeute offenbar auch Steinböcke zu zählen sind. Auch wenn diese Fundstelle vorerst keine weiteren gesicherten Aussagen ermöglicht, so ist hiermit doch ein weiterer archäologischer Beleg zu anthropogenen Aktivitäten im Tennengebirge fassbar und auch aus zoologischer Sicht stellt der Nachweis des – heute im Tennengebirge nicht mehr anzutreffenden – Steinbockes eine nicht unwesentliche Erkenntnis dar.

---

[12] Klappacher/Haseke-Knapczyk 1985, 246.
[13] Klappacher/Haseke-Knapczyk 1985, 246.

[14] Klappacher/Haseke-Knapczyk 1985, 421-422. – Unveröffentlichte Katasterunterlagen des Landesvereins für Höhlenkunde Salzburg. – Das erwähnte Tierknochenmaterial wird in den Sammlungsbeständen des Naturhistorischen Museums Wien verwahrt.

Literaturverzeichnis

Brandner 2014

D. Brandner, Das interdisziplinäre Projekt „Pitschenbergalm" im Tennengebirge, Land Salzburg. Erste archäologische Ergebnisse. In: F. Mandl (Red.), Forschungen in den Nördlichen Kalkalpen. Forschungsberichte der ANISA 5, 2014, 43-48.

Hasitschka 2012

J. Hasitschka, Der Höhlenname Ofen. Die Höhle 63/3, 2012, 104-115.

Klappacher/Haseke-Knapczyk 1985

W. Klappacher/H. Haseke-Knapczyk (Red.), Salzburger Höhlenbuch 4 (Salzburg 1985).

Krutter 2011

S. Krutter, KG Wimm (Stierloch). Fundberichte aus Österreich 50, 2011, 379.

Oertel 2007

A. Oertel, Fahrtenberichte Stierloch 1511/75. Mitteilungen des Landesvereins für Höhlenkunde Salzburg „Atlantis" 3/4, 2007, 26-32.

Völkl 1985

G. Völkl, Karsthydrologie. In: W. Klappacher/H. Haseke-Knapczyk (Red.), Salzburger Höhlenbuch 4 (Salzburg 1985), 46-49.

Weiner 2012

J. Weiner, Feuerschlagsteine und Feuererzeugung. In: H. Floss (Hrsg.), Steinartefakte – Vom Altpaläolithikum bis in die Neuzeit (Tübingen 2012), 943-960.

Autorenverzeichnis

Anke Oertel
Landesverein für Höhlenkunde Salzburg
Schloss Hellbrunn - Objekt 9
A-5020 Salzburg
anke.oertel@gmx.at

Sebastian Krutter
Museum Burg Golling
Quartärpaläontologische und
Archäologische Sammlung
Markt 1
A-5440 Golling an der Salzach
s.krutter@museumburggolling.com

Wolfgang Strasser
Landesverein für Höhlenkunde Salzburg
Schloss Hellbrunn - Objekt 9
A-5020 Salzburg
w.strasser@a1.net

Josef Ries
Waginger Straße 19/14
A-5020 Salzburg
j.ries@gmx.at

Felsbilder des Tennengebirges

Franz Mandl

In den Nördlichen Kalkalpen gibt es eine beachtliche Zahl an Felsbildern, doch nur wenige sind in der Öffentlichkeit bekannt und werden touristisch beworben. Die Felsbilder sind meist auf schattigen, feuchten und dunklen Felswänden zu finden. Das ursprünglich harte Kalkgestein aus der Trias hat sich dort im Laufe von Jahrtausenden in eine leicht bearbeitbare porige Verwitterungsrinde umgewandelt.[1] In diese mehrere Millimeter bis einige Zentimeter dicke Verwitterungsrinden wurden mit scharfen Gegenständen Zeichen, Symbole und Bilder geritzt und geschnitzt. Sie sind das Medium bzw. die Schreib- und Ritzfläche der Felsbilder.

Das Tennengebirge liegt eingebettet zwischen dem Dachsteinstock und dem Hagengebirge. Diese Gebirge sind Teil der Nördlichen Kalkalpen, die sich von Wien bis zum Bodensee erstrecken. Kalkgestein aus der Trias, vor allem der gebankte Dachsteinkalk, bildet auf mikroklimatisch begünstigten Wänden die bereits angesprochene Verwitterungsrinde. Deshalb finden wir in den aus Dachsteinkalk aufgebauten Gebirgen zwischen Windischgarsten und Lofer die meisten Felsbilder in Österreich. Das Tennengebirge erstreckt sich 20 km von Annaberg im Osten bis zum Pass Lueg im Westen und etwa 15 km von Scheffau im Norden bis nach Werfenweng im Süden (Abb. 1).

Seine Geologie und seine Geomorphologie sind heute sehr gut erforscht und dokumentiert. Die geologischen Karten der Geologischen Bundesanstalt (Blatt 94-95) zeigen uns weitläufigen Dachsteinkalk. Auf den Wänden der mit steilen Tälern, engen Schluchten und tiefen Gräben gegliederten Nordseite des Tennengebirges sind häufig Verwitterungsrinden mit Felsbildern zu finden.[2] Doch diese Nordseite ist für den Wanderer nur auf wenigen markierten Steigen und Forststraßen zugänglich. Oft führt die Felsbildersuche über halb verfallene, steile Jagdsteige oder durch wegloses, abschüssiges Gelände und sollte daher nur von erfahrenen Bergsteigern betrieben werden. Dazu kommen oft sehr lange bzw. anstrengende Zustiege, da die Ausgangspunkte auf einer Höhe von knapp über 500 m liegen und Felsbildorte bis auf Höhen von 1.700 m reichen.

Entdeckungsgeschichte

1884 erwähnt L. Purtscheller in seiner Beschreibung der Wanderung von Stegenwald zur Vorderen Pitschenbergalm, dass in der „Steinerne Stiege eingeschnittene Zeichen" zu sehen seien.[3] Erst 1921 finden wir eine weitere Nachricht über Felsbilder in der Region. Damals fand Baron Ernst von Preuschen anlässlich einer Schiabfahrt durch das Schildkar Felsgravierungen.

1930 beginnt auf dem am gegenüberliegenden Salzachufer gelegenen Ofenauerberg, einem Ausläufer des Hagengebirges, die eigentliche Felsbildforschung im Land Salzburg, deren Geschichte H. Nowak und F. Wollenik zusammengestellt haben.[4] Hervorzuheben ist zu dieser ersten Phase der Felsbildforschung, dass niemand Geringerer als der Volkskundler A. Haberland die Felsbilder des Ofenauerberges als volkskundliche Relikte, die in die Neuzeit datiert werden sollten, erkannt hat.[5] Diese Meinung war ein herber Rückschlag für die Verfechter einer urgeschichtlichen Datierung.[6] In den 1960er Jahren begründete W. Repis einen „Ritzzeichenkataster", in den er auch die Entdeckungen von Felsbildstationen des Tennengebirges aufnahm.[7] Dieser Kataster wurde 1979 vom „Arbeitskreis für Salzburger Felsbildforschung" von F. Wollenik und E. Kittel bis zu Beginn der 1990er Jahre fortgesetzt.

E. Urbanek, der 1968 am Fuße des Hagengebirges den „Jagdfries", mit der wohl künstlerisch ausgereiftesten Darstellung in den Nördlichen Kalkalpen fand, hatte auch im Tennengebirge Entdeckerglück. Nahe dem Pass Lueg entdeckte er 1972 Felsbilder mit Jagdszenen und Landsknechtsdarstellungen. Ihm sind noch viele wei-

---

[1] Mandl 2011, 48-52.
[2] Mandl 2012, 70-75.

[3] Purtscheller 1884, 117.
[4] Nowak/Wollenik 1986, 26-33.
[5] Haberlandt 1956, 239-249.
[6] Burgstaller 1972, 96-97.
[7] Repis 1964-1974.

Abb. 1: Blick über Abtenau ins Tennengebirge (Foto: F. Mandl).

tere Felsbildfunde und archäologische Fundorte zu verdanken.[8] Dem Jubilar, der heuer seinen 75. Geburtstag feiert, widme ich mit großer Hochachtung diesen Beitrag. Mit ihm besuchte ich mehrere Felsbildstationen. Bei diesen Wanderungen wurde selbstverständlich über die Felsbilder gesprochen. Sein Wissen und seine klaren und überlegten Meinungen zur Datierung und Interpretation bauten auf der Grundlage des vorhandenen Materials auf, und arteten niemals in spekulative Schwärmereien aus.

1971 entdeckten H. Nowak und W. Repis in der Nähe der Schönalm und des Schildkars wichtige Felsbildstationen. Davon begeistert, begann E. Kittel mit ihren Forschungen, deren Ergebnisse 1985 erschienen sind.[9] E. Kittel zählt in dieser Veröffentlichung 64 Bildstellen. Seit damals sind nur noch wenige Neuentdeckungen bzw. Aufnahmen hinzugekommen. Einen Überblick über die Felsbilder des Tennengebirges lieferte F. Wollenik 1999 in der Scheffauer Chronik, in der sich auch für unser Thema interessante Beiträge zur Siedlungs-, Hof-, Alm- und Alltagsgeschichte, Jagd, Waldwirtschaft und Brauchtum finden.[10]

Seit den 1980er Jahren dokumentiert der Autor dieses Beitrages Felsbilder im Tennengebirge.[11] 2010 begann die Neuaufnahme der bekannten Stationen für das Archiv der ANISA. Die Stationen wurden mit dem GPS eingemessen und durch Skizzen und Fotos dokumentiert. Der Erhaltungszustand wurde ebenfalls notiert, wobei leider festgestellt werden musste, dass Felsbilder durch Jahrzehnte lange Reinigungen und Nachritzungen der Kerben für vermeintlich bessere Fotos zerstört worden sind. Diese Zerstörungen können leider nicht rückgängig

gemacht werden. Umgestaltungen durch Verlängerungen der Kerben sind ebenfalls zu beobachten. Einige der Felsbilder sind durch den Andruck für Abriebe geglättet worden. Wegen der Veränderungen des Originalzustandes sind diese Felsbilder für eine Datierung durch Vergleiche der Kerben heute nicht mehr geeignet. An dieser Stelle bitte ich die Besucher von Felsbildstationen, die Felsbilder als Kunstwerke und somit auch als museale Denkmäler zu betrachten und sie nicht zu berühren. In diesem Beitrag werden aus Gründen des Denkmalschutzes keine Zugangsbeschreibungen zu Felsbildorten veröffentlicht.

Almwirtschaft und Felsbilder

Im Zuge der Felsbilddokumentationen wurden auch mehrere Almen auf dem Tennengebirge besichtigt, auf denen meist nur noch Ruinen oder die Steinkränze ehemaliger Hütten zu sehen sind. Stehen noch vereinzelt Hütten, so dienen diese heute der Jagd. Auf einige Almen werden Jungvieh und Schafe aufgetrieben. Der Nachweis von historischer und prähistorischer Besiedlung der alpinen und hochalpinen Regionen des Tennengebirges erlaubt Rückschlüsse auf Begehung und Anlage von Steigen. Felsbildstationen entstanden meist Hand in Hand mit der Begehung der Steige und Wege. Freilich zählt für die Datierung der Felsbilder immer noch deren Erhaltungszustand im Verhältnis zu ihrer Exposition. Ein guter Schutz vor der Verwitterung ermöglicht ein höheres Alter.

Der unterschiedliche Grad der Verwitterung kann als grober Maßstab der Datierung dienen. Sie bestimmt das Maß der Oberflächenreduktion im Laufe der Zeit. Erhaltungszustand, Ritztechnik und Typologie erlauben die in diesem Beitrag vorgestellten Felsbilder überwiegend in die Neuzeit und nur wenige in das Mittelalter zu

---

[8] Urbanek 1990, 33-52. – Urbanek 1991, 353-366.
[9] Kittel 1985, 70-90.
[10] Wollenik 1999, 38-44.
[11] Mandl 2011, 360. – Mandl 2012, 70-75.

Abb. 2: Der kaum 4 m tiefe Höhlenraum bietet Schutz vor der Witterung und ermöglicht eine bescheidene Übernachtungsmöglichkeit. Im hinteren Bereich und entlang der rechten Seite wurden die Felsbilder in die Verwitterungsrinde geritzt (Foto: F. Mandl)

datieren. Diese Datierung korreliert mit der Besiedlungsgeschichte des Lammertales.[12]

Eine Halbhöhle am Nordabfall des Tennengebirges

1985 wurde die Halbhöhle von E. Kittel aufgesucht und mit einfachsten Mitteln dokumentiert.[13] Der Fundort liegt versteckt hoch oben am Nordabfall des Tennengebirges. Dieser versteckten Lage verdanken die Felsbilder ihre Unversehrtheit. Dieser Felsbildort liegt an einem heute längst verfallenen Steig. Einige der Felsbilder stellen eine Besonderheit in der Felsbildwelt der Nördlichen Kalkalpen dar (Abb. 2).

Abstraktion als Ausdruck von Naivität und mangelnder Übung

Kinder, die Menschen und Tiere zeichnen, beschränken sich zuallererst auf Striche, später kommen Kreise, rundliche und eckige Körper dazu. Kinder zeichnen im Alter zwischen drei und fünf Jahren ihre ersten menschlichen Gestalten in Form eines Kopffüßlers. Dieser besteht aus einen Kreis für den Kopf und zwei zittrigen Strichen für die Beine.[14] Doch nicht immer treffen wir in der Abstraktion auf derart kindliche Zeichnungen. Übung und höheres Alter sollten zu genauerer und festerer Strichführung führen. Wenn wir uns jedoch in die bäuerlichen Retentionsgebiete des Analphabetismus der letzten Jahrhunderte versetzen, ist dann eine Übung mit einem Schreib- bzw. Zeichenwerkzeug überhaupt denkbar? Hatten ein Hirte, ein Knecht, eine Magd oder eine

Abb. 3: Amulett mit Pentagramm. Auf der Rückseite befindet sich ein Davidstern, ein als Glücksbringer geltendes Symbol. Stark patiniertes Kupfer, Durchmesser: 31 mm (Foto: F. Mandl)

Sennerin überhaupt die Zeit und die Muße, sich zeichnerisch zu betätigen? Betrachten wir die eingeschnitzten Zeichen auf Almhüttentüren aus dem 17.-19. Jh., so können wir diese Frage bejahen. Die wenigen Minuten, die für das Schnitzen eines Symbols aufgewendet werden mussten, beeinträchtigten sicher nicht die Arbeit. Wenn man schon nicht schriftlich kommunizieren konnte, so wollte man sich mit Zeichen und Symbolen verständlich machen. Wie aber kommt es zu derart vereinfachten Darstellungen von Lebewesen, fern der naturalistischen Wiedergabe, obwohl die Menschen mitten in der Natur lebten?

Heute fällt es uns schwer, die Darstellungen zu verstehen und zu deuten. Wir finden auf Felswänden Näp-

[12] Dopsch 1999. – Wiedl 1999, 47-82.
[13] Kittel 1986, 27-30.
[14] Mandl 1996, 88-93.

Abb. 4: Strichmännchen. Höhe: 9 cm, Kerbentiefe: 1-3 mm. Zeitstellung: Neuzeit (Foto: F. Mandl)

Abb. 5: Kopf (?). Zeitstellung: Neuzeit. Höhe: 14 cm, Kerbentiefe: 2-5 mm; Strichmännchen. Höhe: 9 cm, Kerbentiefe: 0-3 mm. Zeitstellung: Spätmittelalter/Neuzeit (Foto: F. Mandl)

Abb. 6: Kopfrumpfler. Kerbentiefe: 0-5 mm. Zeitstellung: Spätmittelalter/Neuzeit (Foto: F. Mandl)

fchen, Grübchen und Schalen, Bögen, haufenweise gleichschenkelige Kreuze, Tierdarstellungen bestehend aus vier Linien und vieles mehr an abstrakten Ausdrucksformen. Ist diese Abstraktion ein Ersatz für Schrift in Form einer Bilderschrift? Das Erziehungs- und Bildungsangebot bestand aus von der Kirche überwachter Religion und der bäuerlichen Arbeit auf dem Hof. Zentrale Erlebnisse wie Geburt, Krankheit und Tod sind zweifellos besprochen worden. Vieh und Milchertrag, Käsequalität, Wetter, Wege und Hüttenbau waren gewiss auch Gesprächsthemen auf der Alm. Viele Erlebnisse konnten mangels Wissens nicht erklärt werden und blieben im Dunkeln des Aberglaubens. Blitzschlag als Ursache von Verletzung und Tod war eine furchteinflößende Erscheinung. Andere apotropäischen Zeichen und Symbole als die des Christentums wurden von der Kirche nicht gebilligt. Diese bot den Gläubigen eine Reihe eigener Symbole an. Darunter war das „IHS", im Volksmund übersetzt als „Jesus, Heiligmacher, Seligmacher", sehr beliebt. Kreuzzeichen auf der Stirn und

Kreuze auf Butter und Brot sollten Unheil abwehren. Nicht glücklich war die Kirche mit den ebenfalls viel verwendeten und in den Bereich des heidnischen Aberglauben gestellten „Penta-, Hexa- und Oktogrammen". Die Kirche trennte streng Glaube von Aberglaube. Verfehlungen wurden mit harten Bußen geahndet. Dennoch existierte eine Parallelwelt des geheimen Aberglaubens. Dieser Aberglaube konnte auf den fernen Almen gelebt werden. Die Angst fand zwar auch durchaus Milderung durch die Anrufung Schutzheiliger, jedoch gab es für so manche Wünsche nur im Aberglauben die nötige Abhilfe. Angst vor Geistern, vor Zauberei, vor Verwünschungen und dem Unerklärlichen sollte daher auch mit dem Einritzen von Abwehrsymbolen gemildert werden. Auf einer Alm im Tennengebirge fand man ein etwa 300 Jahre altes Amulett[15] mit einem Pentagramm, im Volksmund „Drudenstern" genannt, mit Resten von weiteren kleinen Zeichen (Abb. 3). Dieses Symbol finden wir auch auf Felsbildwänden vor.

Bräuche, Erzählungen, Gesang, Spiele und Tanz zählten zu den volkstümlichen Unterhaltungen auf der Alm. Dazu gehörte vermutlich auch die Weitergabe der Bedeutung von Zeichen und Symbolen, die wir auf den Felswänden vorfinden. Diese Symbole sollten drohende Gefahren abwenden. Das Zeichnen einfacher Darstel-

---

[15] Grabner 1998, 186-195. – Hansmann/Kriss-Rettenbeck 1977, 191-232.

Abb. 7: Jagdszene. Länge des Hirsches: 16 cm, Höhe der Raute mit senkrechter Kerbe: 14,5 cm, Kerbentiefe: 1-4 mm, Zeitstellung: Spätmittelalter/ Neuzeit (Foto: F. Mandl)

lungen war wohl mit keiner besonderen Anstrengung verbunden. Wir müssen unseren felsbildschaffenden Wanderern eine gewisse Übung zuerkennen. Das teure Papier war zwar nicht auf der Alm verfügbar, aber auf Lebensmitteln wie Butter (Zeichnungen konnten mit einer Glättung leicht entfernt werden) und natürlich auf Holz, Rinde, Erde, Sand und Stein konnte geübt werden. Man kritzelte überwiegend in vergängliche Materialien. Auf der harten, grauen Oberfläche des Kalkgesteins hält eine Ritzung nur wenige Monate. Dagegen sind die mehrere Millimeter tiefen Ritzungen in der geschützten Verwitterungsrinde dieses Gesteins ungleich beständiger. In Tirol kann man Felsbilder mit rätischen Inschriften immerhin bis knapp vor Christi Geburt datieren.[16] Auf der Alm gab es auch Kinder, die für einfache Arbeiten herangezogen wurden. Der „Halterbub" und das „Hirtermadl" begegnen uns in Volksliedern. Kinder ab dem fünften Lebensjahr wanderten bereits mit dem Vieh auf den Weiden. Friedrich Simony hat in den 1840er Jahren einen Halterbuben (Kinder-Hirten) vom Dachsteingebirge abgebildet.[17] Dass Kinder ebenfalls ihre Wünsche in Felswände manifestierten, ist sehr wahrscheinlich.

Einige der hier vorgestellten Ritzungen scheinen von Kinderhand angefertigt worden zu sein. Viele oder wohl

die meisten Felsbilder haben Jugendliche und Erwachsene angefertigt. Dies lässt sich aufgrund der Motivwahl vermuten. Das Interesse an und das Wissen um Symbole und Zeichen bedürfen eines Informationsstandes, der sich erst im Verlauf der Jahre herausbildet. So wurden Jagdszenen vermutlich von Jägern und Wilderern in den Fels geritzt.

Die Felsbilder

Betrachten wir die Abbildung 4, dann erkennen wir ein tief eingeritztes mit Näpfchen verziertes „IHS" mit Herz und den Kreuznägeln. In der Mitte des Bildes ist ein Strichmännchen mit ausgestreckten Armen und geöffneten Beinen zu sehen. Der rautenartige Kopf wurde mit der verlängerten Linie des Köpers durchteilt. Auf der nächsten Abbildung (Abb. 5) ist eine mit einer senkrechten Kerbe durchteilte ovale Darstellung mit zwei Näpfchen zu sehen. Diese Figur könnte einen Kopf mit Nase und Augen darstellen. Doch auch eine für uns unbekannte Bedeutung ist denkbar. Rechts daneben sehen wir eine weitere menschliche Darstellung, ähnlich der auf Abbildung 4. Im unteren Bereich des Bildes ist noch eine stärker verwitterte Kerbenreihe vorhanden, wobei an die letzte Kerbe eine gebogene Linie angefügt wurde. Diese Kerbenreihe erinnert an eine Inschrift, sie könnte daher auch die Nachahmung einer Schrift durch Analphabeten sein. Vielleicht handelt es sich auch um

[16] Mandl 2011, 120.
[17] Riedl-Dorn 1996, 240, Abb. 372.

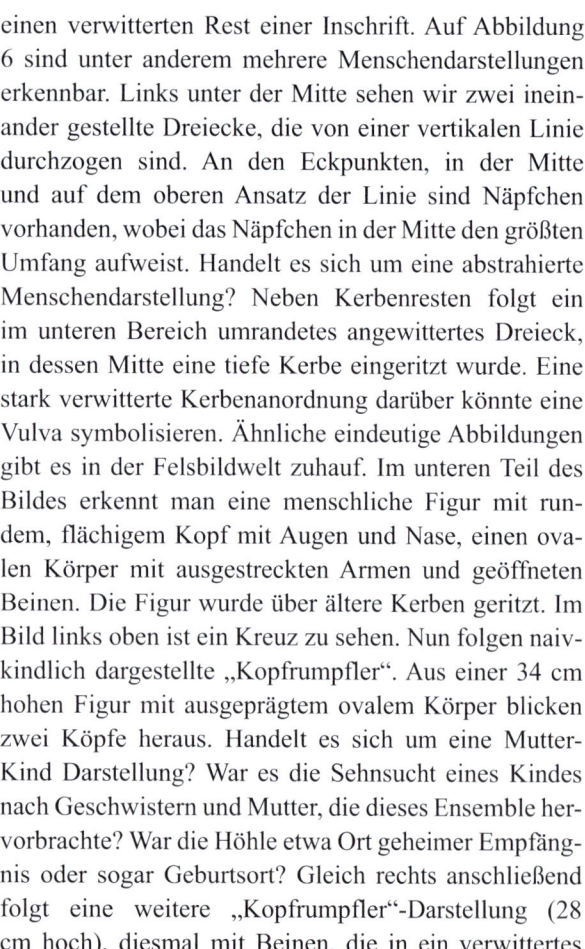

Abb. 8: Rind. Höhe: 14 cm, Kerbentiefe: 2-4 mm, Kreuz Höhe: 12 cm, Kerbentiefe: 2-5 mm, Zeitstellung: Neuzeit (Foto: F. Mandl)

Abb. 9: Kopfrumpfler. Länge: 24 cm, Kerbentiefe: 2-5 mm, Zeitstellung: Neuzeit (Foto: F. Mandl)

einen verwitterten Rest einer Inschrift. Auf Abbildung 6 sind unter anderem mehrere Menschendarstellungen erkennbar. Links unter der Mitte sehen wir zwei ineinander gestellte Dreiecke, die von einer vertikalen Linie durchzogen sind. An den Eckpunkten, in der Mitte und auf dem oberen Ansatz der Linie sind Näpfchen vorhanden, wobei das Näpfchen in der Mitte den größten Umfang aufweist. Handelt es sich um eine abstrahierte Menschendarstellung? Neben Kerbenresten folgt ein im unteren Bereich umrandetes angewittertes Dreieck, in dessen Mitte eine tiefe Kerbe eingeritzt wurde. Eine stark verwitterte Kerbenanordnung darüber könnte eine Vulva symbolisieren. Ähnliche eindeutige Abbildungen gibt es in der Felsbildwelt zuhauf. Im unteren Teil des Bildes erkennt man eine menschliche Figur mit rundem, flächigem Kopf mit Augen und Nase, einen ovalen Körper mit ausgestreckten Armen und geöffneten Beinen. Die Figur wurde über ältere Kerben geritzt. Im Bild links oben ist ein Kreuz zu sehen. Nun folgen naiv-kindlich dargestellte „Kopfrumpfler". Aus einer 34 cm hohen Figur mit ausgeprägtem ovalem Körper blicken zwei Köpfe heraus. Handelt es sich um eine Mutter-Kind Darstellung? War es die Sehnsucht eines Kindes nach Geschwistern und Mutter, die dieses Ensemble hervorbrachte? War die Höhle etwa Ort geheimer Empfängnis oder sogar Geburtsort? Gleich rechts anschließend folgt eine weitere „Kopfrumpfler"-Darstellung (28 cm hoch), diesmal mit Beinen, die in ein verwittertes

Dreieck reichen. Weiters sind ein seicht eingeritztes IHS, Grübchen und Kerbenreste zu sehen (Abb. 6).
In der Jagdszene sind ein Hirsch und eine menschenähnliche Figur (Abb. 7) in der gewohnten minimalistischen Strichtechnik ausgeführt. Die Striche rechts neben dem Tier könnten stark abstrahiert einen Jäger darstellen, der eine überdimensionale Armbrust mit Abzugbügel vor sich hält. Der Hirsch, dessen linke Körperseite zu sehen ist, wendet seinen Kopf, der mit einem prächtigen Geweih geschmückt ist, direkt dem Betrachter zu. Ob die ähnlich stark verwitterte Raute mit senkrechter Linie und zwei nach oben gerichteten seitlich abstehenden Kerben, die zwischen dem Geweih ansetzt, zur Jagdszene gehört, ist nicht mehr feststellbar. Sie könnte jedoch als Sexualsymbol (Phallus und Vulva) gedeutet und so in Verbindung mit einer Liebesgabe gebracht werden. Rechts daneben sind die ersten beiden Ziffern einer Jahreszahl „17.." zu erkennen, ein Hinweis für die Datierung dieser Figurengruppe, die nicht weiter als in die Neuzeit zurückreichen dürfte.
Abbildung 8 zeigt neben zahlreichen abstrakten Darstellungen mit unterschiedlicher Kerbentiefe (durchkreuzte Kreise, Ovale, Kreuze, Rauten) die Vorderansicht eines tierähnlichen Wesens. Wahrscheinlich handelt es sich um ein naiv dargestelltes Rind. Knapp unterhalb des Tieres wurde etwas schlampig eine Jahreszahl „1815" eingeritzt, deren erste Ziffer „1" direkt an ein mit Näpfchen verziertes Kreuz mit drei Balken anschließt. Die beiden

Abb. 10: Jäger mit Waffe. Höhe: 14 cm, Kerbentiefe: 0-3 mm, Zeitstellung: Neuzeit (Foto: F. Mandl)

gekerbten Bögen rechts darüber könnten Sicheln symbolisieren. Im rechten oberen Randbereich des Bildes ist eine ovale Vertiefung mit zwei Hörnern erkennbar. Möglicherweise handelt es sich um das Haupt einer Ziege oder einer Gämse.

Im Zentrum der Abbildung 9 befindet sich eine abstrahierte menschliche Darstellung. Auf dem Oval des Kopfes (mit Augen, Nase und Mund) sind noch die Reste einer Kopfbedeckung (Helm?) erkennbar. An den nach unten spitz zulaufenden Körper schließen drei Striche an, die die Beine ohne Füße und ein Schwert darstellen könnten. Nach diesem könnte der durch einen Strich angedeutete rechte Arm greifen, während der linke in die Hüfte gestemmt ist. Trotz der hohen Abstraktion erinnert die Pose dieses Strichmännchens an die in Felsbildern mehrfach belegten Landsknechtsdarstellungen aus dem 16./17. Jahrhundert. Rechts neben der Figur ist ein Kreis mit zwei nach oben gebogenen Linien und einer schräg nach unten weisenden Linie mit einem abschließenden Grübchen tief eingeritzt. Diese Darstellung könnte entweder als ein abstrahiertes Tier (Rind) oder ein Sexualsymbol gedeutet werden (Abb. 9). Am unteren Rand des Bildes befinden sich ein mit Näpfchen verziertes „IHS" sowie Kopf, Oberkörper und Arme eines Strichmännchens. Auf der letzten Abbildung dieses Beitrages (Abb. 10) ist die wenig differenzierte Darstellung eines menschenähnlichen Wesens zu erkennen. Vielleicht handelt es sich um eine von äußerst ungeübter Hand angefertigte Darstellung eines Jägers mit einer Armbrust oder einem

Gewehr. Deutlich tiefer wurde das Kerbengebilde links darunter eingeritzt.

Zusammenfassung

Die in die weichen Verwitterungsrinden des Kalkgesteins mit spitzen Gegenständen geritzten Zeichen und Schriften umfassen trotz ihrer technisch eingeschränkten Möglichkeiten einen breiten volkskundlichen Themenbereich. Zu nennen sind hier vor allem Motive, die sich auf Religion, Alltag, Arbeit und Jagd beziehen. Der Beitrag beschäftigt sich mit stark abstrahierten Darstellungen von Menschen und Tieren, die in reduzierter Art nur das Wesentliche abbilden. Die Ausführung der Bilder wirkt heute auf uns ungeübt und kindlich. Der Strich bestimmt die Formen. Die Darstellungen sind auf eine vertikale oder horizontale Basis-Linie aufgebaut. Kopf und Körper sind aufgefädelt. Daneben können wir mehr oder weniger deutbare Symbole sowie nicht mehr entschlüsselbare Ritzungen und Kerbenreste antreffen. Die Werke der „felsbildschaffenden Künstler" befinden sich überwiegend in der Einsamkeit versteckter und schwer zugänglicher Felswände. Und doch steht die Weitergabe von Informationen im Vordergrund. Wir stehen vor Abbildern, Phantasiebildern, Zeichen und Symbolen, deren Informationsgehalt meist nicht mehr nachvollzogen werden kann.

Literaturverzeichnis

Burgstaller 1972
E. Burgstaller, Felsbilder in Österreich (Linz 1972).

Dopsch 1999
H. Dopsch, Das Gebiet der Scheffau von den Anfängen menschlicher Besiedlung bis zum Ende des Mittelalters. In: J. Irnberger/E. Hiebl/T. Hellmuth (Hrsg.), Scheffau am Tennengebirge. Natur, Geschichte und Kultur (Scheffau 1999), 47-82.

Grabner 1998
E. Grabner, Amulette, Wallfahrtsmedaillen und verschiedene profane Gegenstände als Bodenfunde im Dachsteingebiet. In: G. Cerwinka/F. Mandl (Hrsg.), Dachstein. Vier Jahrtausende Almen im Hochgebirge. Mitteilungen der ANISA 18-1/2, 1998, 186-195.

Haberlandt 1956
A. Haberlandt, Zu einigen volkskundlichen Felsritzungen in den österreichischen Alpen. Archaeologia Austriaca 19/20, 1956, 239-249.

Hansmann/Kriss-Rettenbeck 1977
L. Hansmann/L. Kriss-Rettenbeck, Amulett und Talisman. Erscheinungsform und Geschichte (München 1977), 191-232.

Kittel 1985
E. Kittel, Felsbilder des Tennengebirges. In: W. Klappacher (Red.), Salzburger Höhlenbuch 4 (Salzburg 1985), 70-90.

Kittel 1986
E. Kittel, Alte Bilder, neue Gravuren. Felsbildforschung 1985. Tennengebirge. Atlantis. 2/86, 1986, 27-30.

Mandl 1996
F. Mandl, Kinderzeichnungen und Felsritzbilder. Bemerkungen zur typologischen Datierung von Felsbildern. In: Mitteilungen der ANISA. 17/1, 1996, 88-93.

Mandl 2011
F. Mandl, Felsbilder. Österreich – Bayern. Nördliche Kalkalpen. Forschungsberichte der ANISA 4 (Haus im Ennstal 2011).

Mandl 2012
F. Mandl, Felsbilder im Tennengebirge. In: Alpenvereinsjahrbuch. Der Berg 2013 (Bozen 2012), 70-75.

Mandl 2011
G. W. Mandl, Verwitterungsprozesse auf kalkhochalpinen Gesteinsoberflächen als Voraussetzung für Felsritzbilder. In: Forschungsberichte der ANISA 4 (Haus im Ennstal 2011), 48-52.

Nowak/Wollenik 1986
H. Nowak/F. Wollenik, Salzburger Felsbilder. Der Tennengau. Band 1 (Hallein 1986), 26-33.

Purtscheller 1884
L. Purtscheller, Das Tennengebirge. Zeitschrift des Deutschen und Österreichischen Alpenvereins XV, 1884, 102-139.

Repis 1964-1974
W. Repis, Felsbildkataster. Kopie mit Originalen (Archiv der ANISA, 1964-1974).

Riedl-Dorn 1996
C. Riedl-Dorn, Die Sammlung Friedrich Simonys am Naturhistorischen Museum/Wien. In: F. Speta (Red.), Ein Leben für den Dachstein. Friedrich Simony zum 100. Todestag. Ausstellungskatalog. Stapfia 43. Kataloge des Oberösterreichischen Landesmuseums – NF 103 (Linz 1996), 199-266.

Urbanek 1990
E. Urbanek, Felsritzzeichnungen in der Umgebung von Golling. Salzburg Archiv 10, 1990, 33-52.

Urbanek 1991
E. Urbanek, Felsritzzeichnungen in der Umgebung von Golling. In: Golling. Geschichte einer Salzburger Marktgemeinde (Golling 1991), 353-366.

Wiedl 1999
B. Wiedl, Scheffau in der Frühen Neuzeit. In: J. Irnberger/E. Hiebl/T. Hellmuth (Hrsg.), Scheffau am Tennengebirge. Natur, Geschichte und Kultur (Scheffau 1999), 83-108.

Wollenik 1999
F. Wollenik, Felsritzzeichnungen im Gemeindegebiet von Scheffau. In: J. Irnberger/E. Hiebl/T. Hellmuth (Hrsg.), Scheffau am Tennengebirge. Natur, Geschichte und Kultur (Scheffau 1999), 38-44.

Autorenverzeichnis

Franz Mandl
ANISA – Verein für alpine Forschung
Raiffeisenstraße 92
A-8967 Haus im Ennstal
franz.mandl@anisa.at

Uhren auf Tennengauer Türmen. Zeit-Künder und Zeit-Zeugen aus vier Jahrhunderten und zwölf Gemeinden

Michael Neureiter

Diesen Beitrag darf ich in respektvoller Verbundenheit Herrn RR Erich Urbanek widmen. Er hat in den letzten Jahren mit dem Auf- und Ausbau der Uhrensammlung im Turmuhrzimmer und der Einrichtung der Werkstatt von Georg Metzenrath im Museum Burg Golling einen österreichweit bedeutenden „Wallfahrtsort für Uhrenfreunde" geschaffen!

Aus elf der dreizehn heutigen Tennengauer Gemeinden sind historische mechanische Turmuhrwerke aus dem späten 16. bis in das späte 19. Jahrhundert erhalten. In Bad Vigaun, der zwölften Gemeinde, gibt es nur mehr Spuren zu einem Werk, in Scheffau gab es vermutlich nie ein historisches Turmuhrwerk mit Handaufzug. Dieser Überblick zeigt 13 Werke, welche in situ am historischen Standort erhalten sind – in den römisch-katholischen Pfarrkirchen Abtenau, Adnet, Bad Dürrnberg, Kuchl, Oberalm, Puch, Rußbach und St. Jakob am Thurn. Dazu kommen in situ erhalten auch die Turmuhrwerke des Pflegturms in Hallein, der Filialkirche Georgenberg in Kuchl, der Antoniuskapelle von Schloss Haunsperg, des Turms im ehemaligen Messingwerk Hammer in Oberalm und des Brunnenhauses von Schloss Urstein in Puch. Disloziert an einem anderen Standort erhalten sind die sechs Werke der röm.-kath. Pfarrkirchen Annaberg, Golling, Krispl und St. Koloman sowie das Turmuhrwerk des Halleiner Bürgerspitals und das Turmuhrwerk aus der Brauerei Kaltenhausen in Hallein.

19 Turmuhrwerke im Überblick

Es sind also im Tennengau 19 historische Turmuhrwerke (Abb. 1) erhalten, 15 Werke standen bzw. stehen auf Kirchtürmen, vier Werke in profanen Gebäuden. Dazu kommen Spuren zu insgesamt sechs verloren gegangenen Werken in Hallein (Stadtpfarrkirche, Gollinger Tor, Rathaus und Hauptschule Hallein/Stadt), in der Pfarrkirche Bad Vigaun und der Filialkirche Torren in Golling.

Es ist bemerkenswert, dass das Kulturgut Turmuhren in den einschlägigen Denkmälerinventaren wenig bis keinen Niederschlag findet: Im Dehio Salzburg wird landesweit ein einziges Uhrwerk erwähnt – Johann Benteles sen. Werk aus 1785 für das Brunnenhaus beim alten Schloss Urstein in Puch.[1] Beim Glockenspiel in Salzburg wird im Dehio zwar der Glockengießer erwähnt, nicht aber Jeremias Sauter als Erbauer des Werks. Joseph Dürlinger

erwähnt in seinem „Historisch-statistischen Handbuch der Erzdiöcese Salzburg in ihren heutigen Gränzen" im 5. Heft „Decanat Hallein" nur das Turmuhrwerk Krispl (1731).[2] Und im Band XX der Österreichischen Kunsttopographie „Die Denkmale des politischen Bezirkes Hallein" sind immerhin Turmuhren der Pfarrkirchen Dürrnberg, Puch, St. Jakob am Thurn und Bad Vigaun erwähnt.[3] Turmuhrwerke und Sonnenuhren waren durch Jahrhunderte die einzigen öffentlichen Zeit-Künder. Turmuhrwerke sind auch Zeit-Zeugen der technischen Entwicklungen seit dem Spätmittelalter. Turmuhrwerke sind also Chronometer und Chronisten in einem. Im Tennengau gibt es historische Turmuhrwerke im Zeitraum von ca. 1570 bis 1894. Hier ein Überblick über die 19 erhaltenen Werke, die durchwegs außer Betrieb sind. Einige sind betriebsfähig, zwei sind betriebsbereit. Nach Möglichkeit ist dieser Überblick altersgemäß gereiht – bei Ermangelung der Entstehungszeit wurden die Werke nach Umbaujahren oder Ähnlichem eingeordnet.

Das älteste Tennengauer Turmuhrwerk in Oberalm/Haunsperg

Dieses steht im Turm der Antoniuskapelle von Schloss Haunsperg in Oberalm. Der Kunstsinnigkeit der Eigentümerfamilie Gernerth ist es zu verdanken, dass das spätgotische Werk aus dem späten 16. Jahrhundert in gutem Zustand erhalten ist. Es dürfte aus der Zeit des Umbaus eines mittelalterlichen Turms in die heutige Form des Ansitzes (um 1600?) und der Errichtung der Kapelle stammen[4] und ist sehr wahrscheinlich das älteste betriebsbereite Turmuhrwerk Österreichs am ursprünglichen Standort (Abb. 2). Die Glocke ist mit 1570 datiert. Das Uhrwerk weist noch die originale Waaghemmung auf. In die Gotik verweist das vernietete Gestell – die vier Eckpfeiler und die beiden Gestellkränze sind fix verbunden. In der Draufsicht sind die diagonal gestellten

[1] Euler/Acker-Sutter 1986, 307.

[2] Dürlinger 1862, 564.
[3] Buberl 1927, 66, 215, 232, 261, 274.
[4] Euler/Acker-Sutter 1986, 284-285.

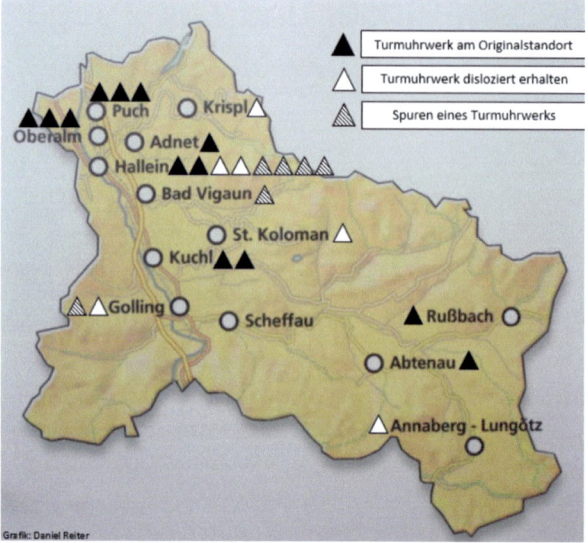

Abb. 1: Tennengauer Turmuhren-Karte mit den in situ bzw. disloziert erhaltenen Turmuhrwerken und den Werken, von denen es nur mehr Spuren gibt (Grafik: D. Reiter)

Eckpfeiler besonders gut sichtbar. Neben den schönen gotischen Fialen[5] (Abb. 26) gehören die Schnurscheiben für das Gehwerk und das (Stunden)Schlagwerk ebenso zu den Besonderheiten dieses ältesten Zeitkünders des Tennengaus wie die drei Zifferblätter am Turm mit jeweils nur einem Zeiger, einem Stundenzeiger.

Überraschung aus dem Depot: das Turmuhrwerk des Halleiner Bürgerspitals

Bei den Recherchen für diesen Beitrag gab es auch eine große Überraschung. Der Restaurator des Keltenmuseums Hallein Dirk Böckmann fand im Depot ein Eisenwerk, das sehr rasch als gotisches Turmuhrwerk identifiziert werden konnte, das mit hoher Wahrscheinlichkeit aus dem Turm des ehemaligen Bürgerspitals stammt (Abb. 3). Wie sich herausstellte, wurde das aus dem 16. Jahrhundert stammende Werk, mit dessen Instandhaltung wie jener der Hofuhr (Pflege), der Rathausuhr und der Brückenuhr (Gollinger Tor) 1658 ein „bewährter Uhrrichter" beauftragt wurde,[6] später von der Waag-Hemmung auf den Spindelgang mit Kurzpendel umgebaut, den Christiaan Huygens 1656 erfunden hatte.[7] Wie das Werk in Oberalm/Hammer weist auch dieses zwei geschlossene waagrechte Gestellkränze auf, die mit den schräg stehenden Eckpfeilern fix vernietet sind. Der Grundriss ist quadratisch, die in Fialen mündenden Eckpfeiler gekröpft. Der Bürgerspitalsturm wies noch 1908 Zifferblätter auf.[8] Das Werk dürfte damit in den ersten Jahrzehnten des 20. Jahrhunderts – wie später die Orgel und der Altar – aus dem Bürgerspital in das Museum übersiedelt sein.

Das Turmuhrwerk der Pfarrkirche Puch

Nun kommt eine der wichtigen Salzburger Turmuhrmacher-Familien in Blick. Jeremias Sauter erhält 1687 für eine neue Uhr in Puch 130 Gulden.[9] Das Werk steht noch heute im Turm, hat allerdings einige Umbauten hinter sich – am besten sichtbar am Stiftenrad im Gehwerk (Abb. 4). Das Viertelstundenschlagwerk befindet sich in der Mitte, das Stundenschlagwerk rechts. Ursprünglich wies das Werk einen Spindelgang mit waagrechter Spindel und kurzem Pendel auf, später wurde es auf den Hakengang mit langem Pendel umgebaut. Dabei dürften auch die Verzierungen an den oberen Enden der Eckpfeiler und Lagerbänder beseitigt worden sein. Der zweite Umbau erfolgte im 19. Jahrhundert, als eine Stiftenhemmung mit Sekundenpendel eingebaut wurde. Funktionslose Öffnungen verweisen auf die beiden Umbauten.

Der Turm des ehemaligen Messinghammers in Oberalm

Hier befindet sich ein kleines Uhrwerk (Abb. 5) aus der ersten Hälfte des 18. Jahrhunderts – vermutlich aus der Entstehungszeit der Kapelle 1726. Im Bild links befindet sich das Gehwerk mit Hakenrad und Anker, in der Mitte das Viertelstundenschlagwerk und rechts das Stundenschlagwerk. Die acht Gestellpfeiler enden in einfach gerollten Fialen (Abb. 27). Von den drei Gewichten ist nur ein Steingewicht erhalten. Die Pendellinse stammt sicher von einem späten Umbau.

Das Turmuhrwerk der Pfarrkirche Krispl

Das Krispler Werk „ist Geschenk der Kirche Adnet a. 1731".[10] Das Werk mit Gehwerk und Stundenschlagwerk dürfte tatsächlich aus dem 18. Jahrhundert stammen und wurde wohl erst im 19. Jahrhundert auf die Stiftenhemmung umgebaut, die 1741 Louis Amant erfunden hatte.[11] Im Bild ein Blick auf die Schmalseite mit dem Gehwerk, dahinter das Stundenschlagwerk. Das Gestell ist jeweils doppelt verkeilt (Abb. 6). Die steinerne Pendellinse mit der Signatur „J.F." verweist möglicherweise auf diesen Umbau und auf Johann Baptist Fischer, der 1873 den Mannhardtschen „Freischwinger" im Turm des Salzburger Neugebäudes aufstellte. Dieser Freischwinger diente nach einem nur in Fragmenten erhaltenen barocken Vorgängerwerk als Antrieb für die Zifferblätter und – um eine 24-Stunden-Scheibe ergänzt – als Steuerungswerk für das Glockenspiel und seine drei täglichen Abläufe.[12]

---

[5] Komzak 2013, 13, Abb. 27, 20.
[6] Hinweis von A. Holzner, Keltenmuseum Hallein.
[7] Abeler 1994, 36. – siehe auch: Huygens 1913, 3.
[8] Hinweis von A. Holzner, Keltenmuseum Hallein.

[9] Buberl 1927, 215.
[10] Dürlinger 1862, 564.
[11] Bassermann-Jordan 1982, 382.
[12] Plasser 2009, 210.

Abb. 2-11: Turmuhren des Tennengaues. 2: Das Turmuhrwerk aus dem ausgehenden 16. Jahrhundert in Oberalm/Haunsperg. 3: Das gotische Turmuhrwerk aus dem Turm des ehemaligen Bürgerspitals. 4: Die Turmuhr in der Pfarrkirche Puch. 5: Das Turmuhrwerk des ehemaligen Messinghammers in Oberalm. 6: Das Turmuhrwerk 1731 von Krispl. 7: Das Turmuhrwerk 1764 von der Pfarrkirche Golling. 8: Das Turmuhrwerk 1779 von Annaberg. 9: Das Turmuhrwerk Abtenau. 10: Das Werk aus 1785 im Brunnenhaus von Schloss Urstein in Puch. 11: Das 1788 von Johann Bentele sen. auf den „Englishen Perpentickel" (Hakengang mit langem Pendel) umgebaute Turmuhrwerk Maria Dürrnberg. 12: Das 1789 umgebaute Turmuhrwerk der Pfarrkirche Kuchl (Fotos: M. Neureiter)

Das Turmuhrwerk der Pfarrkirche Golling

Johann Bentele sen. baute dieses Werk 1764, er arbeitete zu dieser Zeit noch in der Werkstatt seines Onkels Jakob Bentele als Geselle. Es war sein erstes eigenes Werk, 1765 folgten das Werk für Lofer[13] und 1767 das Werk für Maria Kirchenthal. 1769 löste Johann sen. seinen Onkel als Hof-Groß-Uhrmacher ab und nahm diese Aufgabe bis 1804 wahr, als sein Sohn Johann jun. diese Funktion übernahm.[14] Johann Bentele sen. ist im Tennengau stark mit Neubauten und Umbauten vertreten. Mit mindestens acht der 19 erhaltenen historischen Turmuhrwerke des Tennengaus hatte ein Mitglied der Turmuhrenfamilie Bentele zu tun. Sie wohnte und arbeitete von 1734 bis 1826 in Salzburg, ab 1775 im Haus Kaigasse 3, in dem heute „Zwettlers Gasthaus" untergebracht ist. Das Turmuhrwerk der Pfarrkirche Golling (Abb. 7) wurde 1764 neu angefertigt und kostete 200 Gulden. Es wurde auf Initiative des Kustos des Museums Burg Golling, Erich Urbanek, sichergestellt und befindet sich nach der Restaurierung nun im Turmuhrzimmer des Museums.[15]

Das Turmuhrwerk der Pfarrkirche Annaberg

Dieses Werk (Abb. 8) wurde sehr wahrscheinlich auch von Johann Bentele sen. im Jahr 1779 angefertigt. Das Baujahr des kleinen Werks wird durch das Kontroll-zifferblatt auf dem Werk belegt, das sich jetzt im Heimatmuseum Gererhof in Annaberg befindet. Es zeigt neben dem Stiftswappen das Wappen von Abt Beda Seeauer, welcher von 1753 bis 1785 Abt von St. Peter war, und trägt nur einen Minutenzeiger. Sonst wurde auf Schmuckelemente weitgehend verzichtet. Die waagrechten Spangen weisen die für Bentele üblichen Verzierungen bei den verbindenden Knoten auf.

Das Turmuhrwerk der Pfarrkirche Abtenau

Auch in der Zeit von Abt Beda Seeauer wurde das Werk der Pfarrkirche Abtenau (Abb. 9) hergestellt bzw. umgebaut. Hier gibt es als Beleg wie in Annaberg eine Blechtafel mit den Wappen des Stifts und von Abt Beda Seeauer – diesmal auf die Pendellinse montiert. Eine genauere Untersuchung wird ergeben, ob mehrere nun funktionslose Öffnungen im Gestell auf ein erst durch Johann Bentele (?) auf den Hakengang umgebautes Werk verweisen. Bentele baute 1780 auch das Turmuhrwerk der Stiftskirche St. Peter und lieferte 1794 zwei Stockuhren für den Pfarrhof Abtenau.[16] Am 115 cm breiten Werk der Pfarrkirche Abtenau fällt neben der Größe – das Werk in Dürrnberg ist 130 cm breit, das Werk in Oberalm ist wie

das in Rußbach 120 cm breit, das Werk in Kuchl 118 cm – auch das Kontrollzifferblatt auf (Abb. 24) sowie die Tatsache, dass schon sehr früh eine zusätzliche Walze als Hilfsgehwerk eingebaut wurde, und zwar wohl zur Unterstützung des überforderten Gehwerks? Im Bild ist es links von der Mitte zu sehen, wo das Gehwerk lief. Der erste Befund ergab auch, dass es eine Ableitung zu einer Orgeluhr mit Zifferblatt und Schlagschelle(n) gab, vermutlich bis zum Einbau der neuen Orgel 1939?

Das Brunnenhaus von Puch/Urstein

1785 wurde dieses kleine Turmuhrwerk von Johann Bentele sen. geschaffen (Abb. 10). Die Schläge des dreiteiligen Werks erfolgten auf eine Klangschelle und eine Glocke (Abb. 36), auf dem Werk sitzt eine Tafel zur Information über den Erbauer: „Johann Bentele. Hof- und bürgerl. Großuhrenmacher in Salzburg. Fecit Nr. 17. 1785". Möglicherweise wird das Werk, das als einziges Turmuhrwerk im „Dehio Salzburg"[17] angeführt wird, in nächster Zeit revitalisiert werden.

Die Pfarr- und Wallfahrtskirche in Hallein/Dürrnberg

Die Dürrnberger Kirche wurde 1614 geweiht. In ihrem Turm befindet sich ein Werk, das 1788 umgebaut wurde und ursprünglich vermutlich etwa 100 Jahre älter ist (Abb. 11). Der Umbau (Abb. 25) auf den Clementschen Hakengang erfolgte durch Johann Bentele sen., den wichtigsten Hofuhrmacher aus der Familie Bentele. Der Autor dieses Beitrags begann 1970 seinen Einsatz für die Rettung, die Restaurierung und die Revitalisierung historischer Turmuhrwerke. Er konnte das bereits für den Abtransport zerlegte Werk vor der Entsorgung durch einen Alteisenhändler retten, im Jahr 2000 brachte er es wieder an den „Tatort im Kirchturm" zurück. Im Jahr 2013 konnte er die Revitalisierung des Turmuhrwerks von Konrad Grienberger aus 1523 im Kirchturm von Axams abschließen – vermutlich ist es das älteste Turmuhrwerk in Dauerbetrieb im gesamten deutschen Sprachraum.

Das Werk der Pfarrkirche Kuchl

Der Turm der Kuchler Kirche erhielt in der Zeit der Aufklärung 1789 den achteckigen Aufsatz, auf dem der Glockenhelm mit achtseitiger Laterne ruht. Im gleichen Jahr des Beginns der Französischen Revolution wurde das vorhandene Turmuhrwerk von Johann Bentele sen. um 118 Gulden auf den Hakengang und das lange Pendel (Clementscher Gang) umgebaut[18], die Pendellinse verweist mit ihrer Inschrift „J.B. 1789" darauf (Abb. 12, 34). Das ursprüngliche Werk stammte vermutlich aus

---

[13] Martin 1934, 127. – Die Pendellinse trägt hier die Inschrift „J.P.1765", wie die Schreibweisen „Bentele" und „Pendele" öfters wechseln.
[14] Preiß 1990, 3-4.
[15] Siehe weiterführend: www.horologium.at/typo3/fileadmin/Restaurierungsberichtgolling.pdf
[16] Buberl 1927, 6.

[17] Euler/Acker-Sutter 1986, 307.
[18] Preiß 1990, 4.

Abb. 13-19: Turmuhren des Tennengaues. 13: Das Turmuhrwerk 1790 aus der Pfarrkirche von Oberalm. 14: Das 1793 umgebaute Turmuhrwerk von St. Jakob am Thurn. 15: Das Turmuhrwerk 1812 vom Georgenberg in Kuchl. 16: Das Turmuhrwerk aus dem Hofbräu Kaltenhausen. 17: Das Turmuhrwerk 1865 der Pfarrkirche Rußbach. 18: Das Turmuhrwerk von St. Koloman. 19: Das Adneter Turmuhrwerk aus 1891. 20: Das Uhrwerk 1894 am Halleiner Pflegturm (Fotos: M. Neureiter)

der Werkstatt des Hofuhrmachers Joseph Christoph Schmidt, der 1712 als Nachfolger Jeremias Sauters das Salzburger Bürgerrecht[19] erwarb, darauf verweisen Verzierungen an den waagrechten Bändern.

1790: Das nächste Bentele-Werk für die Pfarrkirche Oberalm

Eine Pendellinse mit der Inschrift „J.B. 1790" gibt es im Tennengau zwei Mal, in Oberalm und in Bad Vigaun. Das Werk in Oberalm (Abb. 13) dürfte von Bentele stammen, es wurde wohl im 19. Jahrhundert auf den Stiftengang umgebaut und weist – wie das Turmuhrwerk Abtenau – eine Minutenwelle zu einem früheren Orgelzifferblatt auf. Neben den drei prächtigen Steingewichten – eines trägt die Jahreszahl 1914 (Abb. 35) – ist die schöne Uhrenstube besonders zu erwähnen. Die Uhrenstuben sorgten für den Schutz des Uhrwerks vor Staub und Vögeln und weisen oft auch Inschriften auf – von Besuchern, von Mesnern und anderen für den täglichen

Aufzug Verantwortlichen. Ein Rätsel birgt die Inschrift „1620 L G" auf dem Windrad des Viertelschlagwerks (Abb. 37).

1793: Ein Bentele-Umbau in der Pfarrkirche St. Jakob am Thurn

Johann Bentele ist im Tennengau 1785, 1788, 1789 und 1790 gleich zwei Mal belegt, er hatte in diesem heutigen Bezirk also einiges zu tun. 1793 folgte ein Auftrag für St. Jakob am Thurn. Der Befund, die Auftragssumme von 88 Gulden und die Inschrift der Pendellinse „J.B. 1793" belegen, dass es sich um einen Umbau handelte, und zwar wohl wieder um den Einbau des Hakengangs mit langem Pendel. In St. Jakob, wo der Turm 1725 neu aufgebaut wurde[20], fällt auf, dass die Konstruktion der Hemmung jener im Turmhaus Kleßheim total gleicht, wo Bentele 1794 ein Werk von Joseph Christoph Schmidt aus 1732 umbaute, unter anderem mit der gleichen Form der Schmuckelemente an den Gestellspangen (Abb. 14).

[19] Hangler o. J., 4.

[20] Buberl 1927, 231.

Abb. 21-31: Bauliche Besonderheiten zu Turm-uhren des Tennengaues. 21: Der Turm der Antoniuskapelle in Oberalm/Haunsperg. 22: Die Pfarrkirche Bad Vigaun. 23: Der Innenraum der Halleiner Stadtpfarrkirche anfangs des 20. Jahr-hunderts (Buberl 1927, 97). 24: Das „Kontroll-zifferblatt" in Abtenau. 25: Das Schild am Turm-uhrwerk Dürrnberg informiert über den Umbau 1788. 26: Detail des gotischen Turmuhrwerks in Oberalm/Haunsperg. 27: Schmuckelemente am Werk im Turm des ehemaligen Messingwerks Hammer. 28: Rollwerk an einem Eckpfeiler in St. Jakob am Thurn. 29: Detail des Turmuhrwerks Krispl. 30: Die Spindelhemmung der Bürger-spitalsuhr. 31: Das Hakenrad des Clement-Ankergangs in Golling (Fotos: M. Neureiter)

Die Rollwerke an den vier Eckpfeilern des Werks (Abb. 28) erinnern wie Spuren eines Umbaus des Gehwerks an das frühere 1793 umgebaute Werk. Interessant ist auch, dass in St. Jakob wie in Kleßheim die schmückenden Rollwerke der Gestellpfeiler erhalten blieben und nicht wie sonst sehr oft abgeschrotet wurden. Das Uhrwerk in St. Jakob hatte die Zifferblätter am Turm und ein Zifferblatt an der Orgelempore zu bewegen.

Die Filialkirche am Kuchler Georgenberg

Aus 1812 stammt dieses Turmuhrwerk, wieder aus der Werkstatt der Familie Bentele, aber diesmal von Johann jun., der 1804 nach seinem Vater Hof-Groß-Uhrmacher wurde und schon 1802 die Turmuhr des Salzburger Rathauses ohne „beyhilfe" allein verfertigte.[21] Johann sen. verstarb 1811, ein Jahr später lieferte Johann jun. das zweiteilige Werk für die Filialkirche Georgenberg in Kuchl, das nur das zugangsseitige Zifferblatt antrieb (Abb. 15). Johann jun. starb 1826. Das Werk am Georgenberg ist komplett, auch die beiden hölzernen Gewichtskübel des Werks für Gehwerk und Stundenschlagwerk sind vorhanden.

Das Turmuhrwerk aus dem Hofbräu Kaltenhausen

Es ist ein Exot in der Turmuhrenlandschaft des Tennengaus und des gesamten deutschen Sprachraums. Das Werk stammt ursprünglich aus dem 18. Jahrhundert. Es wurde wahrscheinlich mit der Einrichtung der Kapelle im Brauhaus Kaltenhausen 1765 angeschafft und schon mit dem Hakengang geliefert, die steinerne Pendellinse könnte auf die Bentele-Werkstatt verweisen (Abb. 16). Es ist mit dem Messinghammer in Oberalm und dem Pflegturm in Hallein das dritte Werk aus einem Verwaltungsgebäude. Im 19. Jahrhundert wurde die Kapelle 1848 benediziert. Das könnte auch die Zeit sein, in der man das vorhandene Werk mit Gehwerk und Stundenschlagwerk so umbaute, dass es auf eine weitere Glocke/Schelle zusätzlich auch die Viertelstunden schlagen konnte. Dazu griff man hier auf die Technik des „Schweizer Surrers" zurück, die bei Schwarzwalduhren zum Einsatz kam: Das Hebstiftenrad trägt auf der einen Seite vier unterschiedlich lange und auf der anderen Seite zwölf unterschiedlich lange Stifte und macht zu jedem Viertelstundenschlag eine volle Umdrehung. Je nach Platzierung der Schlaghebel werden unterschiedlich viele Viertel- und Stundenschläge ausgelöst. Die bisherigen Recherchen ergaben, dass es ein einziges vergleichbares Turmuhrwerk (aus ca. 1830 bis 1850) gibt, und zwar im Uhrenmuseum Bad Grund in Niedersachsen.

Das Turmuhrwerk der Pfarrkirche Rußbach

Es ist das erste Werk im Tennengau, das den „Industriewerken" zuzuordnen ist. Das Gestell ist nicht mehr geschmiedet, sondern gegossen, nur wenige Teile sind geschmiedet. Das große Werk ist mit einer Signatur versehen: „Josef Auer 1865". Dieser wird das Werk wohl nicht selbst hergestellt, sondern von einem Fachbetrieb besorgt und in der 1859/1860 errichteten Kirche in Rußbach eingebaut haben (Abb. 17). Das Werk ist im Tennengau das einzige mit horizontal laufenden Windflügeln der beiden Schlagwerke. Ein Indiz für die späte Bauzeit im fließenden Übergang von geschmiedeten zu industriell gefertigten Turmuhrwerken in der 2. Hälfte des 19. Jahrhunderts ist auch die Tatsache, dass das Gestell nicht mehr verkeilt, sondern gänzlich verschraubt ist.

Der Turm der Pfarrkirche St. Koloman

Am 15. Dezember 1768 brannte die Kirche bis auf die vier Mauern „aus blosser Übersehung durch den Mesner und dessen Cantor, der, da die Uhr stehen geblieben war, eine Glutpfanne in den Thurm stellte," ab.[22] Unter den zahlreichen Investitionen in der 2. Hälfte des 19. Jahrhunderts fand sich wohl auch eine neue Turmuhr, die mit dem in der Bauweise verwandten Werk von Adnet einen interessanten Übergang signalisiert (Abb. 18). Das Werk von Rußbach aus 1865 ist der erste Exponent der Industrieuhren, die späteren Werke von St. Koloman und Adnet sind letzte Vertreter der Ära der Schmiedeeisenuhren. Beide sind zwar schon verschraubt, aber noch größtenteils geschmiedet.

Das Turmuhrwerk der Pfarrkirche Adnet

Auch das Werk in der Pfarrkirche Adnet hängt mit einem Brand zusammen. 1890 brannten der Turm und der Dachstuhl der Pfarrkirche, in der Folge kam es zu einer völligen Erneuerung des Inventars.[23] Die älteste Glocke wurde 1890 angeschafft[24], das Turmuhrwerk ist mit 1891 datiert (Abb. 19). Wie das Werk von St. Koloman weist es ein bogenförmiges Gestell auf, das ebenfalls verschraubt ist. Eine technische Besonderheit ist die Schlossscheibe des Stundenschlagwerks mit der seitlichen Verzahnung.

Die Uhr im Halleiner Pflegturm

Es ist das jüngste Werk im Tennengau und das einzige aus der Generation der sogenannten „Industrieuhren", die überhaupt keine geschmiedeten Teile mehr aufweisen. Der Rahmen trägt die Inschrift des Herstellers

---

[21] Preiß 1990, 5.

[22] Buberl 1927, 240.
[23] Euler/Acker-Sutter 1986, 8.
[24] Buberl 1927, 44.

„F.X.Schneider Freudenthal österr. Schlesien" – heute Brunthal in Tschechien – und die Jahreszahl 1894. Die Hemmung ist ein Stiftengang[25] (Abb. 20). Es handelt sich um das jüngste der erhaltenen historischen Turmuhrwerke des Tennengaus mit Handaufzug. Ältere Stadtansichten belegen, dass der 1621 errichtete Pflegturm bis 1855 höher war. Von einer Vorgängeruhr sind ein Steingewicht und zwei Schlagschellen erhalten. Wie das älteste Tennengauer Turmuhrwerk in Schloss Haunsperg ist auch das jüngste Werk am Halleiner Pflegerplatz betriebsbereit.

Bauliche Besonderheiten

Zifferblätter und Inschriften

Zwei der drei Zifferblätter der Antoniuskapelle in Haunsperg (Abb. 21) tragen je einen (Stunden)Zeiger, das dritte keinen Zeiger mehr. Ebenfalls nur die Stunden zeigen beispielsweise die Zifferblätter am Turm der Pfarrkirche Schwallenbach in der Wachau oder am Torturm von Schloss Niederleis im Weinviertel. In Bad Vigaun (Abb. 22) ist ein Vergleich der Sonnenuhr, datiert 1763, mit der Zeitanzeige des Zifferblatts der Turmuhr möglich. Ein Vorgängerwerk wurde 1650 von Hans Sauter um 38 Gulden repariert.[26] Orgeluhren, also in den Orgelprospekt integrierte Zifferblätter, gab es nachweislich jedenfalls auch in den Pfarrkirchen Abtenau, Hallein, Kuchl, Oberalm und St. Jakob am Thurn. Nur in Bad Vigaun ist das Zifferblatt an der Orgel (1865) erhalten. In der Halleiner Stadtpfarrkirche (Abb. 23) war bis zum Stadtbrand 1943 und zum Turmeinsturz 1945 im Kirchenraum nicht nur ein Orgelzifferblatt vorhanden, sondern auch ein zusätzliches Zifferblatt im Bogen über der Teilung des Langhauses. Das „Kontrollzifferblatt" diente meist mit nur einem Zeiger, dem Minutenzeiger, zur Überprüfung des Anzeigestands der Zifferblätter außen am Turm.
Im Bild (Abb. 24) das waagrechte Kontrollzifferblatt an der Decke der Uhrenstube im Turm der Pfarrkirche Abtenau. Der Ziffernring verzichtet ganz auf die Stundenziffern. Das große Kontrollzifferblatt des Werks der Pfarrkirche Kuchl ist ebenfalls waagrecht angebracht – am Werk und nach oben gerichtet. In Annaberg verzichtet der Ziffernring des Kontrollzifferblatts auf die Minutenanzeige und beschränkt sich auf die Viertelstundenangabe. Die Wappen von St. Peter und Abt Beda Seeauer samt Jahreszahl 1779 ergänzen die Information. Die gleiche Darstellung dürfte das restaurierungsbedürftige Schild enthalten, das auf der Pendellinse des Turmuhrwerks Abtenau vorhanden ist. Recht karg sind im Tennengau Inschriften auf Turmuhrwerken. Auf dem Gestell gibt es nur den Hinweis von 1865 in Rußbach.

[25] B. Schmidts Datenträger mit 564 Turmuhrwerken enthält unter Nr. 425 ein einziges verwandtes Turmuhrwerk von F. X. Schneider, Freudenthal, mit Stiftengang und dem Baujahr 1889.
[26] Buberl 1927, 261.

Kleine Schilder sind in Puch/Urstein (1785), Kuchl/Georgenberg (1815) und Adnet (1891) vorhanden. In Hallein/Dürrnberg (Abb. 25) informiert ein Schild über den Umbau auf den Hakengang: „Renovirt und zum Englischen Perpentickel gemacht Johann Bentele Hof und Burgl: Großuhrnmacher in Salzburg 1788"

Gestelle

Die Kreuzblume eines der vier Gestellpfeiler des Turmuhrwerks der Antoniuskapelle von Schloss Haunsperg (Abb. 26) stammt im vernieteten Gestell mit Schrägstellung der Pfeiler ohne Zweifel aus dem 16. Jahrhundert. Siehe auch die gotische Fiale mit Kugel der Turmuhr des Halleiner Bürgerspitals (Abb. 3). Im Turmuhrwerk des Messinghammers in Oberalm (Abb. 27) ergänzen sich die einfach gerollten Fialen der Gestellpfeiler und die schneckenförmigen Verzierungen auf den vier Lagerbändern der drei Teilwerke. Die Rollwerke auf den vier Eckpfeilern des Turmuhrwerks in St. Jakob am Thurn (Abb. 28) sind ein deutlicher Hinweis auf seine frühere Entstehung und seinen Umbau im späten 18. Jahrhundert – mit der dabei ergänzten Pendellinse aus 1793. Gut sichtbar sind Spuren der Rostschutzfassung mit saturnroter Bleimennige. Ein Beweis für die Perfektion der Schmiedearbeiten an Turmuhrwerken ist das Lager von Ankerwelle und Pendelgabel beim Turmuhrwerk Krispl (Abb. 29), links die Pendelfeder.

Hemmungen

Die Waag des Turmuhrwerks von Schloss Haunsperg aus dem späten 16. Jahrhundert ist erhalten. Die Bürgerspitalsuhr (Abb. 30) wurde von der Waaghemmung auf die Spindelhemmung mit kurzem Pendel umgebaut, das belegen Schmiedespuren und funktionslose Öffnungen am Gestell. Der „Clementsche Gang", der von William Clement 1670/71 erfundene „Englische Perpentickel" mit Anker und langem Pendel, setzte sich auch im Tennengau im 18. Jahrhundert durch und war der Grund für zahlreiche Umbauten. Im Bild (Abb. 31) das Hakenrad und der Anker des Turmuhrwerks Johann Benteles 1764 der Pfarrkirche Golling, heute im Museum Burg Golling. In Puch, Krispl und in Oberalm (Abb. 32) wurden die barocken Werke im 19. Jahrhundert auf den Stiftengang umgebaut. In Rußbach kam 1865, am Halleiner Pflegturm 1894 ein neues Werk mit dieser Hemmung zum Einsatz.

Schlagwerke

Von einer Ausnahme abgesehen sind die Turmuhrwerke im Tennengau durchwegs mit einem „Schlossscheibenschlagwerk" ausgestattet. Die Schlossscheibe (Abb. 33) bestimmt die Länge des Schlagwerkslaufs und damit die Zahl der Stundenschläge. Meist sind die Schlossscheiben innen verzahnt, am Dürrnberg und am Pfleg-

Abb. 32-36: Bauliche Besonderheiten zu Turm-uhren des Tennengaues. 32: Das Stiftenrad des Werks der Pfarrkirche Oberalm. 33: Die Schlossscheibe des Turmuhrwerks der Pfarr-kirche Oberalm. 34: Die Pendellinse „J.B. 1789" von Kuchl. 35: Die drei steinernen Gewichte des Turmuhrwerks der Pfarrkirche Oberalm, das vorne liegende Gewicht trägt die Jahreszahl „1914". 36: Schlagschelle (links) sowie Läut- und Schlagglocke (rechts) mit den barocken Schlaghämmern aus 1785 im Brunnenhaus von Puch/Urstein (Fotos: M. Neureiter)

turm außen, in Adnet seitlich. Die Ausnahme ist das Surrer-Schlagwerk der Uhr aus Kaltenhausen (Abb. 16). Ein Turmuhrwerk mit einem Rechenschlagwerk ist im Tennengau nicht vorhanden.

Pendel und Gewichte

Im Tennengau sind neun Pendellinsen aus Stein erhalten, die meisten stammen von Um- oder Neubauten der Benteles. Wie die Pendellinse von Vigaun wurde auch die Pendellinse der Pfarrkirche Oberalm im gleichen Jahr 1790 von Johann Bentele sen. signiert. In Oberalm und Vigaun war es vermutlich ein Neubau, in Kuchl war es ein Umbau (Abb. 34). Die Materialien der Uhrgewichte (Abb. 35) reichen von Marmor über Gewichtskisten aus Holz bis zu gefüllten Blechzylindern.

Glocken und Klangschalen und ein Rätsel

Als Schlagglocken dienten in der Regel Glocken des Geläutes auf dem jeweiligen Turm. Fallweise waren keine Läutglocken vorhanden. Auf dem Halleiner Pfleg-turm gibt es deshalb zwei Schlagschellen und in Puch/

Urstein eine Schlagschelle zusätzlich zur Läutglocke (Abb. 36).

Spuren verlorener Turmuhrwerke

19 erhaltene Turmuhrwerke führen zu vielen offenen Fragen, ein Rätsel bleibt jedenfalls: Der Windflügel des Viertelstundenschlagwerks der Turmuhr der Pfarrkirche Oberalm (Abb. 37) weist die Inschrift „1620 L G" auf. Hinweise auf verloren gegangene Turmuhrwerke wurden bereits erwähnt. In Vigaun reparierte Hans Sauter 1650 ein Turmuhrwerk. An das 1790 von Johann Bentele umgebaute oder neu eingebaute Werk[27] erinnert neben zwei im Tauglwald „entsorgten" und wieder aufge-fundenen Steingewichten auch die Pendellinse von 1790. Hans und Jeremias Sauter prägten die Turmuhrenland-schaft in der 2. Hälfte des 17. Jahrhunderts. Sie wohnten und arbeiteten von 1670 bis 1704 im Zeugwartstöckl neben dem Michaelstor in Salzburg.[28] Von Jeremias Sauter stammt auch das Turmuhrwerk der Pfarrkirche

[27] Buberl 1927, 274
[28] Plasser 2013, 83 f.

Abb. 37: Der rätselhafte Hinweis am Werk der Pfarrkirche Oberalm (Foto: M. Neureiter)

Abb. 38: Das Zifferblatt auf der Orgelempore der Filialkirche St. Nikolaus (Foto: M. Neureiter)

Puch.[29] Sein Nachfolger Joseph Christoph Schmid wird auch als „Großuhrmacher beim Michaelsthörl" genannt.[30] Eine Spur zu einem verlorenen Turmuhrwerk in der Filialkirche St. Nikolaus in Golling/Torren stellt das Zifferblatt (Abb. 38) dar, das auf der Orgelempore in einem Fenster zum Turm hin zu sehen ist, es gibt kein Werk mehr dahinter.

In Hallein gab es mehrere Turmuhrwerke: Im Ratsprotokoll 1574 scheint ein Auftrag an den Stadtwächter auf, die Rathausuhr „mit Öll und Trath" zu versorgen. 1601 ging der Auftrag an den Türmer des im gleichen Jahr errichteten Rathausturms.[31] 1607 berichtete der Halleiner Pfleger an die Hofkammer, „daß die Stadtuhren in Hallein nicht richtig in ihrem Gange erhalten werden", und beantragte die Bewilligung, an der Stundenuhr am Rathaus ein Viertelstundenschlagwerk errichten zu dürfen. Dies wurde vom Burghausener Uhrmacher durchgeführt, der per Hofkammerdekret mit der Instand-

haltung beauftragt war.[32] Im Ratsprotokoll 1658 erfolgte der Auftrag an einen „bewährten Uhrrichter" betreffend die Hofuhr (Pflege), die Rathaus-, Spital- und Brückenuhr. „Spital" betraf den (1798 neu errichteten) Turm des Bürgerspitals, „Brücke" das 1857 abgerissene „Gollinger Tor". Die älteste Stadtansicht „Statt Hällein, nach der Perspectivae. 1632" ist eine Federzeichnung auf Papier, sie ist signiert und datiert: „1632. Joa(nnes) Faistenauer pictor a Berchtols fecit" (Abb. 39). Der Ausschnitt zwischen der Stadtpfarrkirche und dem Salzburger Tor zeigt deutlich vier der fünf Uhren – den Turm der Stadtpfarrkirche, das Gollinger Tor an der Salzach, den bis 1855 höheren Pflegturm links neben der „Freipfleg" und den Turm beim „Spitall". Das Zifferblatt des Rathauses befand sich im bergseitigen Giebel der Fassade.

Von den Turmuhrwerken in der Altstadt sind leider nur mehr zwei erhalten: Das Werk des Bürgerspitalturms dürfte auch nach dem Neubau des Turms 1798 wieder eingebaut worden sein. Der Pflegturm erhielt nach dem Umbau 1855 das vorhandene und betriebsbereite Werk aus 1894. Die Turmuhr der Stadtpfarrkirche wurde durch den Stadtbrand 1943 und den Turmeinsturz 1945 zerstört. Das Werk der Giebeluhr der 1892-98 erbauten Hauptschule Stadt ist ebenfalls verschwunden, von zwei Schlagschellen im Stiegenhaus abgesehen. Das Werk aus dem Gollinger Tor (Abb. 40) wurde 1858 an die neu errichtete Pfarrkirche Leopoldskron-Moos in Salzburg geschenkt: „Eine Uhr vom Stadtthürmchen in Hallein vom dortigen Gemeinderath hieher verehrt, und auf Kosten Dechants Wichtlhuber reparirt."[33] Leider gibt es davon keine Spuren mehr. Und die Rathausuhr verschwand mit dem Umbau 1954, bei dem auch der rechte Teil der Wandmalerei beseitigt wurde. Im 1836 verkleinerten Rathausturm befand sich eine gotische Glocke mit der Inschrift „susanna pin ich genant maister benedict machet mich mit seiner hant anno Domini 1515."[34]

„Es ist eine herrliche Sache um die Erfindung der Uhrwerke welche uns den Zeitverstrich Tags und Nachts richtig anzeigen, ... eine so herrliche Sache, daß man den Erfindern und Vervollkommnern derselben für diesen der Menschheit erwiesenen immerfort dauernden Dienst großen Dank, große Achtung schuldig ist und immer schuldig bleiben wird...", so begann Karl Friedrich Buschendorf die Vorrede zu seinem Buch „Gründlicher Unterricht von Thurmuhren", das 1805 bei Georg Voß in Leipzig erschien.[35] Es bleibt interessant, mehr über die „Erfinder und Vervollkommner derselben" erfahren zu können.

---

[29] Neureiter 2013, 43

[30] Martin 1934, 146

[31] Für die Informationen zu den Ratsprotokollen danke ich A. Holzner, Keltenmuseum Hallein.

[32] Kanzler 1912, 33.

[33] Dürlinger 1862, 98. – Diesen Hinweis gab mir E. Podbelsek, Salzburg. Kanzler 1912, 29-30 führt als Grund für den Abbruch des Tors einen Brand 1857 an. Das „Stadtthürmchen" war also tatsächlich das Gollinger Tor.

[34] Buberl 1927, 142.

[35] Buschendorf 1805, III.

Abb. 39: Die älteste Halleiner Stadtansicht 1632, Ausschnitt (Foto: Erzabtei St. Peter, Salzburg)

Abb. 40: Anton Eggl: Das Gollinger oder Fleischbrückentor in Hallein (Foto: Keltenmuseum Hallein)

Literaturverzeichnis

Abeler 1994

J. Abeler, Ullstein Uhrenbuch. Eine Kulturgeschichte der Zeitmessung (Frankfurt a. Main 1994).

Bassermann-Jordan 1982

E. von Bassermann-Jordan, Uhren. Ein Handbuch für Sammler und Liebhaber (München 1982).

Buberl 1927

P. Buberl (Bearb.), Die Denkmale des politischen Bezirkes Hallein. Österreichische Kunsttopographie 20 (Wien 1927).

Buschendorf 1805

K. F. Buschendorf, Gründlicher Unterricht von Thurmuhren (Leipzig 1805).

Dürlinger 1862

J. Dürlinger, Historisch-statistisches Handbuch der Erzdiöcese Salzburg in ihren heutigen Grenzen. Erster Band Ruraldecanate des Flachlandes (Salzburg 1862).

Euler/Acker-Sutter 1986

B. Euler/R. Acker-Sutter (Bearb.), Dehio-Handbuch. Die Kunstdenkmäler Österreichs. Salzburg – Stadt und Land (Wien 1986).

Hangler o. J.

H. Hangler, Salzburger Uhrmacher im 15. bis zum 19. Jhdt (unveröff. Expertise, Wirtschaftskammer Salzburg o. J.)

Huygens 1913

C. Huygens, Die Penduluhr. Horologium oscillatorium (Leipzig 1913).

Kanzler 1912

G. J. Kanzler, Die Stadt Hallein und ihre Umgebung. Ein Wegweiser für Einheimische und Freunde (Hallein 1912).

Komzak 2013

W. Komzak, Zehn Jahre Uhrenstube Aschau. Jahresschrift der Deutschen Gesellschaft für Chronometrie 2013, 2013, 9-26.

Martin 1934

F. Martin (Red.), Die Denkmale des politischen Bezirkes Zell am See. Österreichische Kunsttopographie 25 (Wien 1934).

Neureiter 2013

M. Neureiter, Jeremias Sauter als Turmuhrmacher … mit aller Zugehör seiner Khunst und Wissenschaft. In: Bundesdenkmalamt/Salzburg Museum (Hrsg.), Das Salzburger Glockenspiel in der Neuen Residenz. Jahresschrift des Salzburg Museum 55, 2013, 37-51.

Plasser 2009

G. Plasser, Das Salzburger Glockenspiel in der Neuen Residenz. In: Das Salzburg Museum in der Neuen Residenz. Jahresschrift des Salzburg Museum 52, 2009, 195-241.

Plasser 2013

G. Plasser, Die Meister des Salzburger Glockenspiels: Glockengießer Melchior de Haze, Großuhrmacher Jeremias Sauter und weitere an der Errichtung beteiligte Handwerker. In: Bundesdenkmalamt/Salzburg Museum (Hrsg.), Das Salzburger Glockenspiel in der Neuen Residenz. Jahresschrift des Salzburg Museum 55, 2013, 79-95.

Preiß 1990

R. Preiß, Franziskanerkirche-Turmuhr. Hof-Groß-Uhrmacher Bentele (unpubl. Expertise, Salzburger Landesarchiv 1990).

Autorenverzeichnis

Michael Neureiter

Horologium. Groß- und Turmuhren

St. Barbarastraße 2a

A-5424 Bad Vigaun

michael.neureiter@horologium.at